黄宏生创业谈

HUANG HONGSHENG CHUANGYE TAN

黄宏生 编著

·广州·

图书在版编目（CIP）数据

黄宏生创业谈/黄宏生编著. —广州：华南理工大学出版社，2021.9
ISBN 978 - 7 - 5623 - 6695 - 9

Ⅰ.①黄…　Ⅱ.①黄…　Ⅲ.①创业 - 中国 - 文集　Ⅳ.①F249.214 - 53

中国版本图书馆 CIP 数据核字（2021）第 087350 号

黄宏生创业谈
黄宏生　编著

出 版 人：卢家明
出版发行：华南理工大学出版社
　　　　　（广州五山华南理工大学 17 号楼，邮编 510640）
　　　　　http://hg.cb.scut.edu.cn　E-mail:scutc13@ scut.edu.cn
　　　　　营销部电话：020 - 87113487　87111048（传真）
责任编辑：唐燕池　陈苑雯
责任校对：刘惠林　陆颖珊
印 刷 者：广州市新怡印务股份有限公司
开　　本：787mm×1092mm　1/16　印张：24.25　彩插：8　字数：366 千
版　　次：2021 年 9 月第 1 版　2021 年 9 月第 1 次印刷
定　　价：68.00 元

版权所有　盗版必究　印装差错　负责调换

创维成立33年来，中国的经济面貌不断改变。与之相伴，我们看到了企业家阶层的整体出现，这可以说是中国社会发生的最重大的事件。黄宏生就是这个群体的一员，他们投身创业，改变了中国一个个产业、一座座城市。这个过程惊心动魄，只有亲历者才有深刻体验。当它凝固为铅字的书写，我建议你读一读《黄宏生创业谈》。

——著名财经作家、"蓝狮子"财经图书出版人　吴晓波

"创变"40 年

陈春花

北京大学王宽诚讲席教授，国家发展研究院 BiMBA 院长

呈现在读者面前的这本书，与其说是书，更不如说是一个创业者娓娓道来的"讲述"：讲述他在深圳创办创维集团和在南京创办开沃汽车集团的心路历程，讲述他对"创业"的理解，讲述他对"技术"的理解，讲述他在连续创业路上对"人"的理解、他对每个人心中"无尽宝藏"的理解……透过这些讲述，让读者理解他对于"幸福""快乐"的诠释。

通读全书，在 30 多万字的"讲述"中，作者的观点伴随着一个又一个鲜活的例子，跃然纸上；一个又一个真实的画面，触动思考。这些观点贯穿在作者两次创业的全过程，也沉淀着作者的内在经营哲学与人生智慧。

"创业，就是要把不可能变成可能。"在作者看来，自己是赶上了实业兴邦的好时代。也正是因为如此，他始终坚持"在自己擅长的范围，为社会做贡献，确实痛苦，但也快乐，这是有意义的事情。"在他的心中，创业精神包括信仰和信念的日益坚定，包括时刻保有危机意识，但是不焦虑，更不会放弃；包括积极拥抱变革，主动转型；更包括平和而快乐地工作，建立卓越团队。他在书中介绍自己两次创业的初心，介绍创业之初的亏损，大量投入得不到盈利的压力下，如何想办法渡过难关，如何找寻出路，如何战胜危机，等等。正如他自己所说的那样，"我们都在追求心灵的成长与知识的增长。"通过自主创业，"就可以证明自己，从而成就自己，走出一条自我实现的路子，达到人生的最高境界。"只有不断付诸行动，所学的知识才会有价值；只有付诸自主创业，才能形成自己的管理哲学与个人的核心竞争力。

"因为难,所以成功。"也许是因为华南工学院(今天的华南理工大学)无线电技术专业出身,作者对于技术有着独特的认知。虽然他很清楚,技术创新是极其困难的,尤其是在改革开放的初期,但是,他坚信唯有创新才能够创造未来,必须努力在技术创新上花功夫。从创业第一天起,他就很清楚,广东不缺乏外贸人才,缺的是高科技电子企业。无论是生产彩电遥控器、彩色电视机还是电动汽车,技术创新始终作为主线贯穿其中。创维靠技术创新,用具有世界先进水平的产品去抢占国际市场;开沃设立中央研究院,分别从核心技术平台、通用技术平台、产品研发平台展开技术创新。

"唯独神奇的是人才战略。"这句话是作者对谷歌公司进行分析后得出的答案,也是他认为一家企业能够成功的关键。他不仅仅学习并分析出谷歌的卓越人才之道,更是在创维的董事局中要求,创维在人才工程上必须"追求改革,追求精英人才,落实以人为本的制度。"为了获得优秀的人才,他寻求一切可能性,设立技术入股的股权模式,提供技术平台与资金投入。他关注经营人才的培养,鼓励敢于担当的人脱颖而出。他对为公司做出贡献的人给予赞赏、荣誉和进行利益分享。他直接与新入职员工对话,设立企业大学,言传身教。他记得做出贡献的每一位员工的名字,更是对他们给予信任与授权。

"'服务型领导力'的回报很明确。"对于领导者自身的要求,是本书中花费篇幅较多的内容。作者认为领导者要有吸引力,而吸引力法则的核心就是"帮助他人成功是最伟大的领导者特质"。他所倡导的领导者"成功秘诀",尤其是强调"道德高于聪明和技能",会让每一个领导者反思自己。他所倡导的"服务型领导者",要求公司的管理者不仅理解这个概念,更要真正正视员工的需要,突破自身三个障碍:"认知、时间和不良竞争"。他更明确地提出对管理者服务型领导方式的具体要求,"向员工提供服务是长期过程,而不是偶尔表现给别人看"。仔细去阅读这些相关的话题、具体的做法、明确的要求,可以感受到打造管理团队所必须付出的心力。

"心灵成长。"寻找原动力是作者在创业过程中不断与团队成员交互加持的力量。在他看来,"爱心与激情永远是力挽狂澜的原动力"。所以,要激励员工把在企业的工作当成自己热爱的事业,要关爱员工并使员工体验到关爱的"阳光"。还要树立正向的企业文化与信条,令员工的人生充满爱意。在这里,爱心与纪律促进心灵的成长,对于爱的界定是:"为了滋养自我或者他人的心灵成长而扩充自我的意愿。"成长是因为努力,努力是因为爱自己,这是一种进化的行动,生生不息。

"快乐相对论。"作者对于什么是快乐、什么是幸福、什么是成功,有着自己独特的认识和感悟。打造创维品牌的过程,是他体味幸福与快乐的过程,实现中国品牌梦,拓宽了他心中无限的自由,驱散了内心的孤独,"毫无疑问,一个人如果赋予生命以意义,幸福与快乐的指数将大大提高"。他也承认痛苦,也要面对困难,置之死地而后生;当他决定第二次创业时,他不敢怠慢,严格自律。正是这样的痛苦与压力,反而让他越"压"越勇,他因此而得"快乐相对论";他坚守长期主义,坚持奋斗拼搏,终于看到了成功的希望,他因此而得"成功相对论"。

书中还有两个部分,让人读来特别感动:一个是他邀请演唱《我的中国心》的张明敏做创维新产品的代言人;另一个是他在外婆追思会上的悼词——《生命因你而美丽》。看到这里,不免让我想起吉兰外婆101岁生日时,老人带给我们每一个人的感悟。

作者黄宏生是我的校友与前辈,在创维创业的初期,我们就得以相识。随后的几十年间,无论是我到公司学习参访、课程培训、管理探讨,还是他回母校捐赠分享,我都有机会看到他,以及他所开创的公司屡创佳绩。从1977年高考进入华南工学院读书,到他步入社会、走进市场,他的40年"创变"历程,让我们见证了中国家电企业的成长历程,更见证了中国民营企业家的成长历程。

2002年,我曾经与人合作写过一本书《中国家电巨子访谈录》,访谈了毕业于华南工学院的四位家电巨子：TCL 的李东生、创维的黄宏生、康佳的陈伟荣、格力的朱江洪。与黄宏生的对话，给我最深的印象是，他对于梦想的坚守与专注、对于技术与人才的关注自始至终。

今天，再一次通过这本书与黄宏生对话，我不仅看到了他 20 年前的坚守与专注，更看到了 20 年后的创造与超越。

我想，每个人阅读此书，所收获的都会不同，受到的启发也会不同，期待你的阅读分享。

企业家精神的锻造密码："偏执"与归零

朱兴明

深圳市汇川技术股份有限公司董事长

黄宏生董事长是深圳第一代企业家，是包括我在内的深圳历代创业者仰慕的标杆。有幸拜读《黄宏生创业谈》，我不禁心潮澎湃。掩卷沉思，书中的宝藏是什么？"偏执"与归零，这个既矛盾又统一的人格特质，锻造了黄董的企业家精神，也造就了黄董杰出且长青的企业家形象。

专业主义，加长期主义，就是"偏执"。几十年如一日，聚焦高端制造业，专注深耕以电子信息技术为基础的数字化、智能化产业，以业界一流为标准，心无旁骛，孜孜以求，这就是偏执。黄董的经历，再次应验了"只有偏执狂才能成功"这句话。

但偏执只是成功的必要条件，对什么事偏执？如何不断校准偏执的方向与目标？解决这些问题就需要残酷的"归零"历程。

从初创创维到实现300亿规模，进而到构造500亿产业链生态，再到千亿智能家电与新能源汽车的梦想，每一次跃升都是内心认知的归零使然。

这个"零"就是"初心"：产业报国与为人类创造美好生活的使命与信念，既是黄董现在的心灵底片，更是30年前那个下海青年的起心动念，只是那时的初心是朦胧的、非具象化的。

偏执"大我"，才是企业家的正念；只有持续归零，才能找到"大我"的方向。以其无私成其私，这应该就是黄董的"心灵宝藏"。

集"偏执"与"归零"于一体，是锻造企业家精神的密码。这是《黄宏生创业谈》给我的启迪。

一颗滚烫的创业心

刘金成

惠州亿纬锂能股份有限公司董事长

当年"华工三剑客"在彩电领域独领风骚，一直是华南理工大学校友中的佳话。因此，我在认识黄宏生学长之前，他的大名早就如雷贯耳。

与学长近距离交流，是因"新能源汽车"结缘——学长造车，我做电池；他全力造车，我认真做电池。

学长把做新能源汽车当作"攀登人生的第二个高峰"倾情投入，他的"第一个高峰"创维集团已经令人望尘莫及，这第二个高峰将何其巍峨！

与学长的交往中，有两个场景，深深印在我的脑海中，无法忘却。

一是在创维集团30周年庆典大会上。一个舞台剧节目中，一位海南阿婆，带着一位七八岁的小男孩艰难跋涉，她那句"不努力，没饭吃"的话，质朴而真实，影响了少年黄宏生，也极大地震撼了年已半百的我。这句话，至今历历在耳，让我重新理解了什么是"真正的快乐和幸福"。

二是学长夫人60岁生日晚宴上，学长约我下午六点到创维半导体大厦聚聚。我自然早早就去等候了，可学长六点半才风尘仆仆从南京赶来，八点半宴会结束，又立马启程返回南京。那天在场的有学长一家人，还有创维早期创业伙伴，大家相聚其乐融融，几位老先生大多退休、静享晚年生活了。学长敬酒时说道，他一旦歇下来，就全身都闹病似的，现在从早忙到晚，什么高血压、胃溃疡居然都好了。

也许是因为学长的血液中有"冒险"的基因，正如他所说的"带领开沃汽车向前冲锋是我的使命"，追求新的事业版图就是他冒险的一种方式。

又如学长之言,他是追着梦想奔跑的人。在这个伟大的时代,他心怀一颗滚烫的创业心,坚强面对挫折、坦然面对挑战,身体力行地践行着一代人的"奋斗文化",这是一种令人敬仰的气魄、成就未来的坚决。衷心祝学长二次创业顺顺利利,画出人生中最美的彩虹。

每个人心中都有"无尽的宝藏"

我是20世纪50年代出生,与祖国共同成长的一代。出生后经历了三年困难时期、"大跃进"和"文革",后来又随着"上山下乡"的时代洪流去当了知青,在近乎原始社会的海南黎母山区,一待就是四年多。我就像一棵被压在巨石下的小草,朝着有阳光的地方顽强生长,拼命地寻找自己生存的空间。因此,当别人在浑浑噩噩中混日子、消磨光阴的时候,我却啃起了书本,甘心当一个"书虫"。当时也没想太多,就是想在精神上有个寄托,觉得人活一世,不能空来一趟。

祸兮福所倚,福兮祸所伏。当生活之神面目狰狞地向我张牙舞爪的时候,我没有屈服,因此,幸运女神朝我露出了笑脸。后来,凭借平时的积累以及用五角钱买来的复习资料,我竟一举考上了当时的华南工学院①,完成了生命中的第一次重大转折。这与其说是幸运,不如说是心灵自律的结果。

大学毕业后,我来到原电子工业部下属的中国电子进出口总公司华南分公司②,当了一名普通的助工,在别人艳羡的目光中,过起了朝九晚五的"白领"生活。在我看来,从事这份工作的我就像一只金丝雀,看起来很光鲜,实际上却是枯燥无味。不甘平庸的我看到了电脑刚刚兴起的商机,主动请缨拉起了电脑事业部的大旗,经过一年的艰苦打拼,竟赚了2000万,完成了一个看似"不可能的任务"!

后来,凭着初生牛犊不怕虎的劲头,我干脆辞职下了海,用现在的话说,就是"裸辞",到香港注册成立了实业公司,取名"创维"——创造性思维。创业远

---

① 华南工学院,1988年更名为"华南理工大学",本书部分文章中将其简称为"华工"。
② 本书部分文章中将其简称为"华南进出口公司"。

非想象中那么容易，我也是经过了过山车一样的起伏，才成就了今天的创维。

无论是在创维，还是在开沃，我的身边逐渐聚拢起一群志同道合的创业者。他们一开始都名不见经传，但都和我一样拥有一颗不甘平庸、敢于冒险的心。一批批学士、硕士、博士来到创维、开沃后得到了精心培养。他们和我们一起，经历了苦难、经受了诱惑、忍受了寂寞。每一年，我们都巡走在世界各地，和经销商、客户谈，坦诚相见，推心置腹，以我情温暖彼情，以我心连接彼心。创业给我的一大快乐，就是能认识一大群来自天南海北的朋友，这是多少金银财宝都换不来的珍贵友情。

现在，这两大集团都创造了不菲的价值。创维解决了 4 万名员工及其家庭的就业，带动了上下游 30 万人就业；上市 17 年，累计纳税 350 亿元人民币，连续 7 年年均纳税额超过 30 亿元人民币，30 年出口创汇累计 100 亿美元。而开沃集团也在短期内快速崛起，成为具备完整新能源汽车产业链的独角兽公司，成功跨入中国新能源汽车的第一阵营。

从一个不名一文的穷小子，到现在成为两个集团的创始人，回首 30 多年的创业历程，有血汗、有泪水，但更多的是拼搏后的幸福感。我深深地体会到，作为一个企业家，经营着一个有远大理想的企业，本质上是"用人"，就是要有为员工创造梦想、实现自我的情怀，用心灵的对话、思想的碰撞以及制度的建设，来开发人内心的宝藏，唯有如此，才能培养人才、留住人才、成就人才。

是的，每个人心中都有"无尽的宝藏"，只要你用心去开发。

一直以来，开办一所企业大学，是我的一个梦想，也算是一种师者情结吧。所以，我在创维集团设立了创维学院，在开沃集团创办了开沃学院。现在，我们这代人都已步入人生的暮年。把这代人的创业经验总结出来，把那种艰苦奋斗的精神记录、传承下去，为国家和社会培养更多人才，激发更多的青年才俊去开发心中的宝藏，投身创业、成功创业，助力中华民族的伟大复兴，就是我编著这本《黄宏生创业谈》的初心。尽管时过境迁，今天的中国，已与 40 年前的中国不能同日而语，今天的商业模式也非计划经济时期所能想象。但是，无论山峰有多高，终究是屹立在厚实的土地上。这厚实的土地，除了雄厚的经济实力之外，更重要的是艰苦奋斗的精神，是心灵的力量！

台湾作家林清玄说："你的气质里，藏着你读过的书，走过的路。"在这个"大众创业，万众创新"的创富时代，希望读者能够通过阅读这本书，了解我们这代人走过的路，从中汲取智慧和力量，沿着中国复兴之路，继续走下去。

我行，你也行！

2021 年 9 月

1956—1987 年

下乡知青时期的黄宏生（上图左二，下图左一）

华南工学院校门前的黄宏生

学生时期的黄宏生

黄宏生（左一）和同学们探讨问题

1979年，作为班长的黄宏生在华南工学院组织学生活动

黄宏生（二排左二）和同学们的合影

1982年，华南工学院无线电工程系50177（2）班毕业合影（黄宏生为三排右一，林卫平为二排左五）

1988—2010 年

1990 年 1 月，黄宏生参观美国拉斯维加斯电子展

1990 年，黄宏生（前排左一）到日本夏普总部参观学习

1997年9月2日,黄宏生参观欧洲电子展

1998年2月,黄宏生回母校华南理工大学做报告

1999年，黄宏生作为杰出企业家代表参加中华人民共和国成立50周年庆典

1999年，黄宏生成为中华海外联谊会理事

2000年4月,创维在香港联合交易所主板上市

2000年,黄宏生获得香港青年工业家奖并发表演讲

2003年3月28日，黄宏生与91岁的外祖母合照

2003年3月，黄宏生参加全国政协会议

2004年，黄宏生在北京与比尔·盖茨会面

2010年12月4日，黄宏生夫妇向华南理工大学教育发展基金会捐赠3000万元

2011 年至今

2018 年 3 月 16 日，百度、创维召开战略合作发布会

2018 年 8 月 16 日，黄宏生、林卫平伉俪合影

2019年12月31日，黄宏生在深圳建设工程运输车辆协会年会上发表演讲

2020年7月10日，黄宏生出席博鳌创维厨卫大会

开沃集团的黄宏生

黄宏生在开沃集团生产车间

2020年12月29日，黄宏生出席第七届全球深商大会并发表演讲

黄宏生和创维汽车

2020年12月29日，黄宏生接受新华网记者专访

2021年4月10日，时值海口一中建校七十周年，黄宏生为母校捐赠100万元，助推"海口市第一中学教育发展基金会"成立

2021年4月15日,黄宏生等人在创维ET5约旦交车仪式上和海外客户合影

2021年4月27日,黄宏生在北京创维汽车品牌发布会上演讲

目录 Contents

上篇 演讲、文章集

挑历史重担，勇当企业家	2
民营企业的十大期盼	8
中国新民企，世纪新追求	11
从领导的魅力到形成一个团队	15
在全球供应链的主流中建立500亿的产业	19
与巨人赛跑	27
我们一直在努力	40
I Come, I See, I Conquer	44
我的人生哲学与红颜知己	47
从优秀到卓越	49
企业家所应具有的高度	54
滴水之恩当涌泉相报	59
自主创业与事业传承	65
创维精神的四大基石	68
"难"修能力，"苦"修智慧	74
从华工梦到中国梦	81
发展新能源汽车需建好"电力高速公路"	87
我的中国心	90
为什么出国后才感受到爱国心	93
"偏执"与归零	96

中篇　内部讲话、书信集

致创维董事局扩大会议的一封信　　　　　　　　　　106
树立面对挑战的坚强意志　　　　　　　　　　　　　109
创维在人才工程上要取得新的成功　　　　　　　　　112
谈创维人的心灵成长　　　　　　　　　　　　　　　120
激励与戒律是企业生存的法则　　　　　　　　　　　127
推荐一个有效的管理习惯　　　　　　　　　　　　　135
我们为什么能成为三星这样的企业　　　　　　　　　137
创维呼唤企业家精神　　　　　　　　　　　　　　　142
学习三星精神，确立"第一主义"　　　　　　　　　146
打下"江山"才能实现梦想　　　　　　　　　　　　156
伟大的企业要与员工内心的欲望赛跑　　　　　　　　162
因为难，所以成功　　　　　　　　　　　　　　　　167
成功笔记本　　　　　　　　　　　　　　　　　　　172
创维人的中国梦·创维梦　　　　　　　　　　　　　175
生命因你而美丽　　　　　　　　　　　　　　　　　182
中国全球化2.0及中华民族的伟大崛起　　　　　　　186
真正的快乐和幸福　　　　　　　　　　　　　　　　189
服务型领导力是凝聚人心、战胜困难的法宝　　　　　191
不忘初心，实践"制造强国"的梦想　　　　　　　　194
英雄联盟崛起，信仰成就伟大　　　　　　　　　　　200

下篇　访谈集

把人生的苦酒变成佳酿　　　　　　　　　　　　　　214
乘上数字高速列车，塑造全球著名品牌　　　　　　　218

对话《中国经营报》	222
走向世界企业之林	230
爱也经理人，恨也经理人	234
创维呐喊：活着是为了将来	242
我们的理想是创建一个中国籍的世界名牌	245
宁做痛苦的人，不做快乐的猪	263
"我们会得富贵病"	266
做客搜狐财经"总裁在线"实录	271
要像战争年代重视将领一样培养中国企业家	283
"创维要成为千亿企业航母"	288
成功的第一要素是思维模式	307
我心中的创业精神	311
"造汽车"是我人生最后一搏	315
"带领开沃汽车向前冲锋是我的使命"	327
"我正在攀登人生的第二座高峰"	333
"做创维汽车是为了满足创维客户的升级需要"	337
附录　黄宏生年谱	343
后记　探寻当代企业家的精神世界	347

上篇

演讲、文章集

挑历史重担，勇当企业家

——在北京大学的演讲

1997 年 5 月 4 日

> 你们踏入社会学做事，不能光看眼前利益，首先要学做人。"诚信为本、仁爱为怀、谦虚刻苦、自强不息"才是正理。成功的背后是辛苦，是勤奋、是执著、是毅力、是专心。
>
> ——黄宏生

各位领导、老师、同学们：

大家好！十分有幸能有这样一个机会来与各位探讨如何走向成功的问题。

20 年前，我走进大学校园，以一个普通知青的身份；20 年后，我再次迈入校园，以香港创维集团董事长的身份。在两种身份的转换之间有曲曲折折、斑斑点点的成长痕迹，我愿意以我的经历来为更多的人提供借鉴和帮助。成功从来不是一蹴而就的，但踏遍坎坷终会有阳关大道。江山代有才人出，相信在座的同学在跨出校门、投身社会之际，会有自己正确的选择，亦会做出骄人的业绩，明天属于更年轻的一辈，请把责任放在你们肩上。

人生关键处只有几步

看到诸位同学年轻而充满激情的面庞，我深切地感受到自己似乎又回到"指点江山，激扬文字，粪土当年万户侯"的青年时代。的确，人生道路只有在回顾的时候，才能觉察它的真谛，但我们却必须向前活着。"天将降大任于斯人也，必先苦其心志，劳其筋骨，饿其体肤，空乏其身，行拂乱其所为，所以动心忍性，曾益其所不能。"我觉得这是亘古不变的真理。

我在海南琼中县黎母山区度过了四年半的知青生涯。16 至 20 岁的青春年华只能用"艰苦卓绝"来形容,那里荒无人烟、猛兽出没,整日与大山做伴,但我并没有迷失未来的方向。我非常明晰的一点就是不能虚度光阴,每天写日记,看《十万个为什么》,复习中学课程。《基督山伯爵》一书的最后一句话是:"人类的一切智慧都包含在'等待'和'希望'四个字中。"我终于等来了1977年的高考,它成了我人生的转折点。在年轻的时候经受一点苦,绝对不是坏事,有过那样一段经历,所有的困难我都能泰然处之,绝不逃避。

21岁才迈进大学校门的我十分珍惜这个机会。在班上提问最多的总是我,我喜欢追根究底,缠着老师不放。别人总觉得向教师提那么简单的问题十分可笑,但我认为最重要的是把问题彻底弄明白,我是只笨鸟,若要先飞,争分夺秒是我的招数。四年下来,我的成绩全年级第一,平均分93分,我喜欢笑到最后。

大学不仅是学习知识的所在,同时是结交朋友的所在。那些诸如"广东省优秀三好学生"①之类的称号只不过是那段历史的注解而已。我更看重自己的班长生涯。一个乐于助人的人才会有能力组织、团结有各种想法的人,让他们聚拢在自己的周围,这无疑是做大事的基础。单枪匹马很难成功,我能营造出如此广阔的创维空间,原因正是在于许多友人的支持。一定不能过高地估计个人的力量,所有的成功都来源于真正的合力。一个人要靠两条腿走路,一条是自身的才干和毅力,而另一条则是广泛和无坚不摧的人缘。这是走向成功的两个法宝。

学会放弃

告别校园后,我进入了中电华南进出口公司。初入社会,我发现生活并不是想象的那样美好,每天面对的是琐碎的一切。我曾经在冷板凳上坐了一年而毫无建树,但我懂得给自己创造机会。我向领导主动请缨,要求成立极有发展前途的电脑事业部。果然,在我的努力下,这个部门的经济效益在整个华南公司首屈一

---

① 黄宏生所在的班级因"为振兴中华而读书"的学风建设而获得教育部的表彰,成为1977级高考的标兵班,黄宏生也被评为"广东省优秀三好学生"。详见简大永编著的创维集团内部学习资料《创维三十年》第42页。

指，最高时创造了公司80%的利润。当我由助理工程师升职为电脑事业部部长、副总经理，并成为公司有史以来最年轻的常务副总经理（副厅级），完成了别人看来是火箭式的飞跃时，我并没有如释重负、坐享其成，而是更深入地思索，我觉得自己应该从另一个角度去体验和实现人生价值。于是我萌发了创业的念头，而这个念头的代价是放弃来之不易的成绩。

放弃已有的一切从零开始。人如果总是躺在功劳簿上，不求新的突破，便会泯然众人矣。我宁愿选择螺旋式上升的人生曲线，也不选择平直的生活道路。

承受失败

我开始走上令常人难以理解的人生道路。数年的电子贸易生涯使我清楚地知道中国电子产品的水平。广东不缺外贸人才，缺的是高科技电子企业。创建电子企业成为我的初衷，但生活给予我的"礼物"是接连不断的打击。

我从代理电子产品出口、组织进料加工开始积累资本，原来生意场上的朋友很快成为竞争对手，纷纷为各保其利而割袍断交。人地两生的我处于经济拮据、孤立无援的境地，加之基础薄弱，市场不熟，生意经营的中间环节太多，货品难以出手，连连出现亏损。急切之中，我病了两个月，但雪上加霜的打击却丝毫不减。1989年，我筹集有限的资金在东莞办了第一个电子企业，生产彩电遥控器，但由于技术失误而未能成气候。其时，香港开始试播丽音广播①。我又抓住机会，与飞利浦合作开发解码丽音机，以期先声夺人，但丽音广播需要另设人员进行编码方可实现。正当我全力投资该项目时，香港台因试播后成本太高，突然停播丽音信号，顿时造成大量丽音产品的积压。操之过急的开发使我又损失了500

---

① 丽音是英语合成词 NICAM 的音译，即 near instantaneous companded audio multiplex，意为"接近即时的缩扩音频多路广播"。丽音使用数码技术，把电视台发送的两条音频讯号数码化后进行压缩，传送后再在接收机里扩大还原。这种广播法可以播出优质立体声，或作双声道广播，让观众任意选择所需声道。丽音技术在20世纪80年代由英国广播公司（BBC）发展，并于1991年在英国正式推出，用作BBC电视频道的声道播送方法。该技术亦在法国、丹麦、新西兰等地采用。

多万港币。为背水一战,我又咬牙签署了个人担保贷款,组织队伍开发彩电。当时,国际上已兴起第三代集成电路,而我们的彩电技术明显滞后,300万的开发费用付之东流。对我而言,这正是孤海行舟一条船的关键时期。我不能走回头路,我要坚持下去,在失败的痛苦中我也逐渐看清企业的走向和定位。

　　功夫不负有心人。1991年,香港著名的彩电企业讯科集团①因财务困难,急于出让,由于当时世界彩电市场每年销售可达1.5亿台,潜力巨大,争购者如鲫而至。香港录像带大王瑞林集团用十几个亿收购讯科,但在人才的选拔和任用上,它将原讯科集团有才之士一并排挤,从英国调来生手打理,引起内部混乱。我觉得人才是最宝贵的财富,抓住机会进行游说,用半年时间的不懈努力,将30余名有专长而怀才不遇的科技人才纳入自己旗下,并出让15%的股权吸引他们技术入股,使创维这家名不见经传的公司获得了相当可靠的技术支撑。9个月后,即1991年底,创维就推出了新型电视,并在德国展览期间出人意料地获得了2万台订单,银行贷款随之而来,利用信用额度的滚动支撑,我得以还债翻身。在初尝成功的喜悦之后,我不断督促企业推陈出新,率先开发出具有自动识别功能的新型彩电。产品制式的普遍适应性使创维在全球85个国家和地区建立了稳固可靠的销售网络。

　　1992年,我们公司已拥有年产20万台彩电的东莞生产基地,开始不满足于单纯外销,决心踏入国内彩电市场。经过广泛调查和接触,创维与中国电子器件工业总公司合资成立了深圳创维HGB电子有限公司,开始挤进国内彩电市场。我相信自己会成功,但创业从来不是一帆风顺的。随着新产品越来越少,产品质量的下降,国内外索赔竟有了3000万元之巨,我又一次感到四面楚歌。必须要有一批技术过硬的顶尖人才,才能为企业的长远发展打好基础。我跋山涉水,将在数字技术开发方面技高一筹的同学从北京请来,又将促进国内市场开发的重任

---

　　① 也有资料写作"迅科集团",为20世纪80年代至90年代初期香港最大的两家彩电企业之一。

托付于富有经验的老手,为公司充实了一批新军,同时引入竞争机制,下沉的船又浮起来了。

成功是辛酸的集合

人生的路只有躬行,才知道其中的酸甜苦辣,畏惧困难、不敢前行的人还不如那些走弯路的人。我总觉得世界上 1% 的人是吃小亏赚大便宜,99% 的人是赚小便宜吃大亏,而大多数成功人士就源于那 1%。你们踏入社会学做事,不能光看眼前利益,首先要学做人。"诚信为本、仁爱为怀、谦虚刻苦、自强不息"才是正理。成功的背后是辛苦、是勤奋、是执著、是毅力、是专心。年轻人的成功绝不是在有空调的房子里喝茶、看报,也不是在腰包鼓起来后向周围人炫耀。仅以待遇来选择工作、判断好坏是肤浅的。你们做选择时一定要将眼光放长远,看 3～5 年后什么是适合你的,而不是在走出校门之后就踏进安乐窝,一事无成。最基层的工作往往能给予你全面的锻炼。它所给予你的经验,远远超过在安适的单位单调地从事某一环节的研究。你应该要求自己全面发展,而不仅仅在小的领域满足。

你们能行的,要相信自己,绝不气馁。你们要相信自己的天赋,相信自己有做某事的能力以及无论如何也要完成的意志。生命给予每个人以机会,尤其对于有知识的青年来说,未来的成功都成长于今天,请看重每一天的耕耘。

成功不仅仅是财富的积聚,这是我在企业界沉浮多年的感触。古人所云"钱财是身外之物"并不是虚言。从东南亚的金融危机来看,有多少富豪大亨的财富瞬间化为乌有,曾经呼风唤雨的百富勤领袖梁伯韬①败走麦城。仅以金钱的数量来构筑成功之桥,终会因支撑的不够而崩溃。

应该说,时势造英雄。时代给予你们这一代的机会太多了,多到或许你们自

---

① 梁伯韬,香港银行家,百富勤投资银行创始人,曾推动多家公司在香港上市,被称为"红筹之父"。1997 年亚洲金融危机爆发,无情地将百富勤卷入。一年后,百富勤投资银行被迫宣布清盘。

己都不明白应该做什么。"一生只做一件事"便是一种启示，一定要专心致志地投入一件事，全力以赴。专心打一口井，胜过打十口挖不出水的井。你们当中有些人或许会在3～5年内发达起来，成为最年轻的一代企业家。但重要的是永远对自己有清醒的认识，不能被胜利冲昏了头脑，忘乎所以。

人生的路很长，但关键处只有几步，走好这几步，便会柳暗花明，豁然开朗！去争取吧！"天生我材必有用"，谨以此句与大家共勉。

民营企业的十大期盼[①]
——在中山大学"民营企业核心竞争力研讨会"上的演讲(摘选)

假如一个县、一个市或一个地区能够有一个十分优秀的民营企业家当党的机关领导,或者政府机关领导,那是那个地方的福气和幸事。他们挑得起领导的重任,起码会改变现在可能还有的"衙门作风",也可能会对腐败行为有所抑制。

——黄宏生

民营经济的前景令人振奋,但当前有一些亟需解决的问题。譬如,一个普遍的误区是,大家以为只要解决家族管理、职业经理人、财务、创新、股份、企业家自律等问题,就可以把民营企业的所有问题都解决,实际上,这只是其中的一部分。从创维的实践来看,民营企业面临十大问题,而这也正呼应着民营企业发展的十大期盼。

第一大期盼是立法保护私有财产。保护私有财产,宪法暂时没有规定[②],但是地方政府能否有突破,搞出政策,明确保护私有财产不可侵犯?假如能这样,那是大好事。民营企业可以不再忧心如何保护自己的财产,如何防止别人来侵犯,其结果可以使民营企业家不必动脑筋将资金放到国外,或藏在其他什么地方。让民营企业家吃上定心丸,自然也就能鼓励和调动他们大干事业的积极性,

---

[①] 本文原载于:佚名.黄宏生:民营企业的十大期盼 [J/OL].赢周刊,2002 [2020-12-31].https://business.sohu.com/84/50/article205235084.shtml.

[②] 2004年3月14日,第十届全国人民代表大会第二次会议审议通过的《中华人民共和国宪法(修正案)》,第一次从宪法的高度对保护"私有财产权"作了明确规定。

为自己和社会创造更大的财富。

第二大期盼是立法维护民营企业权益。现在侵吞民营企业财产的情况常有发生，民营企业的合法权益得不到应有的保护。有人侵害了民营企业的利益，多半被当作民事纠纷处理。这种状况使民营企业家很伤脑筋。如果能有法规，规定侵占民营企业的钱会跟侵占国有企业财产一样受到惩罚，情况肯定会好得多。

第三大期盼是立法维护公平竞争的市场秩序。民营企业经过了千辛万苦，终于以合法合理的身份在市场上同其他性质的企业竞争了。但是，在未成熟的市场经济秩序中，仍残留有不少不合理的制度，其中的规定不利于民营企业，在发生纠纷时，往往是民营企业输了一着。因此，审慎地评估现有的市场政策、法规，使市场的竞争者更加公平、合理，这一点显得十分重要。

第四大期盼是倡导社会向优秀民营企业学习。过去，民营企业受了不少冤枉气。在大多数人的心目中，民营企业是被当作另类看待的，社会上多半对民营企业有偏见。为了发展民营企业，必须花点力气，发挥舆论引导作用，宣传民营企业的正面典型，树立民营企业的正气，倡导社会向优秀民营企业学习。

第五大期盼是民营企业享有与国有企业同等的政治权利。过去和现在，民营企业同国有企业享有不同等的政治权利，在评选先进企业、评选劳动模范、享受国家优惠待遇、参与政府决策等方面，民营企业往往被晾在一边，或被遗忘，我们希望这种状况能得到改变。

第六大期盼是民营企业享有与国有企业同等的经济权利。过去政治上的歧视或忽视必然导致经济权利上的不平等，应当认真研究这种不合理情况，将目前国有企业正在享受的经济权利也同样给民营企业。当然，民营企业不应要求过分的经济政策优惠，避免又造成新的不平等。

第七大期盼是允许民营企业优惠收购国有企业。国家退出竞争性的行业，或转让亏损的国有企业，让民营企业去接收、收购或兼并。这种行为实质上是民营企业在为国家分担责任、承担风险。因此，应当给予一些优惠政策，让接收的民营企业从优惠的政策中得到补偿，或者应付可能发生的失败，减少民营企业的收购成本。

第八大期盼是鼓励民营企业优惠引进高级人才。现在引进高级人才需要付出较高的代价，支付很高的成本，因为引进这些人才需要解决很多生活上的问题。因此，为了减少企业的聘用成本，在引进高级人才方面，希望政府多为民营企业考虑，在征收个人所得税时，对于住房补贴及其他必须解决的津贴部分采取免税或低税率。

第九大期盼是培育杰出的民营企业家。美国克莱斯勒公司总裁艾柯卡曾经讲过，只要拥有50家强大的企业，任何时候它们都可以将美国从危机中拯救过来。50家强大的企业，就意味着必须有50个强人、50个大企业家。政府、社会应当注意培育杰出的民营企业家。①

第十大期盼是大胆支持优秀的民营企业家走向党政领导岗位。这里说的，是让优秀的民营企业家担任党政领导，而不是协会会长之类的，必须十分重视民营企业家的政治地位。假如一个县、一个市或一个地区能够有一个十分优秀的民营企业家当党的机关领导，或者政府机关领导，那是那个地方的福气和幸事。他们挑得起领导的重任，起码会改变现在可能还存在的"衙门作风"，也可能会对腐败行为有所抑制。能担任领导干部的优秀民营企业家，他们有的有很高的学历，有的当过教师，有的甚至在创业之前就当过领导干部，还有的留过洋、有广阔的国际视野。没有什么充足的理由拒绝他们！不过，要做这个事情，恐怕要有很大的勇气。②

---

① 2010年6月6日，中共中央、国务院印发《国家中长期人才发展规划纲要（2010—2020年）》，提出要"培养造就一大批具有全球战略眼光、市场开拓精神、管理创新能力和社会责任感的优秀企业家和一支高水平的企业经营管理人才队伍"。

② 2018年11月1日，中共中央总书记、国家主席、中央军委主席习近平主持召开民营企业座谈会并发表重要讲话。他充分肯定了我国民营经济的重要地位和作用，深刻剖析了当前民营经济发展遇到的困难和问题，并就大力支持民营企业发展壮大，提出落实减轻企业税费负担、解决民营企业融资难融资贵问题、营造公平竞争环境、完善政策执行方式、构建亲清新型政商关系、保护企业家人身和财产安全等六个方面的政策举措。2019年10月23日公布、2020年1月1日施行的《优化营商环境条例》，以国家法规的形式再次支持、保护民营企业的发展。从这个意义上说，黄宏生在2002年的这篇演讲是颇具前瞻性的。

中国新民企，世纪新追求

——在中国企业家论坛第三届年会"全球竞争中中国大企业的生存能力"分论坛的演讲

2003年2月15日

> 新民企要有新追求。很多民营企业家和从事企业核心竞争力问题研究的学者，可以从体系上做研究，打造出中国未来竞争力的大军。
>
> ——黄宏生

党的十六大以后，民营企业家出现了第三次创业高潮，改变了原来"夹着尾巴做人，老老实实做事"的极为低调的做事风格，开始浮出水面——我们想为国家做点事。这个转变是一件好事，也是我天天都在梦想的事情，是中国的新民企和新追求。

为什么这么说？

第一，中国民营企业的发展在1997年党的十五大以后进入了一个高速发展时期。这个时期，正值东南亚出现金融风暴，日本、整个东南亚都受到了影响，而中国的民营企业趁此时期埋头苦干。我们创维就是这样获得了快速发展，每年有35%以上的增长。然而最近，我们发现跨国公司的调整已经基本上完成，所以中国民营企业未来遇到的挑战将会是前所未有的。

我举一个例子。中国的电子制造行业里，电视机是从1982年开始国产化的，经过了20年的发展，除了钢材、个别原材料等以外，彩电基本上能够做到高达90%的国产化。然而，现在的新技术是液晶电视、等离子显示器等，它是把所有的电路融合在一起。一个爱好者从商场买回组件，不用任何的培训，就能够自己组装后收看节目或上网，都不用中国企业组装了。手机也是这样。中国有很多手机相关技术的人才，但无论是键盘，还是其他零件，没有一个是中国拥有知识产权的。再看看汽车工业，无论是轮胎、离合器，还是发动机，我们都在大量地依赖进口。在这个方面，我觉得中国民营企业的业务实际上最初就是贸易，再到组装，然后才自己有了整个价值链的技术，但是技术很快就会被跨国公司剥夺了。特别是跨国公司会在中国开设独资厂，把中国所有的合资厂变成独资。这些种种国际上的变化，使得中国的民营企业遇到了新的挑战、新的生存问题。

第二，现在大家都在讲高新技术，其实传统产业里也有技术变化。世界正发生着巨大的变化，这种变化挑战着技术水平还比较低的中国企业。中国的技术水平低到什么程度？不要讲得太远，就说剃须刀。五星级酒店的剃须刀，一刮就能让人跳起来，痛得不得了，这是中国还没能做好的传统产业。有一次我到医院补牙，牙科医院从病床到电钻，再到里面的固体化学材料，没有一个是国产的。也就是说，我们传统产业的技术水平跟国际水平的距离不但没缩小，而且还拉大了。这既是我们新民企的一个危机，同时也是使命。

第三，今天上午，我们跟黑龙江省省长开座谈会，讲到如何改造民营企业。现在上至中央，下到地方，民营企业已经由一个后备军变成主力部队。而主力部队能不能承担起历史使命？

第四，人才压力。最近美国在搞数字电视，从中国企业挖走大量的技术人才。他们懒得培养，就采用"拿来主义"，使我们面临极大的人才压力。中国的民营企业和国有企业有很多营销人才和技术人才，但现在各地都在挖我们的企业人才。

什么叫作新民企？

我觉得新民企有三个特征：第一个特征是有"新式武器"。在制造业，这个"新式武器"就是有可以降低制造成本或者是具备差异性的新技术，这在制造业里很重要。如果是在服务业，就要有新的提高效率的手段，无论是物流，还是别的，总之要有"新式武器"。以前的竞争和现在的竞争是一样的，都要创新。

第二是国际化。以前民企大多把眼光局限在国内,现在我们加入WTO了,就要参与国际竞争。也只有在国际的大"泳池"里,我们才能提高游泳的本领,适应各种环境,应对各种挑战。这才是中国新民企成长的必经之路。

第三是有人才。特别是要有不同的国际化人才。创维最近推出了很多高端产品,可以说在市场上已经跟松下、三星同步了。我们从东芝、松下这些日本公司大量裁减的技术人员中,请了一些比较优秀的技术领导者到创维。他们工作快一年了,把日本的技术带来了,把日本上游的合作伙伴关系带来了,也把日本对质量的卓越追求带来了。因此,我们才能够在2002年实现销售额突破90亿元,超越了竞争对手。

电视机这个行业,讲起来都是一把辛酸泪,因为竞争太强了。但我们能保持盈利,做到世界第九强,就是因为我们有一种紧迫的使命感,发展"新式武器",引进和培养人才,实施国际化战略,才使我们活到今天。我们在未来当然会有更强的生命力,肯定要坚强地活下去,发展下去!

现在,研究民营企业的人不是很多,研究得还比较肤浅。去年,我参加了中国经济发展研究中心、国务院发展研究中心、广东高校联合举办的一个民营企业研讨会,也作了发言。后来,我发现学术界对民营企业的研究还是比较肤浅的。这些学者并没有花很多的时间深入民企去跟他们同甘共苦,所以讲的东西大概都只是问题的一半。我希望开展中国民营企业研究,特别是关于它的历史。1978—1983年,这是中国民营企业发展的前期。那个时候叫作个体企业,炒个菜、搞个餐厅就是个体企业,还出现了大量的"倒爷",比如说倒卖电脑,我也在其中。然后有很多人倒卖电视机,倒卖其他家电,也有一些人倒卖食品。这是民营企业的第一个发展阶段。1990—2002年是发展的第二个阶段,很多人下海,开始搞民营企业,开始走向规模化,全国连锁、全国设点发展。从2002年开始,中国民营企业进入了第三个重要发展时期。

在这几个阶段里,我也做了一些研究,想跟大家分享,希望有助于新民企的自我超越。

第一点，设定目标。在设定目标的时候，要敢于超越，设定高增长的目标。所以创维2000年的目标是43亿元，2001年上升到68亿元，2002年是90亿元，2007年我们的目标将超过200亿元。为什么设这么高的目标？过往十年，我们每一年设定的高目标都实现了，这就使我们意识到要敢于设定高目标，然后让企业高速成长。

第二点，组织创新，适应新发展。2000年，创维曾经出现过一些困难。后来我们进行组织再造，根据产品线分成了六个公司，大公司实行小公司化经营，它们在各自的领域里跟竞争对手、国际品牌竞争，表现出了一种新的活力。就是基于这种组织创新，使得我们在国内行业处于领先地位。

第三点，人才工程。既要有基层排长、连长、营长的培养，也要引进一些国外的人才，还要注重企业家的培养。

第四点，建立强大的、充分沟通的董事会。像我这样的创始人还在的企业，很容易搞成"一言堂"。所以，我们应建立一个有效的强大的董事会，来进行充分的沟通和交流。

第五点，建立有特色文化的价值。创维有九大理念，对整个企业的进步有很大的帮助。第一个理念是"仁爱为怀、诚信为本、谦虚刻苦、自强不息"。第二个是"拼搏享受快乐"。世界上有两种人，一种是刺激和快乐型（拼搏型），另一种是休闲型。企业需要拼搏型，我们每年招很多的应届毕业生，一开始就告诉他们创维文化是一个痛苦的文化，即"宁做痛苦的人，不做快乐的猪"，你愿意来就过来。创维文化还包括很多理念，这里不再介绍了。

所以，新民企要有新追求。我想，很多民营企业家和从事企业核心竞争力问题研究的学者，可以从体系上做研究，打造出中国未来竞争力的大军。

谢谢各位。

从领导的魅力到形成一个团队[①]

"忠",不是忠于某个人或某个企业,而是忠于事业,这就是理想。我们认同的理想是,一个人能把所做的事业放在整个世界版图中来考虑,要志存高远,而不是局限于眼前一城一池的得失。拥有这样的理想,他就能对事业忠诚。

——黄宏生

企业家要肩负一种社会责任

让员工真正把创维当作自己的企业,这是一个艰苦的任务。2000年之前,创维员工的打工心态很强烈,经过了近3年的努力,情况有了变化。2000年,我们将1亿股股票期权(占总股本的5%)分配给800名骨干员工——他们代表了1万名创维员工,并重奖100多名有突出贡献的科技管理人员,这些是物质上的奖励。更重要的是,年轻人来到创维,他还想知道有没有成长的空间,有没有事业发展空间。我们向跨国公司学习,提拔时看业绩、重人品,让大家感到只要努力、只要有成绩,就可以得到提拔。这一点在经常充斥着裙带关系的民营企业中是不容易实现的。

我们还建立了内部创业制度。只要你有成熟的想法,集团可以投入一部分资金成立股份制公司。公司给条件让你从职业经理人成长为企业家,对其他人也有很好的榜样示范作用。

[①] 本文原载于:程义伟.黄宏生:创维,从领导的魅力到形成一个团队[J].人力资源,2003(02):46-47.

我们认为,"忠",不是忠于某个人或某个企业,而是忠于事业,这就是理想。我们认同的理想是,一个人能把所做的事业放在整个世界版图中来考虑,要志存高远,而不是局限于眼前一城一池的得失。拥有这样的理想,他就能对事业忠诚。

千万不要要求你的属下对你个人忠诚。只有黑社会才要求对个人的忠贞不二,不问是非黑白,而在现代企业一切都是公开透明的。而且你要想明白,企业最终是社会的,是大众的。每年创造利税、解决就业,这都是对社会的贡献。企业不是你个人的企业,它是社会大众的。所以"忠"不是对你个人忠,是对事业忠。一个人对事业忠,就会忠心耿耿地把该做的事做好,就会很有责任感,因为他要为自己的事业声誉负责。

企业家本身也有一个超越自我的过程。我们都是搞技术出身的,对于技术的管理处处细致。这是工作的要求,"细"是制造业必不可少的。但当你成为管理者后,如果处处过于细致,留给下面的人发挥的空间就不大。董事长要改掉过去的旧习惯,要授权。这个转变也是痛苦的。对于产品、技术、人员提拔,董事长难免处处想过问,不经意间让下属感到很为难。作为民营企业的老板,作为企业创始人,我们也要不断反省和提高。

企业家应当是有社会责任感的人,对企业也有更强的责任感。企业家和职业经理人有两个区别:一是职业经理人可以"东家不打打西家",这个企业不行再去另一个企业做事;二是两者对企业的感情有差别。

许多美国的职业经理人或企业家,即使已经有了很多资产,但六七十岁了仍在奋斗。而我们现在的一些职业经理人,有了一点小钱就失去了往日的激情,小富即安了。有人说:"黄老板,你为什么还要这么辛苦呢?那么多钱花都花不完。"这种心态就是缺少了一种精神。

我们的职业经理人在行业里的毅力和突破性成就不高,各行各业都流于表面功夫。比如营销,讲营销的书特别多,但深入研究的不多。目前,我们相对缺乏深层次的、有持久性的研发项目，大家都是在比较薄的利润边缘上。很多职业经理人一遇到困难就退缩，就转行了。很多制造业的人跑去做饮食业、做娱乐服务业、做房地产，或者做顾问咨询了。成功有那么容易吗？如果你在自己的行业做深做扎实，有克服困难的勇气，你就有可能成长为企业家。企业家就是要有理想，在这个大方向下认准一个目标，坚定不移地走下去，然后才有可能真正把这个事做起来。

70%的时间在思考人才问题

从依赖企业家个人领导到形成一个12人的领导团队，在现在的创维，我能够从具体事务中脱身，有精力从事一些引进人才、思考多元化战略的工作。另外，我们的企业内蕴已经从打工文化变成员工当家做主的文化。800名优秀骨干拥有股票，每个事业部领导人自己就是老板。

我们对分公司考核：这个企业是不是连续亏损？还有没有前途？这个团队行不行？如果这三条都不行，就壮士断腕，把整个企业关闭。去年我们关闭了三个工厂，同时遣散人员。我们对每个事业部都单独考核，赢利连续下降就得换人，换人就改组，精简人员。亏损到一定程度，全部门集体辞职。

人才的流动是一种常态，不流动反而不正常了。人才的危机每天都存在，但我们有信心迎接挑战，一是建立现代企业制度，二是通过团队的力量来降低风险。

我们在人力资源的系统和组织上还是比较弱的。在这方面，整个中国家电业都滞后于IT业，我也投资过IT业，但因为我们的人才跟不上，企业不成功。没能在早几年建立一个强大的人才管理体系，是我个人的失误。创维的历史比较短，但也遇到过各种各样的问题，先是忙上市，上市之后是组织再造。我们下一步计划是人力资源再造，并且会花大力气来做，包括请咨询公司、引入一些人力资源方面的专家，希望公司的人力资源管理能有一个显著的提高。

人力资源管理是我们的一个弱项。创维每年的销售额近百亿元，要再往上增加，就要靠体系来支持。我这几年的工作主要是抓团队，抓核心层的建设，抓企业文化建设。这只是迈开了人力资源管理的第一步，往后的任务是把系统做大，把组织做大。我们有很强的危机感。创维要多元化、产业化，我的工作重点是搭建整个创维的人力资源体系，用组织和体系来保证创维的战略实施与完成。我把**70%**的时间放在思考人才、培养人才和与高级人才的合作上。

在全球供应链的主流中建立 500 亿的产业[①]

——在 2003 年"民营企业如何突破经营节点"企业家高层论坛上的演讲

2003 年 6 月 22 日

> 珍惜现在，面向未来，这是我们企业家对社会的回报。我们企业家一定要有信心，信心来自我们百折不挠的精神，就像 5000 人跑马拉松，你不坚持跑下去怎么能胜出？
>
> ——黄宏生

各位朋友，各位与会代表，我今天演讲的题目是"在全球供应链的主流中建立 500 亿的产业"。

常言道，"人的生命是宝贵的"，现在我想加一句，就是"人的精力也是有限的"。在人的一生中，也许一两件事就能铸就你的成功。现在，创维想做一件事，就是要在全球供应链的主流中建立 500 亿元的产业。

2002 年，创维实现了 95 亿元的销售额，工业产值达到 105 亿元，其中出口额为 2 亿美元，在深圳所有的出口企业中排名第六。十几年前我们看准了中国的改革开放，预见了中国将融入世界大市场，会成为世界价值链的一部分。因此，经过 15 年的奋斗，我们有了今天的业绩。

创维的产品包括彩电、等离子电视、高清晰度电视、有线电视系统、多媒体终端等，去年的产品销售数量达到 856 万台。在我们的企业里，每天有 500 多辆

[①] 本文原载于：谢白清，詹英. 在全球供应链的主流中建立 500 亿的产业——黄宏生谈创维跃过"三大节点"[N]. 粤港信息日报，2003 – 06 – 23.

40米长的货柜车进进出出，1万多名工作人员紧张工作。那么，我们的企业销售额是如何从刚开始创业时的100万元发展到95亿元呢？这中间确实经过了一个非常艰苦的过程。

1988年，中国的改革开放刚刚迈过第一个10年。那时，我每次从广州到深圳都是饥寒交迫的，因为当时还没有高速公路，一路上车堵得不得了，由广州到深圳需要五六个小时。但那时的堵车却令我十分振奋——公路两旁正在兴建着由全世界转移到广东来的加工企业，灯火辉煌，一片繁荣景象。坐在车里的人不会因为口渴、饥饿而不被这种灯光吸引。这种灯光和公园的灯光不一样，它是映射着事业成长的灯光。就是在那灯光的指引下，我们新兴的工业企业在成长。

改革开放第一个10年，大量的美国、欧洲、日本、中国香港、中国台湾的企业涌入深圳，形成一种以市场需求、消费需求为导向的产业，改变了我国制造业的流程和投资结构。

走在107国道上，我感到世界在变、中国在变。如果我们每个在车上的人都能加入世界供应链的主流，那将是一种挑战，也会有干不完的事。

就这样，在107国道上往返多次之后，我就急急忙忙"下海"了。

下海，说得容易，做起来难。下海做什么？做贸易失败后，我就开始集中精力做起了电视机的一个很小的部分——遥控器。因为我国那时的电视机没有遥控器。当时，有人出国后带回来一个有遥控器的21英寸电视机，围观的人是里三层外三层的。

遥控器，对于我们这些没有资金但懂技术的人是一个不错的起始点。我们的遥控器生产就从一个助手、两个工程师开始了。

1990年，我们的销售额迎来了珍贵的100万元。就这样，我们开始了供应链的第一个环节——进入制造业，为全球多家电视机厂供应遥控器。

不久后，我们就遇到了问题：产品需要不断地更新换代。就像农民种西瓜，今年西瓜丰收，明年大家都种西瓜，西瓜就不好卖了，要想赚钱必须转种别的。

此时，我们面临了第一个考验——企业如何转型。转型是非常痛苦的，我们先是想做Walkman①，后来又想做14英寸电视机。但是，电视机不是十几个人就能做得了的，于是我们就从大学招聘人才，建起了有50多人的电视研究所。但是，经过六七个月开发出的产品并不成功。当时，我国电视产业的技术主导正由晶体管转变为大规模集成电路，而在这个导向转变的过程中，我们的技术人才储备和预见是不够的，亏损了几百万元。

这时，在茫茫的黑暗之中，突然有一个机会降临。当时，香港两大供应全球的制造厂之一——讯科集团面临倒闭。它失败的原因是在扩建过程中发现订单量非常大，于是决定在泰国投资建一个大的电视机厂，后来投资过度，出现财政危机，被另一家公司收购。在收购过程中很多技术人员离开，去了其他大企业。我跟他们中的很多人是朋友，希望他们来创维，但当时的创维是一个100多人的小企业，待遇不高，所以谈了几个月也谈不成。谈不下来怎么办？我决定把15%的股权送给他们，换取他们的加盟，终于，他们中有几个人正式加盟了创维。经过一段时间的产品设计，1992年我们在德国的展览会上接到了2万台电视机的订单，接着第二批5万台……我们就这样把创维撑起来了。先是100万元、500万元，然后是2000万元，1993年营业额达到了2亿元，1993年以后创维电视开始全面走向世界。

第二个考验在哪里呢？1995年，随着中国改革开放进程的深入，全世界的品牌大量涌入中国。而我国当时的国产彩电规格大多停留在14英寸和21英寸，25英寸以上的高端产品市场基本被外资品牌占据。

我们开始进军大屏幕电视市场，但是失败了。大屏幕电视对品质的要求非常高，我们的产品返修率远远高于松下的产品，企业一下就有了2万台退货，价值6000多万元。

---

① 日本索尼公司生产的一种个人随身音乐播放器的通称。

做企业就是在斜坡上推车，没有力气的时候，惯性就能压死你。

在危机当中，我动员几个伙伴把铺盖卷搬到工程部，跟技术人员一起攻克难关。另外，利用在这个行业多年的积累，我们猎取了一些人才。几经努力，我们的大屏幕电视重新设计、重新上市。产品投放市场后，质量过关，赢得了消费者的信赖，出口订单量终于恢复了。

就这样，1995年，通过技术创新，我们的企业越过了又一个较大较危险的节点。

电视制造业不见得能赚多少钱，因为每年的设备更新就大约需要2亿元，盈利全部投入在零件、设备的更新里了。如果你不更新，竞争对手就会凭借新的技术手段把你取代了。美国的沃尔玛来了，日立来了，人家说："哎，你这里没有贴片机呀？"你不能说："喔，贴片机是刚刚兴起的喔，大佬！"你要买贴片机，否则就会落后了。一台贴片机需要1000多万元，10台就1亿多。

当时的创维销售额已达56亿元，并在香港成功申请上市，一次集资12亿元。上了这个高台阶后，我们就开始考虑要进军百亿了。

在前进的道路上，不是每个梦想都会实现。这时，我们一个干了几年的销售老总被同行以数倍的薪水挖走，还带走了若干销售人员，使得我们进军百亿的梦想突然间就破灭了。创维面临着前所未有的挫折和危机：客户由于销售人员的跳槽而大量流失了；股价由3.2元一路跌到2毛9分，跌了90%；员工对企业的热情急剧下滑，产品的品质出现了问题，情况很严重。

很多企业今天很辉煌，明天就关门了，这是常有的事情，你千万不要觉得奇怪。听一个领导说，前几年去根德①参观，当时根德的名声还如雷贯耳，可这次想再去参观时，它已经破产了。根德是一个顶级品牌，在欧洲的价格比索尼还贵2倍，这样一个顶级企业也破产了。

---

① 根德（Grunding），德国一家消费电子产品、家用电器和个人护理产品制造商，1945年在纽伦堡成立，曾是欧洲白色家电行业第三大公司，向全球超过65个国家销售产品。

后来，我们选择了再造创维。在公司1万多名员工中进行动员：整个家电的数字化进程还没有开始，但是就在眼前。我们采取了一系列措施进行流程再造，把销售、研发、制造、服务分割条块改为产、供、销一条龙，效果明显突现。与此同时，我们还建立了长效的绩效考核机制，这个是很难的。

我们拿出相当部分的股权分给了骨干员工，让大家共享企业效益。通过2000年一年的努力，2001年创维扭亏为盈，销售额连续两年增长40%，由行业第6位上升至前3位。

通过再造创维，我们度过了一个非常大的危机。因为彩电业的日子是很难过的，相信一个大学毕业生经过彩电业的洗礼后，他干什么都会成功。

彩电企业要实现既保持市场份额，又能赢利，需要施展浑身的本事。这些年来，全球彩电业中很多企业消失了，由原来的1000家降为30家，竞争的激烈程度和世界杯预选赛差不多了，甚至比世界杯还严重。

另外，彩电业技术的更新越来越快、投资越来越大，半年不投资就节节败退，而且第一仗输了就预示着满盘皆输。尽管如此，这并没有动摇我的中国心，我们再造创维，做全球供应链主流产业的梦想仍在心中！

我有几个体会跟大家分享。

第一，企业家的信仰与信心——没有路，也要走出一条路。

我觉得信心对我们民营企业是很重要的，没有路也要走出一条路。民营企业是野生的，不容易生存，生存下来之后，成长也很困难。

社会对民企有一些偏见，认为民企是不劳而获。还有一种偏见，认为民营企业家是靠偶然成功的。很多人都这么想："我当时要是下海了，肯定比他们做得还大！"这话讲得我都没话可说。在种种压力下，我们民企的信心非常重要，我们的信心在哪儿呢？是信仰让我一次又一次地在绝望中活过来。

1973年，我上山下乡，点着煤油灯看书，一打瞌睡就把头发烧了。1977年恢复高考，我们在农村的广播里听得不太清楚。乍一听到这个消息，我是半信半疑，再一打听，果真恢复高考了！

通过高考，我进入了重点大学。此后不久，我第一次听到《洪湖水浪打浪》的歌声，眼泪禁不住地流出来，这么动听的歌声我以前却从来没机会听过（因为忙于农活和学习）。

珍惜现在，面向未来，这是我们企业家对社会的回报。我们企业家一定要有信心，信心来自我们百折不挠的精神，就像5000人跑马拉松，你不坚持跑下去怎么能胜出？我们可以在面对困难时寻求很多种解决方案，就算不一定能赢，但是赢的概率肯定比不努力时赢的概率大。企业就应当建立这种信心和信仰，比如很多深圳的企业都做得很好，目标定位在成为世界级企业，值得我们学习。

第二，因为难，所以成功——制造业始终青睐那些不屈不挠的人。

制造业是非常难的。做咨询公司，开酒楼、酒店都比制造业容易，因为制造业每年要花大量的资金开发新产品，不搞新产品开发，企业马上就不行了。

做房地产行业，老板最重要，只要把地圈下来就行，因为土地谁也搬不走。而在制造业，任何一个销售代理的流失都相当于挖走了一块地，带走了一块砖头，因此管理难度比较大。但是，正因为难，所以不屈不挠的人更易成功。我的大学同学有40多人，其中从事制造业的有90%都成功了。我希望我们的企业家要专心致志在制造业发挥所长。

我发现亚洲的命运是制造业命运，目前的我们不可能像美国那样，一个软件就能卖几百万美金。软件是看不见、摸不着的，无法监控，很难成功，所以，我很佩服做软件的老板，工作很不容易。但是，亚洲人做制造业可以做到让产品价廉物美，日本、韩国、我国台湾都是靠制造业发展经济的，大概我们吃大米的跟吃牛排、面包的思维不一样。

第三，专心致志，做到行业前三名。

企业想做到第一、第二是比较困难的，可做到前三名是有机会的。民营企业所有的问题都要靠自己解决，必须学会把风险降到最低，像聚光镜一样把能量聚焦在某个行业，走向成功。做某一行前三名是我们的重要定位。

第四，创始人应从个人英雄主义转变成做团队的领导人。

企业开创时，创始人开源节流、注意着企业的每一个运作细节。在企业小的时候还能做到这样。如果企业发展到像航空母舰一样大，创始人再这样就很难了。因此，当企业形成一定规模后，就要建设国际化领导团队，因为一个人无法驾驭航空母舰，哪一个环节出问题，都是很大的挑战。

再造创维，就是把经营第一线的权力交出去，大胆放权。每一个利润中心都要有一个总裁，形成12人的董事会。为什么需要国际团队呢？因为要建成500亿的制造企业需要这样的管理团队。中国企业缺乏尖端技术，我们从日本著名企业引进团队，由他来做光电事业董事长和总裁。整个技术问题，我们苦苦研究了5年，怎么都研究不出来，日本团队一来全部都解决了。一个企业要走向世界，强大的互补型团队非常重要。对于合作伙伴所犯的错误，要学会忍住不出声，允许别人犯错，哪怕亏掉了一千万元，也不要吭声，因为只靠自己是干不完所有事的。要允许别人犯错，允许损失，否则就培养不出企业家。

我们还要忍受打击。民营企业会有一部分人流失，流失是正常的，但要建设好的机制和文化，使大多数优秀的人才留下来。有的人才特别卓越，像迈克尔·戴尔那样卓越的人才，你可能确实留不住，甚至会被人指责误人子弟。但是我们要有信仰和信心，要能忍受别人对你的批评和指责。

第五，激励机制不断创新，建立长效的激励机制，把打工文化转变成人人热爱企业的文化。

我们企业有一句话：爱就是无私地帮助员工成长！每个企业的管理方式、方法都不一样，需要不断地摸索、感悟、试验，只要大多数人拥护就行了。我们是第一个在中国开发出不闪烁电视的企业，尽管这里有很多系统问题很复杂，但经过有效的考核机制，我们将产品质量在同行中做到最好。创维为了建立特有的考核机制，特意从国外咨询公司大量引进质量管理体系，进行整个流程的管理。并且管理细化到个人：每个人的业绩和上月比、和去年同期比究竟是怎样的，都清清楚楚。整个工艺流程都是数据化管理，这是经过多年摸索形成的。员工多劳多得，使员工利益与企业的利益共同增长，让员工伴随着企业的发展而成长！

第六，创维创新创未来。

创维始终努力在创新方面下功夫。彩电行业是充分竞争的行业，以前是"黑乎乎"，现在是"小白脸"①，都一样是充分竞争。但是，在一样中也有不一样的方面。1993年，我们第一个推出了国际线路电视。当时，如果把电视从我国东北搬到俄罗斯，只有我们的电视能自动识别俄罗斯制式。1996年，东芝开发的"火箭炮"压得我喘不过气来，你有火箭炮，我就开发一个"霹雳神"。创维1998年最早推出100Hz数码电视，2001年推出数字电视，2003年在高清背投、等离子液晶等技术方面实现了更新换代，我们在同行业中一直处于领先状态。

第七，建立求胜和有执行力的文化。

现在的竞争非常激烈，没有求胜的信念就很难获得成功。民营企业在执行力方面比较苦恼，有的企业执行者把远景、目标放在最末，执行不到位。销售更是"山高皇帝远"，你怎么管得着？但我们建立了一些标准进行制约。

第八，建立一个由优秀到卓越的企业。

美国有很多企业家在看《从优秀到卓越》这本书，我们也在组织员工进行学习。我们的产业具有由优秀到卓越的空间，在电视行业的未来十年中，全世界有10亿台电视要换成数字电视；深圳2005年停止有线模拟电视，有100万台电视机要更换。有这样的市场空间，我们有理由设定"由优秀到卓越"的目标。每个企业家在自己的行业中都有无限风光，我们需要跟员工和管理人员设定一个这样的目标。

今天很高兴参加民营企业高层论坛，跟大家分享心得，祝愿各位企业家为社会、为国家作出应有的贡献。

---

① "黑乎乎"和"小白脸"分别指黑色家电和白色家电。

与巨人赛跑[1]

我们拥有一个优秀企业的远大理想和使命，我们会努力去做。当然我们要以平常心来看这个问题。失败是常态，成功才是偶然。我们尽最大的努力去做，即便是最后失败了，我们也曾努力过，曾经干过一番轰轰烈烈的事业。

——黄宏生

张志学[2]：尊敬的各位来宾，今天非常高兴地邀请到创维集团董事局主席黄宏生先生来给我们做演讲。我们MBA的一个重要的经验就是向企业家学习，向优秀的企业家学习。对黄先生我不过多介绍，只说四点。第一点，黄先生和咱们一样是正规军出生，1977年进入华南理工大学学习。第二点，黄先生28岁的时候就被破格提拔为国企的常务副总经理，享受副厅级待遇。第三点，黄先生失败过，而且不止一次。第四点，黄先生对于如何将企业做好有非常深刻的理解。我对他的介绍就这么多，现在我将时间交给黄先生。

演讲：与国际巨人作战的体会

黄宏生：我今天与大家分享一个主题，就是中国的企业如何从弱小到发展壮大，如何与巨人一起赛跑。

---

[1] 本文摘选自2003年9月20日黄宏生应邀在北京大学光华管理学院做的演讲与访谈的记录，内容有删改。原文见：何志毅. 破解竞争力陷阱：著名企业家在北大的演讲（二）[M]. 北京：北京大学出版社，2004.

[2] 时任北京大学光华管理学院副院长、EMBA中心主任、教授。

2002年我们的销售额增长了43%，但利润却增长了253%；股票价格涨了3倍多，由低迷的5毛多涨到1.7元，公司的市值也由10亿元上涨到40亿元。我们的投资者阵容里有非常著名的基金集团摩根·斯坦利、美林证券、欧洲的德意志银行等。创维的历史不长，只有15年，但能够吸引到这么多世界级的投资银行和基金公司，应该说是最有力的肯定。创维在商海的竞争里，得到了它们的肯定和认同，被列为值得长期投资的企业，实属不易。在如何提高企业竞争力方面，我们有经验，也有需要进一步思考和提升的地方。

1990年，全球电视机行业有1000多个企业，如今规模在100亿元左右的不到30家，竞争是非常激烈的。全世界的同行，包括一些巨人企业，相继出现了比较严重的问题。亚洲的情况也是一样。松下、东芝、日立都出现了亏损，昔日的巨人今天遇到了新的困难。国内企业中，我们曾经很熟悉的黄河、长城、北京这些牌子现在已经看不到了。创维能在2002年实现销售、利润大幅度增长，并且进入中国彩电的前三强，重要的是产品的质量。创维电视的平均价格在国内同行中高居第一，比第二名高20%。为什么消费者愿意舍弃便宜的产品，选择价格要高一些的创维产品呢？这就证明我们有自己的核心竞争力。

与巨人作战，我们有几个体会：

第一个体会是专心致志非常重要。最近，我知道山东有一个很有名的地产公司投资了2亿元做背投电视，最后是什么结果呢？血本无归，惨败收场。

第二个体会是企业领导要用心地培养人才。我们早在1990年就开始培养人才了，从基础的工作开始做起，培养技术人才、品质管理人才、销售人才。人才没有积累到一定的程度就"发动战役"是很危险的。我们在1994—1995年也发动过一个战役，就是大屏幕的"学画王"，最后失败了，因为我们的人才储备和准备不足。我们在培养人才方面有很多方案。比如说，我们特别重视给技术人才出国学习的机会，虽然人才出国可能有流失的风险，但是不能因为会流失就不培养人才了。再比如，我们让重要的技术人员参与分红计划，让大家与企业共同成长。还有，对各方面的人才进行职业生涯的设计，等等。人力资源管理必须做细、做实。

第三个体会是不要被什么营销大战、品牌大战所迷惑，一定要在技术上有所突破，在技术上做到人无我有、人有我优的差异化。如果在技术方面没有大的突破，企业很容易死亡。

第四个体会是要有成本方面的技巧。作为一个弱小的民营企业，你怎么跟巨人集团来竞争呢？这里有一个成本方面的技巧。在收入方面，说句实话，我们员工的收入比跨国公司员工的还高；但是在成本方面，我们有独特的控制和竞争机制。

第五个体会是要进行危机管理。企业每时每刻都可能遇到危机，危机有时候会让你兵败如山倒，因此必须进行危机管理。

第六个体会是，我们与巨人竞争，并不是敌对关系，甚至有可能是合作关系。比如，三星和索尼是竞争对手，都想超越对方，但它们现在准备合作了。这值得我们学习。

第七个体会是我们有中国特色的企业文化，这对企业的成长很重要。

现场访谈

张志学：您曾说在上大学的时候就想做电视。但是您最开始是做遥控器的，您是想把遥控器做到底，还是想把电视做到底？

黄宏生：我与电视机很有缘分，这和我的专业有很大关系。毕业实习的时候去组装黑白电视机，当时对电视机充满了好奇，学习兴趣很浓厚。出来工作后，起初在原电子工业部下属的一个企业里做。后来"下海"了，极力要找到一个谋生的方向，也做了无数的尝试，但都失败了。最后还是在熟悉的电视机里找到了一点儿机会，也就是说我做的还是比较熟悉的事情。

张志学：我们的 MBA 学生学的都是一般性的管理，他们将来工作或者创业可能和大学里学的专业没有关系。您对他们有什么建议吗？

黄宏生：上什么大学读什么专业不重要，重要的是你的学习能力。我们现在的总裁就不是学电子的，他是学财务的，但是他做得比我还好。根本原因是，他的学习能力很强，而且是脚踏实地地干自己的事业。我们也看到很多 MBA、很多高学历的人不愿意到基层做很具体的工作，结果呢，无论是他们的发言还是他们的一些建议，都是废话连篇。管理层最不愿意看又臭又长的报告，翻两页就扔了，根本没有用。但如果你从基层做起来，哪怕是广告部里的一个编稿员，都能不断地成长，成为很有才干的管理者。我们有一个清华大学机械专业的博士生，毕业后，他不去厂办，也不去设计部门，直接申请做一个模具工，后来提升得很快，而且发挥了非常重要的作用。我想，从基层关键的岗位脚踏实地地做起来，就一定能够成功。

张志学：黄总刚才讲到创维非常注重对人才的培养，经常选拔员工到国外学习电视机技术。请问，到国外学习的员工是怎么选拔出来的？

黄宏生：我们每年都引进各种技术管理人才，有两三百人。第一年是学习培训，第二年才有一点小结果出来。从第二年开始，那些好学、肯钻研、踏踏实实、有潜力的人，都有机会被送到国外学习，包括为一些重大项目培养人才。

张志学：当你做大到一定程度的时候，像索尼这样的世界级对手，可能就真要和你对着干了。你有没有担心这一点？

黄宏生：我们刚开始确实有这样的担心，但后来我们发现企业的最大敌人并不是对手，而是你自己。一个企业想收购你，可能是一个双赢的局面。比如说，刚才讲的讯科倒闭了，可是有人花 12 亿收购它，从这个角度讲这本身就是一个双赢的结果。如果说索尼想收购创维，那么创维的股价就可能上升到 100 元，这样的话创维的员工就取得了很大的成功。总的来说，企业成败的根本还是企业能不能战胜自己，能不能做好人才培养、高效管理、团队合作、技术创新这些方面。如果这些方面都出了问题，那这个企业就必死无疑了。有了这样的信念，我们就不用再担心竞争对手会怎么做了。

张志学：如果哪天像索尼这样的公司把广告设在创维的门口，你怎么办？

黄宏生：我们觉得大企业并不可怕，大企业有大企业病，有很多弱项。第一，大企业的决策时间很长，你完全可以在大企业决策之前迅速做出反应。第二，大企业有很高的成本，只要我们能在成本方面进行有效的控制，那么就会有生存的空间。第三，大企业的产品线很长，而每一个产品都有强和弱的地方，针对它弱的地方我们往死里打，从而获得产品线市场的胜利。所以，大企业并不可怕。

张志学：你的最后一个体会讲到中国特色的企业文化。你可不可以告诉大家，创维有一个什么样的文化？

黄宏生：经过这么多年的努力，我们建立了企业和员工的使命感，也就是我们的企业文化。我们有几个使命。

第一个使命是建立一个中国籍的世界名牌企业。这个使命是我们的核心价值之一，是基于以下几个背景建立起来的。

背景一，我们中国过去长期以文为主，不重视工业革命，不重视生产力的创造，导致近代饱受外国列强的侵略。而我们这代人非常幸运，能够选择和从事我们热爱的企业和事业，为我们国家的工业发展尽绵薄之力。

背景二，中国最大的一个收获是改革开放以后学习了很多西方先进的思想、思维方式和商业模式。如果学习的效率很高，认真地去学习并付诸行动，那么我们很可能在国际上获得成功，也就是建立一个卓越的国际性企业。

背景三，中国对生产力的发展、对民营企业及个人价值的肯定越来越清晰，这就使我们所有的人，只要为社会创造了价值，个人的价值和幸福就会得到肯定。

第二个使命是创维的员工和创维一起共同追求健康和成功。

第三个使命是用创维的现代技术参与人类家庭的现代化建设，并作出应有的贡献。

张志学：我们现在一直在强调企业制度化，反对"英雄"过度支配企业，害怕"英雄"一旦不再在企业里，企业就不行了。你的员工对你有没有这样的担心？

黄宏生：这实际上讲的是企业接班人的制度。毫无疑问，企业长期发展的根本问题之一是接班人的问题。企业对人的要求在某些方面比政府和学校要高，因为企业是要"打仗"的。因此，我们花大量的时间进行人才的培养和选拔，来提高企业的人才竞争力。

张志学：你怎么选拔副总裁？

黄宏生：首先向他描述清楚岗位职责，然后为他搭建很好的平台，给他创造很好的条件，比如团队的支持等。这是一整套的系统工程。

张志学：我很认同你讲的话，就是企业失败，不在于外在的东西，而在于自己。将这个话延伸一下，企业失败不在于基层员工，而在于高层。怎么保证高层决策不会出现失误，保证创维不受致命的打击？

黄宏生：我们采取了几个措施。第一，我们的管理层分两个层次：一个是经营层，只管"带兵打仗"；另一个是战略层，董事会决策。要将这两个层次分开。因为如果做决策的人太忙，往往就会出现失误。第二，坚持决策的民主化制度。董事会的议题由大家讨论后决定。尽管民主化可能导致因为达不成一致意见而错失很好的机会，但是企业大了以后，这种决策的民主化会减少重大的失误，是一个必由之路。第三，作为董事长要敢于拍板。企业有时为了平衡，为了你好我好，很多事情最后都不去做。这是民主化的另外一个弊端，也会让企业垮掉。

张志学：如果你认为进入某一个市场或开发某一个产品对公司有好处，但是你的下属有不同的看法，那你怎么办？有没有这样的情况？

黄宏生：这样的情况很多。有新点子的时候，我们会进行讨论。讨论时其他人先发言，讲他们的看法，领导最后发言，因为如果领导先发言，大家都没法说或者不敢说自己的看法。尽管真理有的时候掌握在少数人手里，但是有的时候一些好的点子大家没有通过，我们宁愿放弃。这样当大家在认识到放过了好机会的时候，会想起来，原来某某提的意见是对的，我们下次要支持。这就换取了团队的支持和合作。

张志学：我们对创维这样的企业期望很高，希望你们不仅成为本土优秀的企业，而且在今后真的成为世界电视机行业的巨头。我想请教黄总一个问题，你们和国际巨头相比，在研发上还是有一定的差距的。你一直强调研发是企业的核心，那么你如何使创维沿着研发的路一直走下去呢？

黄宏生：应该承认，中国的技术水平和国外的差距还是很大的。创维是怎么做的呢？第一，吸引国外技术团队加盟。以前我们要通过卖股份才能换取一些人进来，但现在以中国经济的总量、市场的总量和安定的政治环境，以市场换技术，也能吸引一些人进来。我们就曾成功地引进松下的骨干，成为我们旗下光亮科技的董事长和CEO。果然，我们高清晰度的背投电视在国内很快就处于领先水平了。第二，我们加强与跨国公司实验室的合作，与许多一流的信息和家电企业是非常好的战略伙伴。第三，我们现在也开始进军上游零件领域。比如说我们最近推出了一种数码光学引擎，希望通过抓住这样的核心技术，缩小与跨国公司的差距。

张志学：我们中国企业一直采用市场换技术这样的方法。你觉得，在换技术的过程中，国外企业会不会留一手，不将核心技术给你？

黄宏生：肯定会留一手。任何跨国公司肯定都不会将最核心的东西交出来。刚才我讲的几条，实际上就是要由外部到内部，由表面到深层次，在技术的延伸方面做到有突破性的发展。

张志学：刚才提到创维的成功不是靠营销，而是靠研发。你讲到，为了缩小和国际电视机巨头在研发上的差距，你们做了很多工作。除此之外，创维要成为一个世界级的企业，面临的最大障碍是什么？

黄宏生：面临的最大障碍就是人才和文化。为什么说是人才和文化呢？因为我们确实非常缺乏既能看准行业的未来趋势，又懂管理和市场的复合型人才。在文化上，中国文化有具备优势的一面，就是勤奋、苦读书、奋斗。但是有些中国人是不够团结的，这一点与一些日资企业、美国企业、欧洲企业的差距都很大。

张志学：黄总讲到人才问题，人是根本。在每一个企业当中，都有高端人才和低端人才。人一生要经过三个阶段：一出生就是一个自然人，走入社会就成为一个社会人，进入组织，有更高的要求，必须由社会人转为组织人。在这一方面，我们的高端人才和低端人才都有问题，这使得我们的劳动力素质，尤其和日本的企业相比，并不占优势，虽然我们的价格更低一些。那么，创维是怎么克服这个问题的？

黄宏生：应该说我们拥有一个优秀企业的远大理想和使命，我们会努力去做。当然我们要以平常心来看这个问题。失败是常态，成功才是偶然。我们尽最大的努力去做，即便是最后失败了，我们也曾努力过，曾经干过一番轰轰烈烈的事业。

听众：创维在国际市场上的竞争思路与在国内市场上的有什么不同？

黄宏生：第一，我们在国内 100% 地推行和建立创维的品牌，而在国外重点是贴牌，也就是利用巨人的品牌出口。比如说，我们在日本打三菱品牌，在中东打日立品牌，等等。在国际市场上能够稳定发展，而且还保持赢利，目前在中国的电子企业里，创维是唯一的一家。

听众：创维的发展还能持续多少年？

黄宏生：这是个好问题。企业也会有生老病死。我对我的员工讲，我们这个企业至少有 30 年的生命周期。为什么是 30 年呢？

第一，从国际上来看，30 年是一个正常的企业周期。我们是一个常态公司，30 年很正常，不可能长生不老。

第二，我们刚刚过 15 年，我对公司的要求不高，只要求再活 15 年。员工会觉得15年比较合理，因此会很踏实。大家现在30多岁，还有15年就四五十岁了，工作时间也就差不多了。不能对此有狂妄的想法，什么百年老店我们从来不提，讲15年比较务实。

第三，未来整个消费电子产品由模拟变成数字，又有至少10～20年的换代期，全世界有40亿台电视机要换代。

听众：你认为现在创业和你当年创业最大的不同是什么？

黄宏生：现在创业的机会比当年多了10倍。我们当年创业成功的机会一般是在制造业里，但现在很多行业都有这个机会，比如教育、互联网、文化，等等。

听众：当年做副厅级干部的经历对你的创业有什么意义？

黄宏生：当时我们都是任命的。有两条路：一条路是在企业里由副总变成老总，把企业做大；另一条路就是抽调到地方去，当副县长、副市长，走仕途。应该说机会很多，但是我本人因为搞企业，在企业里对制造业的流程、经营产生了兴趣，所以就决定"下海捕鱼"。国家的企业对我的培养很大。

听众：创维曾给北大MBA开出2000元的月薪标准，这个标准的依据是什么？深圳一线的普通工人也能达到这个标准。你是怎么看待这个问题的？

黄宏生：这个问题说明大家对MBA有一些看法。

第一点，MBA项目教会了大家财务管理、组织行为学等理论知识。但是最大的问题是MBA的学费很高，每一个招生的学校都标榜自己的MBA毕业生的年薪很高，没有50万都不推荐工作。结果，MBA学生无限地拔高了自己的个人要求，而这种个人要求与他的实际能力有时是有差异的，使得社会上对MBA学生个人的价值和能力的看法有所保留。

第二点，有些MBA由于自命不凡，说多做少。而现在企业更重视的是执行力、更务实，而不是什么模式、报告。我们很多同学也许过于相信演讲，过于相信报告，忽略了脚踏实地做实际的贡献，这也影响了我们一部分MBA同学的价值观念。很多人都有这样的看法。

张志学：在今年的美国管理学会上，斯坦福大学有一个教授报告了很多优秀的成果。他认为，MBA的投资很多，训练成本很高，但是最后到企业和非MBA没有什么差别。我们学院也意识到了这些问题，也一直在改进。

听众：你怎么看彩电的价格战？这个价格战会在高端市场迅速展开吗？

黄宏生：彩电已经由价格战转变成技术战。为什么呢？由于新型技术（比如半导体技术）的突破，彩电市场可选择的产品门类比原来多了许多。以前我们买彩电就是看尺寸大小，问29英寸多少钱。现在不同了，新型家庭可能就买一个20英寸的电视，因为家里就三个人。而小房换大房的人可能会买一个高清晰的背投电视，有天天在电影院看电影的感觉。

听众：你当年用15%的股份在香港讯科挖人的时候，只有一个市值两三百万元的小厂。你究竟是用什么样的办法将"敌人"弄过来的？

黄宏生：其实这个办法讲起来你都不信，是诚意。第一，我对他们讲，中国彩电的市场有非常大的前景。1990年的时候，相当多的人还在看黑白电视机，很多都是在21英寸以下的。这个市场的巨大潜力是令他们下决心迎接挑战的原因之一。第二，我允许他们兼职干了半年。要他们放弃高薪厚利、上百万年薪，到你这里来，他们一下子还真下不了这个决心。他们周末下班了以后到我这里兼职，搞点设计什么的，发现我们这个企业蒸蒸日上，而且非常务实，于是就增强了信心，下定决心到我们这里来。这是一个转变的过程。

张志学：我想做三点评论：第一，做领导要有远见；第二，要把自己的远见告诉别人；第三，很好的一招是允许你在外面兼职。这三点都很重要。

听众：你最近给你的每一位经理人都发了《从优秀到卓越》这本书。能否评价一下你自己属于哪一级的经理人？

黄宏生：大家都看了这本书，书中把所有的人分成五级。第一级，是能够贡献个人才干的个人。我们读了书的人都能够做到这点。第二级，是能跟他人一起合作、建立出色业绩的人。第三级,是能够带领一个团队,并且组织这种资源、建立出色业绩的经理。第四级,是能极大地激励自己的团队和下属、建立出色业绩的人,也就是说能激发大家的积极性。第五级,是具有谦虚的个性和专业的坚守,建立起持久业绩的领导。

他把所有的人分成这五级。我顶多是第四级,因为第五级必须建立持久的业绩,这很重要。

听众:你认为在大学里怎么学习才能为将来做准备?

黄宏生:在大学的学习中,我的第一个收获是,建立一个同学间友好竞争的机制。同窗四年,大家在一起都很诚信,都有美好的愿望,都希望毕业以后成为社会的栋梁。但是同时要形成一个竞争机制。我们班42个人,出了十几个企业家,同学之间互相都是有影响的。

第二个收获是一种学习能力的培养。无论是学习专业知识,还是培养动手能力,我们都非常刻苦和投入。

第三个收获是培养了合作精神。我们班里的同学比较团结,一起参加了很多社会活动,有什么事大家也一起交流,这就培养了与人合作的精神,培养了一种容纳各种不同意见的环境。这对日后的工作有很大帮助。

听众:现在很多学生毕业后会到外企和国企去,你认为应该到哪儿去?

黄宏生:我不认为有哪一条路是最正确的,但是中国未来的希望肯定是走民营企业之路。我觉得跨国公司有很多学习机会,比如说在跨国公司里工作确实能够学到很多经验,它的分工很细,对道德规范的要求很严。民营企业高速成长,它要求你实干,要求你贡献。重要的是企业的发展应能与你个人的兴趣和使命很好地结合在一起,而不在于到底是去民企,还是去外企。

听众:你如何处理老板和职业经理人之间的关系?

黄宏生:说句老实话,这也是做老板的苦恼。做老板很孤独,真的是这样的。比如说当大家一起走时,老板或者走在前面,或者走在后面,因为大家不敢和你走在一起。第一是有些人担心别人说闲话,说在拍老板马屁;第二是有人认为,他想的层面与老板想的层面肯定不一样。做企业的一把手永远是孤独的,如果你怕孤独,千万不要做老板。

我举一个例子。我们有一个总工程师,技术上不错,于是就被提拔为我们的一个新型彩电公司的一把手。外面的市场竞争很激烈,他经常和手下的人说"这个单又被别人抢走了,这还怎么活呀"之类的话。结果,不到半年,跟着他的一帮技术和管理人员都纷纷辞职走了。这就说明,做一把手的时候,你有困难和痛苦是不能随意散发的,眼泪要往肚子里流,千万不能分享困难,遇到多大的挫折,都要笑容满面,充满信心,感染你的"战士"。一般来讲我的员工有什么事情是不会找我的,都是我主动找他们。作为领导你要主动去抓住你周围的人的眼睛,他不找你,你要找他,我们把这叫作孤独。

张志学: 这一点很重要。下属担心别人说闲话,所以他不敢找老板;而老板主动找下属,效果就不一样了。

听众: 企业的发展都有低谷。你的股票下跌的时候,人员都走了,你是怎么走出低谷的?有没有过非常困难的时候?

黄宏生: 各个企业走出低谷的方法都不一样,但是有一个共性,就是领导者沉得住气。顾客投诉很多,人走了,技术流失了,这个时候就要考验你的忍耐力。为什么有些人走了?可能是你个人的错误、利益方面的问题或者控制方面的问题,也可能是被竞争对手挖走了。领导者要沉得住气,然后花一点时间发现问题,并寻找解决问题的办法。

听众: 当初你从香港讯科挖了一些人过来,那时你只有两三百万元,但做电视需要1.5亿元。其他钱是怎么弄来的?

黄宏生: 我找了很多家银行寻求信用贷款。当时香港中行给我贷款200万美元,解决了我的流动资金问题。另外,我开发了一个产品,拿着这个产品跑去找国内有生产能力但订单不足的厂商委托加工,解决了我的设备投资问题。一直到

1996年，我们才建了自己的第一座厂房。

听众：你不怕民营企业做大了，变成国营了吗？

黄宏生：以前很怕，现在不大怕。我们深刻地感受到，这三年来的变化很大。首先是各个地方政府很清楚民营企业和外资企业带动了地方经济的增长。民营企业向国家交税，解决就业，还能出口，这样的状况说明民营企业已经成为国民经济不可缺少的重要成分。我们相信，全社会对民营经济已达到共识，肯定不会走老路。

张志学：大家都看好中国在世界上的地位，中国的崛起与大企业的崛起是有关系的，企业的崛起又是由企业家推动的。在当今非常激烈的竞争中，中国的企业要走向世界，必须做到两点：打造企业的内功，包括各个方面的管理；另外，一定要做好国际化的布局。目前我们还无法像国际大企业那样真枪实弹地布局，但是我们可以用别的牌子去生产。这是创维非常聪明的做法。企业家的个人素质与企业的成功有着很大的关系，在与黄先生的交流中，我们可以看到他随和、幽默的性格，以及非常有创造性的思维方式。

让我们再次感谢黄总的精彩演讲，谢谢！

我们一直在努力[1]

　　与其规定自己一定要成为一个什么样的人物，获得什么东西，不如磨炼自己做一个努力的人。志向再高，没有努力，志向终难坚守；没有远大目标，因为努力，终会找到奋斗的方向。做一个努力的人，我认为可以说是人生最切合实际的目标，是人生最高的境界。

——黄宏生

　　有一次，在我参加的一个晚会上，主持人问一个小男孩："你长大以后要做什么样的人？"孩子看了看我们这些企业家，然后说："做企业家。"在场的人都鼓起掌来。我也拍了手，但我心里并不舒服。我想，这个孩子对于企业究竟知道多少呢？他是不是因为当着我们的面才说要当企业家？

　　这一切当然都是一个谜。但不管怎样，作为一个人的人生志向，我认为要当什么并不重要。不管是谁，最重要的是从小要立志做一个努力的人。

　　小时候也曾有人问过我同样的问题，我的回答不外乎当教师、解放军和科学家之类。时光一晃就是二十多年，当年的孩子，如今已是四十多岁的大人了。但仔细想一想，当年我在大人们面前表白过的志向，实际上一个也没有实现。我身边的其他人差不多也是如此。有的想当老师，后来却成了个体户；甚至有想参军的，最后竟做了囚犯。我上大学时有两个同窗好友，他们现在都是我国电子行业里才华出众的人，一个成为康佳集团的老总，一个领导着TCL集团。我们三个不

---

[1] 原文见：真言. 伸出你的双手静待秋天——记创维集团总裁黄宏生[J]. 才智（智谋鸡汤），2004（01）：4-5.

约而同地成为中国彩电骨干企业的经营者。可是当初大学毕业时，无论有多大的想象力，我们也不敢想象十几年后会成为现在的样子。一切都是在奋斗中见机行事，一步一步努力得来的。与其说我们是有理想的人，不如说我们是一直在努力的人。

并非我们不重视理想，而是因为树雄心壮志易、为理想努力难，人生自古就如此。有谁会想到，十多年前的今天，我曾是一个在街头彷徨、为生存犯愁的人？当时的我，一无所有，前途渺茫，真不知路在何处。然而，我却没有灰心丧气，回想起来，支撑着我走过这段坎坷岁月的正是我的意志品格。当许多人以为我已不行、该不行了的时候，我仍做着从地上爬起来的努力。我坚信人生就像马拉多纳踢球，往往是在快要倒下去的时候，以"进球"获得生机的。事实也正是如此，就在"山重水复疑无路"的时候，香港一家企业的倒闭给了我东山再起的机会，使我能够与掌握世界最新技术的英国科技人员合作，开发技术先进的彩色电视机，从此走出困境。

有人说，"努力"与"拥有"是人生一左一右的两道风景。但我以为，人生最美、最不逊色的风景应该是努力。努力是人生的一种精神状态，是对生命的一种赤子之情。努力是拥有之母，拥有是努力之子。一心努力便条条大路通罗马，只想获取便道路逼仄、天地窄小。所以，与其规定自己一定要成为一个什么样的人物、获得什么东西，不如磨炼自己做一个努力的人。志向再高，没有努力，志向终难坚守；没有远大目标，因为努力，终会找到奋斗的方向。做一个努力的人，我认为可以说是人生最切合实际的目标，是人生最高的境界。

许多人给自己定的目标太高、太功利，因为难以实现目标而变得灰头土脸，最终灰心失望。究其原因，往往就是太关注拥有，而忽略了努力。对于今天的孩子们，如果只关注他们将来该做个什么样的人物，而不把意志、品质作为一个做人的目标提出来，最终我们只能培养出狭隘、自私、脆弱和境界不高的人。遗憾的是，我们在这方面做得并不尽如人意。

我曾到过许多高校演讲，在和大家交谈的过程中，发现他们提的最多的一个问题是：你是怎么成功的？

现在很多年轻人满脑子都是对成功的渴望。说到成功，如果我还算是一个成功人士的话，我想说几点自己的亲身体会与大家共享。尤其希望对那些刚走出校门，或即将走出校门的年轻人有所帮助。

首先，不要对社会抱有太高的期望。要学会正视现状，批判地接受这个社会。从某种意义上讲，现实社会并不以我们的意志为转移。既然改变不了这个社会，那就改变自己来适应这个社会。因为只有适者才能生存，只有生存才有机会改造。在保持自己做人原则的前提下，做一些妥协来适应这个社会是必要的。当然不是让你们放弃自己的追求。当年我因为"出身不好"，被下放到海南黎母山区，理想、学业、抱负都无从谈起；但我不去空想，不去高谈阔论，只是脚踏实地地干。就是在这种艰苦的环境下，我明白了什么叫生活。

其次，年轻人应尽快给自己找到适合的位置，定位很重要。有的人进入社会都几年了，还没有找到适合自己的位置。诚然，尝试一下销售、广告、保险等各行各业，对丰富自己的人生经验来说，未尝不是一件好事。但如果在一块不适合自己的土地上耕耘太久，可能到头来仍然是劳而无功。眼看周围一同走向社会的同龄人已小有成就，自己还未安定下来，心里恐怕会很不是滋味。

我讲的"定位"，一是指选一个适合自己的行业，二是指找准自己的位置，处理好上下级、同事之间的关系。当然也要做好心理准备，即使你找准了自己的位置，也可能不会很快就有所收获。

千万不要把金钱看得太重，有时一个职位可能没给你提供很高的薪水，但如果能让你学到东西，从做人做事各方面给你补充"营养"，你就不应放弃。年轻人要时刻抱着学习的态度，当果子还没有成熟的时候，请伸出你的双手静静等待秋天。

最后一点是，我们要能经得起挫折的考验。不管你多优秀，准备得多充分，你仍然有可能遇到失败。这时你更要沉着冷静,有足够的胸襟和气量。刚开始大家都在同一个起跑线上,但挫折往往是分水岭,有人能够东山再起,有人却一蹶不振。我刚开始创业时,由于决策失误,也曾面临困境,朋友断交,债主逼债。虽然也曾绝望得想跳海,但关键时刻都挺过去了。

当然,这些只是根据我个人经历得出的一些体会,人生的路最终还是要靠自己去走,还是要靠自己去思索、分析和辨别。

I Come, I See, I Conquer[①]

> 一个企业的成长，不完全是钱的问题，而是企业的使命和价值观问题。所以，我经常考虑的一件事，就是如何使创维成为中国首屈一指的成功企业。
>
> ——黄宏生

"I come, I see, I conquer!"语音铿锵，充满激情。在古罗马时代，恺撒大帝从罗马进军法国，兵临城下时，罗马人问他："战况如何？"恺撒大帝答道——"I come, I see, I conquer!"

这句话的意思是：我已经来到了法国，我看到了法国的无限价值，我一定会征服法国。短短的几个词，充分表达了他带领千军万马征服法国的万丈豪情。

其实，在企业经营发展的历程中，每个人都会经历这样的时刻，每个人都需要这样的豪情。譬如，在2003年国庆节，正值彩电由模拟转向数字的时代，创维集团每个人的心中都有很大的压力——竞争对手强手如林，各个摩拳擦掌，各种兵力成势，"战争"一触即发。我对员工们说，这个时候，我们需要一种胜利的激情，那就是"我来了，我看到了希望，我要征服这个市场"。我认为，这是我们所有做市场的、做企业的人可以分享的一个号令。

在国内，有人对数字化彩电的前景持怀疑态度。近期，我在接受搜狐"总裁在线"访问时，就有记者问我：你所谓的"数字"是不是泡沫？我说，绝不是泡沫！数字电视机的时代将有以下变化。

[①] 本文是2003年9月黄宏生在创维集团全国营销经理大会上发表的演讲，后载于：黄宏生. I Come, I See, I Conquer [J]. CO. 公司, 2004 (02): 27.

（1）数字替代模拟。所有人都能深深感受到这一点。这里有一个量的概念，那就是每年全世界彩电销售额的容量是 3000 亿美元，这是个已公布的数字。3000 亿美元是多大一个市场啊！所以，创维这样的彩电企业只要把数字化做好，毫无疑问，业绩便会有很大的增长空间。

（2）从小尺寸到大尺寸。LCD 电视最大到 50 英寸，等离子电视最大到 71 英寸。现在无论是三星、LG 还是东芝，都在推单片液晶背投影电视，亮度和清晰度非常高。从小尺寸到大尺寸的大面积换机的高潮正在来临。

（3）由双声道到 5.1 声道、杜比、环绕立体声。

（4）由厚到薄。无论是 LCD 等离子电视，还是背投电视，都有越来越薄的趋势。

（5）影像高清晰。无论用的是哪一种显示器，电视的清晰度都越来越卓越，所有的半导体厂商提供的芯片都在不断进步。

（6）无线技术。

（7）MHP，即中间件。这让人们在看电视的时候，还能够参与一些游戏。

（8）更时尚的外观。

（9）娱乐一体化。也就是将电视和 DVD，包括可录 DVD、数码相机读卡，还有 IT 等整合到一起。现在欧美国家在这方面有很大的市场需求。

（10）DVD + 高清 DVD + 可录 DVD。

未来数字革命的方向不断刷新，使我们的发展方向也更加明确。在发展的征程上，创维已走过 15 个年头，并进入我国彩电行业的前 3 强。创维品牌已经成为政府保护的宝贵资产，成为时代进步的一个象征，成为社会就业与稳定的中流砥柱。

站在新的起点，我经常说的一句话就是："I come, I see, I conquer!"

中国已经成为世界的制造工厂，这是不争的事实！

《基业长青》这本书里说，一个企业需要成长，不完全是钱的问题，而是企业的使命和价值观问题。所以，我经常考虑的一件事，就是如何使创维成为中国首屈一指的成功企业。要做到这一点，首先，必须让企业引领中国民营经济的先进文化；其次，要运用全球数字技术，为中国的家庭现代化做贡献；第三，员工与企业要追求持久的成功。

"I come, I see, I conquer!"我一直要求员工，要学会在竞争中成长。压力永远都有，我即便不工作也会感觉到恐慌。而如果没有朋友，不跟上行业的发展，不参与竞争，就会如井底之蛙，有一点风吹草动都很紧张。但是，现在的这种竞争是生机勃勃的，我们的市场变大了，就意味着别人的市场小了。

我们正处于一个伟大的时代，我们要从成功挑战成功，做时代的中流砥柱！

我的人生哲学与红颜知己[①]

> 我最大的快乐是什么？是在我确定了前进方向，而又在前进路上遇到困难时，克服困难、取得成功的过程，是我人生的最大快乐。
>
> ——黄宏生

我的人生哲学

有的年轻人见了我总问："黄老板有这么多钱，可以享受很多快乐了吧？"

这里我想实话实说：一般人认为的快乐，我觉得无味。比如有人打麻将，一干就是打个通宵，瘾大得很，其乐无穷。我很不喜欢打麻将，觉得打麻将就是在浪费生命。所以一听要打麻将，我就感觉很痛苦。有人喜欢歌舞升平，吃了唱，唱了跳。这种场合我也不能忍受，老是应付饭局有什么意思？胃都吃坏了！我的人生快乐不在于此。

除了一般意义上的享乐让我痛苦之外，我最大的痛苦是找不到人生奋斗的方向。那简直是惶惶不可终日，焦虑到了极点。

其实，我任何时候都没愁过吃喝问题。没有山珍海味，盒饭总有得吃吧？但是当我不知该怎么走我的路，当我面前只有一条死胡同时，我就心痛欲裂，痛苦至极。

我曾大病过两次，都是高烧不退，就是因为到处乱撞而没有出路，结果思虑过度，夜不能寐，虚火上扬，免疫力下降，一病不起。

我最大的快乐是什么？是在我确定了前进方向，而又在前进路上遇到困难

[①] 本文摘选自：黄宏生，肖尽. 五次出击 精彩人生[J]. 北京支部生活，2004（05）：50-51.

时，克服困难、取得成功的过程，是我人生的最大快乐。做一个人是痛苦的，因为会遇到许多问题，但痛苦之后是快乐；做一头猪是快乐的，因为不用担心任何事，每天有吃有喝，但不知道哪一天就被杀掉了。

所以我的人生哲学是：宁做痛苦的人，不做快乐的猪。

我生命中的红颜知己

一位女记者问我："黄老板，您如此成功，身边一定有不少红颜知己吧？"

这个我也实话实说：我有女同事，但只是同事而已。为什么？因为我搞的是制造业，这是一个靠产品说话的行业，而且是大兵团作战，透明度极高。因为我的生存和发展是靠技术、靠产品，所以我的"知己"是高科技，是好的产品。

但我毕竟是凡人，我的生活里需要女人，也有女人。按数量说，一共有三人。按主次说，依次是我的外婆、我的母亲、我的妻子。

外婆的重要性我说过很多次了，在我成家后的第二年，外婆就来和我同住，直到现在她80多岁了，我们还住一起。二月河的小说中，康熙皇帝已人到中年，建功立业，但还是离不开他的祖母老太后。我也同样，一进家门如果看不到外婆，我肯定会心慌，这就是我们祖孙之间的亲情。

其次是我的母亲。她是知识妇女，对我的事业非常关注。大事小情、喜怒哀乐，母亲无不操心。我考大学前只有1个月的复习时间，我熬夜到多晚，母亲就陪到多晚。那时家里穷，母亲就用黄豆磨成粉冲成糊给我补身体……

最后是我的妻子，她是我大学同班同学。我们班共有42人，女同学只有7个，里面就有她。她的数理化成绩很好，家庭条件也不错，我们结婚后就住她家。我的朋友和我共同创业，没地方住，她说住我们家！朋友住在客厅里，洗衣煮饭都是她。我病倒的那次，她衣不解带地陪伴我。她不干涉我的工作，一心侍奉老人、教育子女……如果我哪一天又失败了，她会毫不犹豫地养家，她是我最稳固的后方。

以上三人，就是我生命中的红颜知己。

从优秀到卓越

——在 2004 年 IT 经理世界年会（日本）上的演讲

2004 年 8 月 6 日

> 要成为一个世界级的企业是一个痛苦的过程，在每一个环节上都要下功夫。
>
> ——黄宏生

今天有很多企业家和政府领导到场，让我们一起回顾一下中国的改革开放历史。

中国的改革开放经历了三个阶段。第一个阶段在 1977—1988 年，实际上是逐步由计划经济体系转向市场体系。第二个阶段在 1990—2000 年，以国企为主战线进行深入改革，产权开始多元化。另外一条战线就是民营企业应运而生，其数量之多和发展速度之快，使国有、外资和民营经济三足鼎立，也形成了若干世界级企业的萌芽。第三个阶段在 2002 年十六大以后，国企退出一些竞争性行业，特别是制造业，大量民营企业放眼世界并涌向世界市场。因此，越来越多的企业有了这样一个愿景：成为卓越的世界级企业，希望做大做强。

本次会议的主题是一个很人的题目，比较有前瞻性，我也觉得这个主题非常有意义。通过跟跨国企业、各国政府、学术界、经济界的交流，我感觉到部分中国企业现在具备了成为世界级企业的条件。

第一个条件，近 20 年来，我们越来越清晰地体会到，中国企业的核心竞争力之一就是低成本。这种能力使中国企业成为世界千万种产品的产业链的一环，哪怕能做好一颗螺丝钉也能成为一个世界级企业。有这样的愿景，给中国数百万的企业提供了广阔的发展前景。

第二个条件，中国本地企业足够大，足以养活一些小企业。这样数百万家小企业就能在中国本土快速成长起来，然后出海搏击，让中国企业在世界上各个角落都有产品和市场的互补，形成高速发展的趋势。

第三个条件，在20年的中国企业发展过程中，中国进口关税节节下降。在全球企业大量涌入中国的情况下，中国企业被迫喝了很多"海水"，从而也学习到了企业如何做大做强的经验。经历了失败、成功、再失败、再成功的曲折，我们悟到了很多企业管理的精髓，像企业家和团队的真诚合作问题、以人为本的人力资源体系问题、产业垂直整合的战略性发展问题，这都是我们在喝了一些"海水"后逐步得到的提高，对管理企业也逐步有了新的认识。

第四个条件，纵观亚洲企业的发展，包括三星、LG、台塑、明基，也就是在短短15年时间内，它们成为称霸IT界的世界级企业，为我们展示了很多成功的案例。这些案例让中国的企业跃跃欲试，立志成为一个世界级的"球队"。

第五个条件，"三个代表"重要思想的提出表明党和政府更重视生产企业。以前无论是个人还是企业，仅仅是一颗永不生锈的螺丝钉；现在大家认同企业是发展生产力的主体，是创造税收、就业的主力部队。中国企业家的创业精神逐步被认同，企业家更有决心走向世界。

中国企业要怎么成为世界级企业呢？

第一，我们要打一场垂直产业链的世界之战。很多企业家都知道，企业从区域化经济到市场经济的发展只有20年的历史，所以大部分的企业都是"地面部队"，没有"空中优势"，都是躲藏在平原的农田里争夺一些微薄的利润。而世界级的跨国企业早就把持了一些险要的地势，一夫当关，万夫莫开，用专利、高昂的成本把你打倒。我们不是不想做整个产业链，而是要循序渐进、逐步突围。当然我们也不会长期停留在"平原"挨打。在全球来讲，终端产品的平均利润率做得好的最高能达到5%，做得不好就要亏本。而这些大规模的跨国企业占据了产业链的上游，零部件产业税后利润都在8%以上，所以，垂直产业链的整合是要中国企业界联合起来去攻关的问题。

以电视行业为例，主流产品已由显像管电视转向液晶屏电视，而液晶屏电视的产业链主要都在国外，占整个产业的80%。电视是这样，手机也是这样。手机产业链中的屏幕、键盘等几乎都是进口的。所以，如果我们成千上万的企业在上游的核心零部件上进行攻关、整合，就会巩固中国作为世界工厂的地位，从而在世界上的很多领域能够持续运行。

当然，另外一个大战是中国企业成为世界级企业的标准大战。其实，行业和产品标准的制订问题已引起了中国企业界极大的关注。希望政府以及有关部门积极参与标准大战，将中国的汉字、中国的市场融合进去，增大谈判的力度。如果能实现标准的对等，我相信目前的状况是可以改善的，从而为中国企业走向世界打开畅通的大门。

在这场战役中，我们可以看到各个省、市都冒出了一批新兴的企业，它们迅速成长，但更多的企业还是要练内功，靠自身核心竞争力的提升逐步进入世界领先领域。首先，前瞻能力是企业应具备的关键能力。比如，创维在2002年推出了HDTV，是第一家推出HDTV①的本土企业，在市场上抢占了先机，占有率第一，公司盈利率每年递增60%以上，2003年创造了3.42亿元的税后利润。消费者总是会对发展的潮流有一定的预期，而我们的前瞻性跟消费者的预期不谋而合，促进了企业的增长。前瞻能力是我们持久战中的一个硬功夫。

第二，企业创新能力的提高非常重要。很多人说中国企业大部分没有核心竞争力，对此我们只能同意一半。实际上中国大部分的企业在过往的十几年中都是从零做起，竞争力肯定是由简单到复杂，由低级到高级。当然，现在投入最大的创造力就是工艺设计，像索尼就是因为工艺设计精细一些，其产品价格就可以比同类产品高两三倍。中国企业在这方面投资的回报率是最高的。创维也是这样，

---

① HDTV，high definition television 的简称，即"高清晰度电视"。

除了有强大的设计能力之外，还建立了一个精密的模具中心，从而与对手拉开了差距，形成了差异化。当然，创新能力的提高还需要引进一些国际化人才，最近我们深圳公司也引进了来自中国台湾、欧美、日本等企业的人才。这样就把光电技术、数字引擎技术、芯片设计技术引进企业，提高了我们的创新能力，比如我们推出了第一台光显电视以及第一台通过国家新标准的 HDTV 电视。所以，创新能力也是世界级企业的重要能力。

第三，客户导向的产品及服务品质非常重要。企业想要生存，要么得有产品，要么得有服务。中国企业在产品质量上毫无疑问与日本企业是有一定差距的，所以只有坚定不移地在细节上下功夫，我们的产品才可能在世界上被广为接受，减少退货风险。另外，我们引进 TPM① 等世界级管理经验后，发现我们的彩电在市场上的返修率，由原来跟松下、索尼差 2 个百分点到现在几乎相当。这也是作为世界级企业要下的硬功夫。要成为一个世界级的企业是一个痛苦的过程，在每一个环节上都要下功夫。

第四，作为世界级企业要具备长远绩效及组织效能的竞争力。一个有效的组织要把大的机构化成小的利润单元，成为一个弹性组织。最近我观察到中国一些大企业都遇到了一些困难，企业大了之后一管就死、一放就乱。在这里我们要寻求一种创新，就是大公司化为小企业的弹性组织。同时，公司通过股份化改造，让员工分享企业的利润增长。还有就是利用审计、人力资源管理、财务的高效服务与监督，保证企业的健康运行。

第五，吸引、培养人才能力的提升。对于人才之重要性，每个企业都不会否认，关键是坚持不懈地实施执行对人才的培养制度。以创维为例，有一个"99 现象"：从 1999 年的毕业生们来创维报到的第一天起，他们就进入了职业生涯，经过步步向前的设计、培养、提拔、贡献、共赢的过程，很多人当上了事业部的

---

① TPM，total production maintenance 的缩写，即"全员生产维护"，它是以提高设备综合效率为目标、以全系统的预防维修为过程、以全员参与为基础的设备保养和维修管理体系。

经理、总经理、总监、设计师等等。我们不断地培养人才，使企业逐步向世界级企业靠拢，并且专门成立了创维学院，用来培养未来人才。

第六，企业的财务能力。资本运作要支持企业的规模扩大。资本要整合产业链。在微利时代，要靠成本制胜。

第七，跨国界的运营能力。首先从 OEM 起步，再通过 ODM 上台阶①，再收购国外的一些渠道及品牌，最后打造世界级的品牌。

第八，科技手段及现代资讯的驾驭能力。从创维来讲，我们积极推行所有流程的 ERP②，包括整个信息市场、研发体系。

第九，承担企业公民责任的能力。例如创维资助了白内障儿童的治疗、支持高等学院的科研及培养人才。企业尽了社会责任，员工感觉非常高尚，非常有正义感，他会向家人、亲朋都传递这种消息，使得企业整体竞争力得到提高。

第十，具有值得国际企业长期投资的价值。创维作为中国三大彩电品牌企业，吸引了世界著名的机构投资者，包括 JP Morgan Chase（摩根大通）、富达基金、高盛、德意志银行。这些投资机构占了创维 30% 的股份，他们也介绍了很多的渠道和战略同盟给我们。

相信中国的企业家和企业界一定会克服困难、回避风险，争取在各自的领域里进入世界前列，让更多的中国名牌成为世界名牌。

---

① OEM（original equipment manufacturer，原始设备制造商，俗称"代工厂"）与 ODM（original design manufacturer，原始设计制造商）的主要区别在于前者只进行代工生产，而后者从设计到生产都是自行完成，委托方直接贴牌即可销售。

② ERP，enterprise resource planning 的缩写，即"企业资源计划"，是指建立在信息技术基础上，以系统化的管理思想，为企业决策层及员工提供决策运行手段的管理平台。

企业家所应具有的高度

2009年8月28日

企业家要不断修炼自己，通过修炼自我进行心灵的升华。提升我们的精神层面，是企业成功的必要条件，也是个人幸福的必要历练。

——黄宏生

今天，我想围绕"企业家所应具有的高度"这一话题，与大家做一个分享。

未来中国的成长

未来中国的成长首先表现在，发展生产力、科学发展观已经成为主流社会文化。简单来讲，就是全国各省市地区都在进行GDP的竞争，县与县竞争，城市与城市竞争，省与省竞争，竞争的结果就是生产力发展了。不像欧美国家，进行的是选举的竞争，每年都选举，小的选举是议员，大的选举是总统，一届任期四年间从来没有停过。他们侧重公平，但公平到了一个极端后就是没有人干活了。而在亚洲，在中国，吸收和消化了西方文化中竞争、拼搏的优秀文化后，加上原有中国儒教中的勤奋、节俭等优秀品质，华人、亚洲的崛起势不可挡。因此，我建议企业家们未来要看到这样几个方向。

第一，不要急于移民，急于去获得一个外国身份。移民换了身份，固然有一些好处，但不利因素是你放弃了很珍贵的民营企业家的身份。有些限制性的项目你以外国人的身份做不了，政府的支持可能会打折扣，政府也不会像以前一样强势地支持你，你两头亏欠，可能十年后，你就落后了，成为大事做不来、小事不会做的企业家。在这个时候你要做一个评估，做一个个人和企业发展方向的决策。

第二，在这个大方向下，我们是要制订一个积极的发展规划，还是采取保守策略、故步自封，赚一点钱就好，够用就行？社会不断在发展，财富出现了乘法效应，如果你过于保守或者是不求进取，十年后你可能就要提前退休了。

第三，在企业的发展中会遇到一个问题，我们要在哪些方面投资？我觉得最重要的还是在人才方面投资，对此要有一个未来十年的规划。

企业家的思想高度

就我个人的体验来说，人的幸福和快乐还是佛教大师所说的四个因素：一是要有梦想和信仰的追求；二是要身体健康；三是要有亲情、友情等美好情感的给养；四是要有一定的赚钱能力。

事实上，中国人在生活水平达到小康之后，我们所拥有的精神层面的财富要远大于物质层面。我自己的体会很深，在失去自由的那段时间里，我每天吃得很简单，粗茶淡饭，仅仅是吃饱饭而已，差不多是与世隔绝了。在这个过程里，很多工商界的人士，有自杀的、绝食的、生大病的、度日如年痛苦不堪的……这个时候我体会到，有多少钱其实都没用，最重要的心中要有信仰，要有追求。我的追求是什么呢？就是我们赶上了改革开放、中国上升发展的势头，把心中的一些想法通过努力实现了。比如说，把创维建设成一个中国知名品牌，拥有两万多员工，贡献的电视机虽然是大众化的产品，但是比索尼还好用，品质过硬，价格便宜，这些在以前都是不可想象的。实际上这些也是我们参与了中国 21 世纪历史变革的体现，这种参与的满足感就形成了信仰的力量，这是极大的精神支柱。这个精神支柱让我睡得香，吃得也好。哪怕就只有白米饭，没有任何菜，我都可以吃半斤，因此身体也没有出现大的偏差，反而比以前更好。过去我的饮食不均衡，肠胃不好；如今因为有精神的满足感，让以前的一些慢性病也慢慢地好了，吃粗茶淡饭竟然能够比原来更健康。这是用我自己的经历证明的，精神的层面支配着生理和物质的层面。

在马斯洛的需求模型中,把需求分成生理需求、安全需求、社交需求、尊重需求和自我实现需求五类。自我实现是一种随心所欲的满足感和成就感。进入这样一个境界,就像打篮球的乔丹怎样投都可以进球,踢足球的马拉多纳在球场上挥斥方遒,或是作家灵感来了,写出来的东西震撼人心,又像企业家可以率领他的"部队"超越对手,成为顶级的领导型企业,这就是最高的满足。因此,企业家要不断修炼自己,通过修炼自我进行心灵的升华。提升我们的精神层面,是企业成功的必要条件,也是个人幸福的必要历练。

如何应对危机、艰难的困苦?

没有人愿意遭受牢狱之灾,也没有人愿意面对病痛或死亡的痛苦,但是意外和不如意有时是不可避免的,我们要学会接受这种残酷的事实。有一本很有名的管理书《从优秀到卓越》中写道,其实企业家跟战争年代带兵打仗的团长、师长是差不多的,都是要冒着生命危险去打仗,一场仗打下来存活的肯定是少数。因此,失败是常态,即使成功了也要付出巨大的代价。就像当年朱可夫率领苏联军队攻克柏林,战役虽然胜利了,但士兵死了一半。因此,成功是稀有的,失败才是常态。实际上,创业的成功率不到3%,成功以后还想要企业基业长青,这个比例就更低,因此要接受这个残酷的事实。这样,万一有一天真的有突发事件来临,我们就可以坦然面对,而不会恐惧。一旦恐惧,就会造成我们精神上的紧张,连带着生理上发生严重反应,短时间内身体就垮掉了。

面对危机,要拿出化解危机的解决方案。其实,企业的经营主要还是人的问题。我从1988年创业以来就一直有危机感:万一有一天自己发生车祸或是遭遇别的不幸,企业怎么办?因此,那时候就开始着手培养团队,培养企业家的梯队,把日常工作从对事变成对人,把精力从事务中转移到对人的关注上。在这个过程中,我也经历了比较大的波折和辛劳。因为每个人都是从自己的立场出发,企业是老板的,员工帮你打工,顺利的话就做一做,不顺利的话企业的发展不关自己的事。当然，这里面激励机制很重要。从我们的经验来看，创维的股票期权，首先是在上市之前赠送了25%的股份给创业股东，当时在市值60亿元的情况下，等于是拿出15亿元送人；上市以后，我们又拿出20%的股票期权发给各级一千多名员工。这种利益分享的机制让员工逐步从打工者的心态转变成主人翁的心态，这个过程实际上就是企业家在给予，这种给予最后还是解放了自己。企业家也不是神，不是毫不利己、专门利人的，我们讲利他主义，是利别人也利自己，最后达到双赢。

建立企业远大的目标和远景后，我将这个远景又分解成若干个里程碑。我以前每个月都写信给管理层，主要就是让他们坚信，创维这样的平台是可以往前发展，是可以造福所有创维员工的。因为目标很明确，大家也坚信这是一个对大家都有利的平台。然后我再对每一步怎样去实现提出一些远见和想法，与员工交流、分享。这样的话，员工就可以在一种迷茫和短期行为里看得更远。所以，当企业出现大的危机后，企业思想高度的提升和思想的凝聚也是化解危机的一个手段。

《人性的弱点》中说，人都有两个动机，有高尚的动机，也有阴暗的动机。比如说一个小偷，偷东西是希望不劳而获、满足个人物质需求，这是阴暗的动机；但他可能也有高尚动机，他说他去偷东西是为了养活家人。任何人都有高尚动机，企业就是要挖掘员工深层次的高尚动机，这是企业家推动企业、带领企业走过危机必不可少的一个方法。

企业家成功的要素

很多人问我，企业家成功最重要的因素是什么，是奇招还是秘诀？超人的体力或是智慧？这些答案很多，但我通过大量的阅读找到了答案，并对此深信不疑。它来自美国一个颇具影响力的网站，这个网站做了一个调查："影响力最大的领导者和管理大师是谁?"结论是麦克斯韦尔①。他的观点是：一个企业家或是任何领袖的成功，最重要的是帮助他人创造价值、实现价值。这怎么理解呢？实际上一个领导者要受欢迎，首先他要帮助员工解决经济问题。按佛教的说法，你散播了一种善缘，从精神层面、生理层面、经济层面，帮助别人增值；但这背后其实是一种儒教的仁爱，你帮助了别人，就会获得一种成功。《共产党宣言》中有一句话，大意是无产阶级只有解放全人类，才能最终解放自己。套用在企业中，就是说企业家只有帮助别人成功，自己才能够成功。所以，我们企业家面临的核心问题就是怎样帮助员工成功，员工才会用心去创造价值。同样，你也要帮助你的战略伙伴成功，他成功了也会给你回报。

健康与事业的平衡

现在的民营企业家有干不完的事业，面对着数不清的挑战，但后来我发现，没有好的身体，有再多的想法都没用。如何保持身体健康呢？第一，我们要想想如何让自己的心灵宁静、不受干扰。我读了这么多心理学的书，很多专家都认为，人随着经验的增长和历练的丰富，心灵是一定可以得到升华的，有了这种自律和升华，我们才可以面对各种灾难，做到胜不骄、败不馁，达到宠辱皆忘的"无我"境界。第二，养成锻炼身体的良好习惯，平时打打球什么的都很好，但有一些耗费时间，每天定时跑跑步、出出汗，也是一个很重要的习惯。第三，很多医学书都不约而同地讲到经络畅通，如果你不能每天锻炼身体，经常去按摩也是很好的健身养生方式。最后，就是饮食的调节和平衡。西方的医学有时没有中医对人体认识的这么深刻，所以可以用饮食来调节自己的健康，即使在物质条件困难的情况下也是可以做到身体健康的。

今天要跟大家分享的就是这些内容。谢谢大家！

---

① 约翰·麦克斯韦尔（John C. Maxwell），美国著名的领导力和人际关系大师，著有《领导力21法则》《360度领导力》《真正的成功》等畅销书。

滴水之恩当涌泉相报

——在华南理工大学捐赠仪式上的演讲

2010年12月3日

什么是快乐？现在才发现，在解决温饱后，真正的快乐是能够帮助越来越多的人实现他们的快乐、成功和福祉，自己在这么多人的快乐里，上升到更高的快乐。

——黄宏生

今天是一个开心和快乐的日子，能够有机会"衣锦还乡"，就像当年的老华侨漂泊南洋，在外面辛苦打工，积累了大半生的积蓄，志在为自己的家乡办学，做点有益的事。自古以来都是如此，我们身上流淌着祖宗的血液，儒家思想中"万般皆下品，唯有读书高"的情结根植于心中。所以，我今天把自己的一点积蓄贡献给学校，拿出3000万元，用于奖励那些勇于创新、参与课外科研活动的优秀学生，来表达对母校的感激之情。

其实，回母校做一点有意义的事的想法，早在校庆50周年——2002年的时候，就埋下了种子。当时是党委书记刘树道主持我们几个校友的论坛。学校的领导和老师们对我们这些校友在外面的一举一动都非常关心，就像在家的父母关注孩子在征途上的一举一动，对于我们的进步和挫折，母校都倾注了无私的爱和满怀的期待与信心。我们学子的耳边仿佛常常响起一句话："华工的弟子们，你们是行的，你们是勇士！"这种情感深深地感染了我们，让我们觉得要做出点人生的成绩，要找机会回报母校。正值华工迈入60周年大庆，正值国家进行产业升级、确定七大科技方向的进军，我们希望能贡献一点点的资源，让我们的学弟学妹们能够在创新的舞台和空间里，为母校增光，为国家增光，为社会创造价值。

在我看来，目前是我国自明朝中叶至今的 500 年中最好的发展时期，中国对世界的贡献从来没有像今天这么大。我们从各国大量购买原材料，对原材料进行精细加工后再出口到世界各地，物美价廉的优势深深地影响了世界。我们 77 级的同学感恩于邓小平恢复高考这个重大的转折性的决策，让我们进入华工这样的著名学府，学到一技之长。而且我们赶上了国家改革开放走向强盛的 30 年，改革开放完全改变了我们个人的命运，让我们能够与世界级的企业直接对话，甚至平起平坐地携手合作，创造带来美好生活的科技产品和服务。这一切命运改变的出发点，就是进入华南理工大学的那一天。如果问我，影响我个人命运最大的十字路口和节点是哪一个，肯定是从华工入学的那天起。我感恩伟大的社会，感恩美丽的、有山有水的学校，这块风水宝地让我们从山沟沟里的瘦鸭子蜕变成展翅高飞的雄鹰，实现了生命的奇迹！这点捐献其实远不能表达我们的感激之情。

走出校门后，我们在江湖里奋斗，前途中充满了曲折不定，时刻处在暴风雨般的环境中。但是，每当遇到困难，我们就会想到学校赋予我们的力量，从而获得坚韧不拔的毅力；每当顺利的时候，我们也会想到曾经在高手如云的学校里和同学们一起学习，强中自有强中手，让我们永葆谦虚的精神。跟大家分享几个我们在学校里最磨灭不了的记忆片段。

挑灯夜战。当时最典型的疯狂学习的例子是，晚上 11 点熄灯后，有很多同学背着一捆电线，连着灯泡，跑到阶梯教室挑灯夜战。学校的管理人员在巡视的时候，看到奇怪的情景，就是熄灯后的校园却有许多星火一般的亮光。这是怎么回事？原来是很多同学把电线连到了各个课室的总闸开关，让熄灯后的教室仍然灯火通明。这并非是为应付考试的偶然情景，而是长期刻苦用功的习惯。这样做本来是违反学校规定的，但是看到同学们这种渴望读书、争分夺秒的精神，学校后来也默许了，不但不处罚，还很关心大家的健康。

离校前的"头悬梁、锥刺股"。到毕业季的时候，也就是 1981 年底，那时 80、81 级的新生已经入学。改革开放后，西方的娱乐生活也涌入了宁静的校园，周末很多同学自发地举办舞会。而我们这些即将离开学校的 77 级同学还是一如既往地拿着小电灯，利用不多的在校时间刻苦用功。远处传来《莫斯科郊外的晚上》的舞曲是那么的亲切和诱人，但是不少 77 级的同学还是很刻苦，不追求享受，一分一秒都没有放松，一直到离校前的最后一刻还在用功，生怕出去以后知识不够用、力不从心。有那么玩命的人生态度，人生道路中的种种困难怎能挡得住他们呢？之后的事实证明，77 级的同学在不同的领域都取得了出色的成绩。也许这种人生态度正是取得成功的关键。

热烈的课后提问。我们当时给老师印象最深的是课后提问的热烈程度。下课以后，老师一般走不了，老被一大堆的同学"纠缠"提问，有时甚至耽误了午休的时间。这种求知若渴的精神和风气，也就是追根究底的精神，形成了他们严谨的科学作风。而师生间的这种真诚互动，也使同学们体会到老师们无私奉献的精神。

风雨无阻的广播操。学校对我们的德智体全面发展十分关注，在学校的各种体育比赛、课外活动让我们的身体、心智得以全面发展。现在还记忆犹新的是，每天早上 6 点 15 分，广播操的喇叭一响起，我们 2 班的同学都自动涌到湖滨路的广场上做广播操，坚持了 4 年时间，风雨无阻。到了后期，即使有同学不愿意出去，也会被其他热心的同学"绑架"到广场上。这种集体主义精神酝酿出了未来的团队精神，所以我们这个班 40 多个同学里，有四分之一走上了企业创业的道路，创办了创维、京信①、德生②等著名企业。

图书馆门口的长龙。大学期间我们培养了自学的能力。当年所读的很多书现在也许过时了，但我们的学习能力和习惯，却是在学校打下的基础。难以忘怀的是图书馆的长龙。每到早上或是晚上自习的时间，图书馆门前都是大排长龙，很

---

① 指京信通信系统控股有限公司，其董事局主席霍东龄是华南理工大学无线电通信工程专业 77 级学生。

② 指德生通用电器制造有限公司，其董事长梁伟是华南理工大学无线电专业 77 级学生。

多人没有吃饭，就拿着馒头去排队。图书馆的学习氛围是最好的，在那儿坐满了成千的同学，却安静得连蚊子的声音都能听得到。大家在图书馆翻阅参考书、温习功课，学习时肩并肩、背对背，有着奇高的效率，那些难题到图书馆就迎刃而解了，也有在走廊里低声互相交流、互相帮助的同学。图书馆成为"孵化器"，巩固和加强了我们的自学能力，为日后的终生学习打下了基础。

对老师的记忆。当时的老师，很多都是学术带头人，可以说是群星灿烂，对我们影响深远。比如冯炳铨教授、欧阳景正教授、徐秉铮教授，他们在无线电方面都有很深的造诣，是影响中国电子技术的学术领头人，是我们对知识、对技术追求的榜样。对我们这些学生来说，能够跟随这些伟大的学者是一种骄傲，他们给同学们打下了心高志远的烙印。俗话说，你跟伟人在一起，自己也多少会有些伟人的影子。正是这些老师对我们未来的事业产生了深远的影响。

大学时期的爱情。那个时候，学校明文规定不许谈恋爱，但我们这些大龄青年，哪个男子不钟情，哪个女子不怀春？我和林卫平同学刚好在同一个小组，好像有一点感觉，但又不敢提出来。这种深藏在心中的钦慕和爱不敢提出来，怎么办呢？机会来了，我们班的一个户外郊游活动要我们小组出一个节目参加竞赛。我作为班长要起带头作用，就用一首歌《花儿为什么这样红》来暗喻心中的钦慕和渴望。我和林卫平同学男女声合唱，通过这首歌把我们心中的默契和电波传递到对方心中，埋下种子，后来走出校门后很快就结婚了。这就是我大学时期的爱情，用一首歌表达了心中埋藏着的情感，含蓄巧妙地表达了心意。

校园风光。在我眼中，华工的校园在全国的校园里面，是风光最好、景色最美的校园。美国有一个非常著名的调查机构，追踪了获得诺贝尔奖和其他重要奖项的成就者，总结了一个共同之处：凡是学校美丽、风景秀丽的地方都比较容易出人才。我们这些住校园东边的同学大部分都创业成功了，进入学术领域和政府单位的也很有成就，我感觉这都跟校园风光有关。在这一点上，我们也深深地以就读于华工为骄傲。

我把毕业后的经历分为三个阶段。

成长的最初阶段。我们毕业以后,最初就想找份工作,能够养活自己。毕业出去也确实不是一帆风顺的。到单位报到的第一天,知道没有房子分,也没钱,我们就傻了。早上去报到,到晚上还没有找到地方住。后来我们集体去找当时的老总,老总帮我们腾出一个招待所的房间,把我们七位当天报到的同学塞进去了,我们总算有了落脚点。正所谓,在家千日好,出门一日难。走出校门,才感受到学校像母亲的怀抱,对我们无微不至地关怀。当然我们这些学生也不会因为某些意外不开心,反而更加努力地工作。

到了后来,就是追求有所作为,找到能够发挥潜能的工作平台,最后创业成功。这是成长的第二个阶段。

成长的第三个阶段,则从争当第一,上升到帮助他人成功。以前的心路历程是"我冲上山顶了"。现在的心路历程是"我跟我的团队成员们一起冲上山顶了"。在我们创办的企业里,第一个十年讲得最多的是"赚钱了没有?赚了多少钱?"第二个十年是"我们为员工提供了什么机会?提供了什么平台?我们是否培养了优秀的企业家?"这种转变,让我们团结和凝聚了大批有才华、有理想的人才。这个阶段反而是创维最好的发展时期,叫"以无之心,做有之事",从而取得超乎想象的成就。

这让我想起了马克思和恩格斯的一个观点:"无产者只有解放全人类,才能解放无产阶级自己。"而在我看来,这里的"无产者"用来指企业家的一个阶段是最贴切的,这个阶段就叫"五十知天命"。什么是快乐?我现在才发现,在解决温饱问题后,真正的快乐是能够帮助越来越多的人实现他们的快乐、成功和福祉,自己在这么多人的快乐里,上升到更高的快乐。

另外,我想跟同学们分享一个走出校门将近三十年的人生体验。在这个大国崛起的时代背景里,只要努力,你就可以有所作为,就可以改变自己的命运,这也是越来越多的人在网上的一个提法,叫"中国梦"。所以希望大家能珍惜这个机会。

当然，要取得持续和更大的成功，就需要我们个人在内心建立卓越的成长模型，才能不断超越自我，实现不可能的任务，为社会创造更大的价值。我从学校到江湖沉浮，慢慢总结了一个三角的模型，其中每个角也是一个模型。

第一个模型是追求人生的意义。在学校完成立志，具体来讲就是要设立人生的目标，这个目标可以是阶段性的，但这个目标的高度一定是几乎高不可攀的，如果你历经艰险和努力实现了，就会感到这辈子活得特别有意义。确定了人生的意义，我们就能把时间用在最重要的事情上，而不是在不经意间把时间浪费掉。日积月累，我们为一个明确的方向努力，就能聚少成多，由量变到质变，形成飞跃，达到理想的境地，为社会做出具体的贡献。

第二个模型是建立有效的心智模式。包括凡事为他人着想，为他人创造福音，永葆好奇心，勇敢地面对批评和逆境等。

第三个模型是建立有效的行为模式。包括以身作则、重视细节、一切从简、拥有解决问题的能力、先找对人再决定干什么事等。

我们期望，华南理工大学能成为享誉全球的中国的麻省理工，不但是工程师的摇篮，也是创业家、企业家的摇篮，成为推动国家科技创新、产业升级、创造美好生活的重要学府。

谢谢各位！

自主创业与事业传承

2012年9月20日

  一些既长寿又有伟大事业的企业家给我们的启示是：如果物质上富有但精神空虚，人生将会是悲哀而不确定的。如果你有理想，又有强烈的意愿去实现它，就会有很多快乐等着你去探索、去实现，你的人生将会无比快乐与富足。

——黄宏生

  30多年前，在座的企业家有的还没出生，出生的大多都一贫如洗。当时的深圳还是一个小渔村，出现了两个现象：第一个现象，深圳突然涌进了大量的知青，白天睡觉，晚上冲破重重封锁线偷渡至香港；第二个现象，大量的知青回城，随着改革开放的第一声春雷响起，深圳成为中国第一个经济特区，很多企业家从五湖四海赶来，不同程度地参加了这个特区的伟大建设。他们经过30多年的奋斗，白手兴家，成为大企业的领导者或者大股东。

  这批人把他们在中国改革开放中的成就归功于几个方面：①中国的改革开放政策。②经历过"文革"的人，都经受过一些精神层面的洗礼和沉淀：首先，共产主义理想的教育让人们的思想很纯洁，没有私利，一心只为理想而奋斗，这个教育的力量和积极的效果确实是不可否定的；其次，"文革"结束之后，许多中国优秀传统文化，包括孔孟思想都恢复了生命，让中国在发展过程中传承了许多优秀的文化，迎来了中国的"文化复兴"。应该讲，改革开放后的成功企业家是第一代企业家，他们从小憧憬国家富强，带着理想而奋斗，持续地努力，内心世界不断提升。他们没有被暂时的财富所迷倒，没有被坏的习惯所迷惑，带领企业和员工持续地奋斗。③这种成就与他们自身对理想的追求，以及不折不挠的奋斗有很大的关系。这种敦厚的思想基础，使他们实现了非凡的成就。

刘永好、曹德旺、任正非这代人有几个特点。第一，他们在追求理想和社会贡献上，孜孜不倦，永不言休；第二，他们有慈爱的情怀，珍惜国家目前拥有的自立自强的氛围，持续为国家纳税贡献，具有高度的社会责任感，与战略伙伴采取共赢的机制，如同对家人的亲情，这种慈爱已经到了一定的层次，不是企业单纯赚钱这么肤浅；第三，艰苦朴素的作风，不铺张浪费；第四，持续学习的精神，参加各种企业家班、培训班，以王石为例，60岁了还到哈佛读书。

我们都在追求心灵的成长和知识的增长。在国家财富增长的过程中，我们通过艰苦奋斗，也积累了自己的财富；我们总结、沉淀了企业的核心价值观，这才是企业可以分享及传承的。在这个中秋之夜，讨论这个课题是非常有意义的。

关于自主创业，我也接触了很多的80后、90后。这些年轻人所拥有的基础，要比30多年前的我们更具优越性。他们在信息时代得到丰富的信息，思想绝不封闭。很多年轻人都到国外去读书、去增长见识，回国后更明白爱国的分量。黄皮肤的中国人在国外没有政治地位，经常被人看不起，公平是不存在的，于是会更珍惜父辈为他们打下的基础，也更珍惜国家拥有的自强自立的地位。我个人认为，目前虽然社会经济处于一个低迷状态，但中国未来的前景还是很乐观的。因为改革开放后，很多年轻人离开父母、出国深造，吃了点苦，也有了全球观念。中国的下一个30年是充满希望的：①90后的年轻人从小受父母教育和中国文化的影响，又接受了世界文明、科技创新以及人人平等的价值观，这些都能形成社会的进步力量。②很多年轻人在读书时半工半读，做过小生意，在大公司里打工实习，能将各种商业模式引入未来的企业生活中。③随着互联网的深度普及和应用，年轻人掌握科技手段的能力，比我们40后、50后，甚至60后都要强很多。④年轻人形成了一些基础的价值观，比如说利他主义、自主平等原则，让他们在未来创业、继承家族事业时，有思想价值观的基础。所以，我认为中国未来的希望就在80后、90后的身上，他们的知识层次比我们要高。

我们充满期待，希望年轻人能够勇敢地投入自主创业的行列中。因为：①一个人的充实快乐、幸福指数的持续增长，是对理想的追求。自主创业一定是他通过不断地比较与思考才选择的道路，他选择了实现理想，就可以不断地证明自己，从而成就自己，走出一条自我实现的路，达到人生的最高境界。②你学了这么多东西，国内外的成功例子不断地熏陶你。但是如果不付诸行动，再多知识也没用。③人生可以容许失败，容许从头来过。④毛泽东曾经说过，谁是我们的朋友和谁是我们的敌人，这是革命的首要问题。我认为这也是我们社会的首要问题，只有通过自主创业，才知道谁是真心地和你一起奋斗，谁是要破坏你的事业。对"人是最重要的因素"有深刻的理解，对你的未来和人生是很好的历练。⑤只有在自主创业的过程中，才能形成自己的管理哲学和个人的核心竞争力。

关于事业传承，我们看过很多富不过三代的例子。要传承事业是人类的挑战，难在以下地方：创业容易，守业难；没有经历过苦难，就不容易掌握解决问题的真谛，看到的只是表面的东西，真正的问题认识不到；没有理解和传承到上一辈精神的核心内容，以为一切问题都可以用钱来解决。所以，对于事业的传承，我们的理解有多种模式：①从基层做起，事业的每一个重要环节都能胜任，传承成功率就会增加；②隔代模式，香港新世界是最典型的例子，不传给儿子，让孙子来接班，建立职业经理人和家族的共同管理机制；③启用在企业奋斗多年的优秀职业经理人，参考美的模式。

我认为，自主创业也好，事业传承也好，都是现代人类社会所特有的。这个社会最重要的是要找到心灵的归属，以前是要养家糊口，现在是要追求一种精神上的富足和快乐。而自主创业、事业传承就是最好的实现路径。一些既长寿又有伟大事业的企业家给我们的启示是：如果物质上富有但精神空虚，人生将会是悲哀而不确定的。如果你有理想，又有强烈的意愿去实现它，就会有很多快乐等着你去探索、去实现，你的人生将会无比快乐与富足。

创维精神的四大基石[①]

我现在已经从一个强势领导者转变为助人为乐的幕后英雄:由自己带头冲上山顶,变成创造机会让更多的创维骨干冲上山顶,而自己则在山脚下为战友们的胜利欢呼喝彩。"五十知天命",对我来说,就是帮助创维人实现他们的快乐、成功与福祉!确实,让大家达成自我价值实现,是一种无比的快乐,也是我内心最有意义的事情!

——黄宏生

一直以来都有不少媒体通过各种方式想采访我,都被我婉言谢绝了。但适逢华南理工大学建校60周年大庆,母校希望我接受《南方日报》的采访,为全国的校友和学子传递母校的教育思想,我不得不破例答应,所谓"滴水之恩当涌泉相报"。

四大基石

在采访中,记者问我:"有的创维员工说,'精神领袖'回来了。对于这个说法,你怎么看?"我内心是十分感谢创维同仁给我赋予这个光荣称号的,本质上它比"老板"或"控股股东"更有内涵。因为财富和头衔容易消逝,但精神和思想可以传承。自1988年创维成立以来,经过24年的艰苦奋斗、正反两方面经验的总结,创维员工与团队的精神可以概括为四大基石。

[①] 本文为2012年8月末黄宏生接受《南方日报》采访后的演讲,原载于2015年9月30日创维集团内部刊物《创维报》。

第一，人性的关怀与慈爱。我特别敬重那些有责任感和进取心的创维人，发自内心地支持他们实现自我，从而为企业和社会带来与日俱增的贡献。例如，原云南分公司的李总，被人诬告陷害，被检察院批准逮捕，我得知此消息后，马上让集团委派法律部去协助李总配合检察院查清事实真相，最终让他无罪释放。一人有难，企业无私的相助，让大部分员工拥有归属感。创维的创始人之一丁凯女士，在她2002年退休的时候，我了解到她那份老骥伏枥、志在千里的心愿，专门为她打造了一个安防电子事业的平台，让她做自己最感兴趣的产业。现在的创维群欣安防公司已经成为中国安防显示行业第一名。那些新加盟创维的同仁，我也会不时地了解他们的状况，帮助他们成长。还有那些曾经一度离开创维的同事，我都会经常与他们保持联系，不时地进行坦诚和亲切的沟通，结果有不少优秀的骨干重返创维。

我发自内心地欣赏那些有责任感并为企业、为社会作出贡献的人，因为中国有句话，"士为知己者死"，每个人内心都渴望得到高度的认同。我还在上中学时，有位姓林的老师对我的刻苦用功十分欣赏，让我终生难忘，成为我不断进取人生的动力之一。创维旗下的电器公司今年完成了东芝10万台平板电脑的跨国订单，我们立即邀请电器公司的团队现身说法，将他们的经验传授给整个创维，让集团的人都认识创维英雄，崇尚攻克难关、实现不可能任务的精神。每次应邀参加彩电事业部营销总部经理大会，我都聚精会神地享受与那些优秀经理的交流，听取他们成功的故事。对于数字公司，在大会小会上我都赞美他们像苹果公司那样，是具有"卓越工程师文化特质的组织"。珍惜每一个人的出色表现，珍惜每一个公司的亮点，那种充分的关怀和尊重，正是不断在实践创维的理念：要让创维的事业赢得每个人的心！

我虽然胸怀一颗慈爱之心，但也不是一个善恶不分的老好人。对损害公司利益的人或行为绝不怜悯，坚决维护创维的诚信价值观。2010年遇到唐山事件，他们弄虚作假，骗取公司资金，对此大家争议很大，我专为此事与审计部和法律部联系，坚决支持他们秉公执法。对于那些缺乏责任心且造成公司重大损失的高管，坚决支持人力资源部力排众议将其辞退。

第二，勤俭。制造业是一个微利产业，只有勤俭才能存活。我一直以身作则，让大家感受到勤俭是一种美德。同时，也不时地鼓励及表扬那些勤俭的产业公司及个人。这里特别要提及的是电器公司的吴启楠总经理，来回南京时都是乘坐晚上最晚的航班，因为折扣最大，住宿都是住在工厂的宿舍或是工业区最实惠的便捷酒店。他为整个企业员工做出了"勤俭节约"的表率，所以电器公司在创业的两年时间中就达到盈亏平衡，并有高盈利的潜能。因此，节俭是创维的优良文化之一。

第三，对人谦虚，做事执着。儒家有句名言——"修身、齐家、治国、平天下"，正人必先正己，治国必先治家。所以，我经常鼓励创维人要每日"三省吾身"，不断修炼自己、超越自己，放弃自身的"自我主义"，放弃武断和傲慢，放弃不思进取、不作为的思想和行为。

对人谦虚的思维模式是：①"这是我的错"的处事态度；②成就他人；③自我激励；④不怕吃亏；⑤感恩。

做事执着的行为准则是：①以身作则；②解决问题的能力；③有效的时间管理；④宽容但绝不纵容违反价值观的行为；⑤找对的人一起去实现伟大目标。

第四，创造共同的价值与福祉。如果说创始人还有一点点魅力的话，那就是能够为他人创造持续增长的价值，为他人实现更大的成功和福祉。几年来，我为创维人的事业拓展了一系列潜力无比的项目，如半导体大厦、南京基地、公明电子城，支持并鼓励创办几家具有潜力的产业公司。因此，员工对创维的潜力及可持续性发展深信不疑。

在危机中奋起直追

企业生存的法宝之一就是人人心中的危机感。任正非就是这样说的，他所能想到的都是危机。我们必须清楚我们处于危机之中。从创维和几大龙头企业的比较，我们看到目前海信、格力、美的、TCL 的人均利润额都比创维高。以 2011 年为例，排名第一的海信人均利润额超过 10 万元，是创维的 3 倍以上，而创维排名第四；到了 2012 年的第二季度（自然年度），情况发生了改变，创维已经掉到第五名了，是排名第一的格力的 1/5 左右，是海信的 1/4。现在的创维人员只进不出，不断膨胀，人均效益从 2009 年到达高峰后一直往下走。我们已经处在落后的局面，改革迫在眉睫。现在首要的任务是从下面五个方面思索进行变革：

第一，从舒适圈转向再创业、再改革的转变。舒适安逸的环境会让人失去斗志，停滞不前。为什么海信那么可怕？因为他们追求世界第一的强烈愿望胜过一切，尽管他们的年收入不高，但是那种对理想的追求及无私的奉献精神是天下无敌的。人的生命里深层次的追求其实就是生命的意义，而海信人立誓要搭乘中国崛起的势头，实现世界级企业的梦想，正是他们生命中最重要、最开心的事情。马斯洛告诉我们，人类有五个层次的需求：生理、安全、社交、爱和尊重，最后是自我实现。创维人需要燃烧再创业、再改革的那种激情，从而充分地发挥自己的潜在能力，忘我地、全力以赴地追求伟大的目标，才可能"反败为胜"。

第二，从"好人主义"到业绩导向的末位淘汰之刚性转变。"好人主义"，顾名思义就是谁也不招、谁也不惹的处世哲学，听起来仿佛是与世无争、本本分分地做人，但实质上并不是这样。"好人主义"是对错误思想和行为的容忍，它麻痹人分辨真假、善恶、美丑之心，目的是讨好卖乖，为自己的利益空间留下伏笔。这种"不讲原则讲圆滑、不讲正气讲和气、不讲实效讲实惠"的庸俗作风会让企业失去活力，助长歪风，从而动摇根基。以业绩为导向的末位淘汰制，鞭策个人积极向前，保证我们的企业时刻充满活力，杜绝"好人主义"对企业的逐步侵蚀。

第三，从只看财务结果到过程责任监督的管理。我们的管理还停留在抢大饼、分大饼的粗放模式。其实，面对全球一体化的竞争，现代企业一定要在经营中关注核心竞争力的培养、人才团队的建设，关注价值观和企业文化的沉淀，以及效率与成本的最佳组合，这些都是我们在过程中要关注的因素。至于责任和监督，这是创维或者说是很多中国企业最弱的环节。如果没有制度的监督，很容易产生腐败。为什么华为能成为最具代表性的民营企业？因为引进了国外的成功管理模式，将西方强调制度约束的"刚性"与中国人情味浓厚的"柔性"相结合，将过程监督与结果考核相结合。

第四，从粗放式管理到"人人有指标"的精细化管理。我们企业现今的管理方式还是比较粗放，在各个经营运作环节中没有一套合理有效的运行体制，管理只是为了完成某一既定目标，而没有一个科学有效的过程。我们必须将其转变为以最大限度地减少管理所占用的资源和降低管理成本为主要目标的管理方式，即精细化管理。具体措施就是落实管理责任，将管理责任具体化、明确化，要求每一个管理者都要到位、尽职。第一次就把工作做到位，工作要日清日结，每天都要对当天的情况进行检查，发现问题及时纠正、及时处理。

第五，从对损公利己的沉默哑忍到捍卫企业利益的坚决与勇气。我们在企业管理中难免会产生这样那样的问题，这就给极少数利欲熏心、罔顾企业利益甚至法律的人有了可乘之机。我们所有的同事都是企业的主人，是攻坚克难的力量之基、活力之源。为企业经营发展无私奉献是一种忠诚；坚决捍卫企业利益，与违规，甚至损害企业利益的行为作斗争，也是一种忠诚。我们要为企业利益捍卫者鼓劲喝彩，为打造一支忠诚企业、热爱事业的队伍提供坚决有力的支撑。

分享资源，分享成功

最后来谈谈创办人与企业的关系。我们来分享一个例子，大家都知道微软是霸权式的经营模式，先收取巨额的研发定金，然后按销量收取高得吓人的单机提成，在某种程度上甚至可以说全球的 PC 产业都在为微软及英特尔打工。但是，在过去的十年，IT 产业涌现出一个巨人——安谋半导体（ARM），它不主攻 PC，

上篇：演讲、文章集

先攻手机，采取"分享资源、分享风险"的经营模式，为全球手机在节能和智能方面扮演了创新英雄。现在，安谋已经在微处理器架构上成为业界的标准，它因分享而建立起的安谋联军，形成一个强大的半导体生态系统，包括三星、高通、英伟达、联发科、华为等不同的芯片设计公司。它打破了微软的垄断，和英特尔平起平坐。

受安谋的启发，我也深深地感到"分享资源、分享成功"是一个符合世界文明的成长模式。我现在已经从一个强势领导者转变为助人为乐的幕后英雄：由自己带头冲上山顶，变成创造机会让更多的创维骨干冲上山顶，而自己则在山脚下为战友们的胜利欢呼喝彩。"五十知天命"，对我来说，就是帮助创维人实现他们的快乐、成功与福祉！确实，让大家实现自我价值，是一种无比的快乐，也是我内心感到最有意义的事情！

"难"修能力，"苦"修智慧

——在广东海南同乡会创业论坛上的演讲

2013年8月18日

> 遇到难题，我们要去面对、去解决，得到能力的提升；在苦海中，我们能够施展才能，同时提升智慧，让我们达到新的升华。这是企业家本身的自我克服和超越。
>
> ——黄宏生

今天我的演讲题目叫作"'难'修能力，'苦'修智慧"，让我们一同寻找生命的意义与精彩！

引言

忽然间，所有企业家都感觉到生意越来越不好做了，成本急剧上升，国际环境也更加错综复杂。除了垄断行业之外，各行各业的生意都遇到了挑战。比如商业地产，因为互联网的崛起，这个"不落的太阳"终于出现了高风险和不确定性，很多大商场"熄火"了；又如零部件加工业，因为制造业人工成本急剧上升以及劳动法对劳动者的保护，变得很难生存。最近，大量的中国企业搬迁到越南、柬埔寨等东盟国家。为什么呢？因为柬埔寨劳动力的月薪只有50美元，加上包吃包住就行。他们的五险一金很简单，只是工资的2%，所得税也只有2%，雇一个人的总开支不超过100美元，相当于中国的八分之一。越南高一点，要250美元左右。在中国大概要700美元，所以中国服装业的一些劳动密集型企业纷纷往东南亚搬迁。在高端制造业，美国新能源行业的发电成本很低，每千瓦时只要2角5分，而中国的工业用电费用是每千瓦时1元，所以钢铁、汽车、飞机、设备制造业等用电量大的企业，纷纷到美国去生产。同时美国企业还保留了在中国的投资并进行本地化，占领着中国市场，所以制造业很难做。

在外贸出口方面，因为人民币汇率的持续上升，已经举步维艰。电子行业正在遭遇破坏式创新，高速发展的通信业正在改变人们的习惯。像一些连锁商场，年轻人也很少去逛了，因为都在网上购物了。我最近接触了一些做休闲服装的企业，业务量都大幅度减少，为什么？网上购物只卖 50 元的衣服，在零售店却是 400 多元，所以服装企业也不容易做。五星级酒店、高档酒楼、奢侈品商店的经营情况都大不如前。即使是家电行业（手机、电视、电脑）也遇到技术上的破坏式创新，毛利急剧下降。展望各行各业，都是一片红海，见不到蓝色的天空。

低迷时期，我们企业家如何应对？这是我们共同的课题。有句话叫作"月月难过月月过"，到月底了，企业家要付薪水，银行的贷款到期了，要还贷款。所以普遍而言，企业家面临的挑战，要比以往大得多。

做生意能否赚钱，有很多因素。有人说关键是技术，比如有一技之长。技术是很重要，但它只是一个加速器，并不是一剑封喉的最终武器。还有人说，做生意要靠运气（机遇），这也是可遇不可求的，就好像我们的帆船在大海中遇到风浪，如果帆被打断了，就只能听天由命了。

那么，什么是创造基业的核心要素呢？大家可以讨论一下，答案并不是唯一的。

有一本书《从优秀到卓越》，是斯坦福大学教授柯林斯写的，可谓当代企业管理的圣经，能够给我们一些提示。柯林斯在美国研究了 500 家蓝筹企业，在 100 年的历史中找寻答案，终于找到一个共同的规律，那就是企业家本人及企业家精神是一个企业赚钱发展的核心要素。一个企业能否持续发展生存，关键在于企业的一把手。这个和毛泽东有句名言是相对应的："正确的路线确定之后，干部就是决定的因素。"所以，你的生意、你的发展，核心要素在你本人，而不是外部要素。外部要素只是必要条件，但不是充分条件。

做企业要想突围、想做大，我们作为企业家应如何修炼自身？

"难"修能力，"苦"修智慧

遇到难题，我们要去面对、去解决，得到能力的提升；在苦海中，我们能够施展才能，同时提升智慧，让我们达到新的升华。这是企业家本身的自我克服和超越。

2011年1月9日，我收购了南京金龙客车制造有限公司60%的控股权。当时我已经55岁了，已经接近退休年龄，人的精力、健康状态，肯定不像我创办创维的时候那么好。我开创创维的时候只有28岁，年富力强，持续几天几夜不睡觉都没问题，现在只要一天不睡觉，嘴上就会长"泡泡"。

为什么还要开创新的事业呢？第一个原因，通过关注新技术、新产业，让自己的心态更年轻。如果我作为创维的第一大股东继续留守，看着业绩增长，那么在心态上就是维持的心态，也就是衰老的心态。所以，为了快乐，也为了让自己像年轻人一样有活力，我选择了又一次创业，进军新能源汽车。当时，汽车的高速发展时期已经过去，外资品牌都已高度垄断了中国市场。我在电子行业的朋友们都认为我疯了、头脑发热了，有人告诉我：行业内的人开香槟，庆祝又有一个愚蠢的有钱佬被高门槛、高难度、高投资的汽车行业的泥潭埋葬了。也确实有很多新入者都失败了：美的、奥克斯、春兰等。因为汽车是所有工业的集合，为什么我还要自我埋葬？经过了3年的艰苦奋战，我终于让这个企业由低谷逐步走向正轨，今年有望扭亏为盈，在过度竞争中杀出一条血路。今年李克强总理在国务院办公会议上宣布，到2015年，公路交通、公务车的纯电动车比例要达到50%。国务院8月1日印发《关于加快发展节能环保产业的意见》（国发〔2013〕30号），将环保节能作为中国未来产业升级和增长的主题。这是这届政府的一大智慧。李克强总理说，要将百兆光纤入户、娱乐、电子产品的消费、节能环保、新能源汽车等作为国民经济的增长点。春天终于到来了，说明我3年前在黑暗中下的赌注终于赌对了。我们作为企业家,血液里总要有冒险的基因。

第二个原因,我有狼一样的嗅觉,哪里有"吃"的东西,就往哪里跑。

因为难,所以成功。进入汽车行业,光学费就交了2亿元。这个行业和家电不一样,做汽车的生产许可证比电视机更严格,有发改委、工信部、环保部、公安部、交通部等多个部委管着,他们各管一摊,互相牵制,汽车从研发到落地,要盖几十个章。因为我是外行,一个资质,别人1千万元就搞定了,我却花了1亿元。另外,在研发和管理团队上,我也付出了高昂的学费。进入一个新行业,很有可能被骗到破产。举个例子,之前有个公司高管告诉我,开发一部混合动力的SUV,如果请日本公司进行设计,要4000万元;另外把动力引进来,请美国公司,要900万美元;设计费用一共就要8000多万元。我马上给在美国底特律一家公司的同学发了一条短信——华南理工大学在福特、通用有几百位校友。我说你帮我查一下这个公司是何背景。他帮我查到,这家公司是2004年注册的公司,老板是福特的一个退休工程师,一年的咨询费用是50万美元,除此之外,没有其他生意。言下之意,这类公司都是骗钱的。好在我们这些身经百战、九死一生的人,也不会轻易被他骗走900万的。等所有的数据、资料汇总过来后,我就把这个高管辞退了。所以,新行业风险很大,到处都是地雷。

我们作为企业家,骨髓里都有那种不折不挠的精神。为此,我采取了一系列的改革:一是引进人才。我花了一个亿的现金,这个地方挖一批,那个地方挖一批,集中到一起,让大家充分地表现、贡献自我。然后再在这里面进行微调,把优秀的留下,不行的淘汰。所以,"难"修能力,"苦"修智慧,这是我们企业家需要长期修炼的一门课程。虽然创维能达到一千亿元的目标,但我不敢说,在新能源汽车这样全球高度竞争的行业,我们能怎么样。但是,我们会继续前进,一步一个脚印,来实现人生有意义的事情。二是加强产品研发,开发出中国先进的纯电动和混合动力汽车。三是产业链的垂直整合,降低成本。四是建立一个有效的销售与服务网络。每一场战役都非常困难,但还是那句话,"难"修能力,

"苦"修智慧，我们会努力完成这个几乎不可能的任务。

企业家的生存和发展有赖于良好的思维习惯

我的体会就是，做老板的，成功与否靠我们自己，没人会告诉你要怎么成功、要怎么做，完全靠自己在茫茫大海中的探索。因此，要形成良好的习惯，就要靠我们天天进行思维习惯的修炼。

良好的思维习惯包括：

一是"这是我的错!"老板要主动承担责任，吸取教训，解决问题。事情搞砸，老板首先要认账，如果只知道骂员工，就会把有潜力的人逼走。所以，事情搞砸了，都是老板的事；事情成功了，都是经理人、团队的成功。老板是带头的。

二是学会聆听。真诚地聆听，不耻下问。实干者的话是不多的。

三是成就他人。做老板的，第一要务不是想着怎么赚钱，而是要想这个事业是不是能让和我一起做事的人赚钱。如果光想着自己，是没有人愿意跟着你去干的。心无杂念，造福他人，事业就无往而不利。我举个例子，1999年，中华人民共和国成立50周年大庆，在天安门广场有高新技术展览，各大电视机厂家都拿着产品去北京汇报。当时我就发现，有一家比我们大得多的企业，他们的产品图像质量、声音、功能都比我们好。这是谁设计的？原来他们有个设计总监。我就去问那个设计总监有没有可能一起创业。他说："不可能啊，我是清华毕业的，企业对我很重视，我的家在福建厦门，不可能到广东去啊。"但我没有放弃，把他当作朋友相处。终于有一次机会，我看他情绪不高，原来他刚刚离婚，为什么呢？他爱人长得很漂亮，在外贸公司工作，整天出国，和老外打交道，看不起整天搞技术的"老夫子"。他虽然是清华大学毕业的，但整天埋头苦干，一点生活情趣都没有。他爱人忍无可忍，就和他离婚了，双方也没有小孩，他那时是万念俱灰。我跟他说："我住在香港，周围都是福建人，我帮你搬到香港去，给你介绍对象。你离开这个痛苦伤心的地方，而且去香港薪水也高。"他动心了，真的离职了。他原来的企业不同意，他就说："我都离婚了，难道你要给我分个老婆？"那个企业无话可说，就把他放走了。来创维以后，我果真给他介绍了他现在的爱人，两人婚后生了四个小孩。这个故事告诉我们，要先解决别人的问题，他才有机会跟着你做贡献。老板就是要先成就别人。

四是自我激励。真正有成就的人，永远在自我激励，永远保持着主动出击的工作状态。

五是感恩。从争当第一，上升到帮助他人成功。

六是强烈的危机感。企业危机重重，要时刻想着：下个季度、明年还能维持吗？危机感会让我们处于一种战战兢兢的状态，认识到个人的力量微小，团队的力量无限；知道个人的时间和能力十分有限，唯有把大部分的时间花在寻找合适的人才和伙伴上面，才能够在弱肉强食的环境中生存。

企业家在竞争中需要良好的行为习惯

良好的行为习惯包括：

一是用心做事、认真负责。

二是不服输，不抛弃，不放弃。

三是培养超强的解决问题的能力。将复杂的问题简单化，这就是能力；复杂的问题用幽默的方式解决是魅力，要培养我们企业家的人格魅力。

四是培养时间管理能力，抵挡散漫和自由主义的人性弱点。我看过很多管理方面的书，学会了把每 15 分钟作为一个管理时间段，从而将时间用在重要的事情上，而不是琐碎的事情上。

五是闯江湖、摆地摊，成就自己。摆地摊让我知道人生的酸甜苦辣，从而感受到什么是对人谦虚和执着。我做新能源汽车，有客户来公司，我会去给他换轮胎、开汽车。因为我是从基层做起的，放得下身段。你不要觉得自己是亿万富翁，就高高在上了。

六是每日三省吾身。中国文明和西方文明的一大区别，就是中国人大多数没有宗教信仰。西方信仰基督教，教徒承认自己有罪，每个礼拜要到教堂去忏悔，检视自己的错误和不足，不断地修炼自我。中国人在自我反省方面没有宗教约束，但有传统文化的引导，我们企业家要经常想起孔孟对我们的教诲，吾日三省吾身。中国的企业家中，我很佩服华为的创始人任正非，他说："华为能不能生存发展，关键是华为人有没有自我批判的能力。"这个事情很重要，要自我否定、自我批判、自我反思，我们才能够成长，它不会影响我们的快乐和幸福指数。所以，做企业家归根结底还是要做好自己。自我反省在每个年龄阶段都有不同，20岁通过反省强化抗压能力，30岁通过反省建立领导魅力，40岁通过反省建立稳定性格。

谢谢大家！

从华工梦到中国梦

——在华南理工大学的演讲

2016年12月18日

我们解决社会的痛点，来实现生命的意义，这是多具有诱惑力的呀！

——黄宏生

20世纪70年代初期，"文化大革命"还在进行中。我们那批可怜的孩子，书读得不多，深入农村和工厂的日子耗去了我们大部分的在校时间。我们在农村接受农田生活的洗礼，也会穿插着去工厂，接受工人阶级再教育。那时我工作时间最长的有三个工厂：海口罐头厂（椰树集团的前身）、海口市机械厂和海南汽车修配厂。不知为什么，我对农村这种古老的、原始社会般的"刀耕火种"没有什么好感，但是对工厂的生产线和机器设备却产生了极大的好奇和兴趣。我儿时的梦想就是，如果有机会上大学，一定要学一门技术，做一名工程师，特别是如果能做汽车就最好了！当时有一位姓林的老师告诉我们：如果你们能上大学，学习一门技术，那是最棒的了。从此，我小小的心灵就种下了求学的种子。

大学梦破遇国难　上山下乡砺身心

1972—1973年，有传闻说大学招生工作除了在工农兵学员中推荐外，还准备从应届高中生中录取一批。听到这个好消息后我十分激动，就特别刻苦地读书，把以前的课程又复习了一遍，参加了各种数学竞赛、语文竞赛、物理竞赛等，对我个人来说是一个很大的提升。然而，个人的命运在时代面前是渺小的。1973年11月，我们就在"广阔天地，大有作为"的号令下，上山下乡，到山沟里去了。

尽管上大学的梦想被现实冲击得支离破碎，但在下乡车的"摇摇晃晃"中，我仍没忘记当时努力复习功课的岁月。那时候没有足够的电，都是点着煤油灯来复习功课的，那段日子虽然艰苦，但却充满希望。在上山下乡期间，我还随身带着不少学习笔记和课本，不忍将它们丢弃。

知青的领导告诉我们，要好好工作，优秀知青可以由他们推荐去工农兵大学学习。我那时白天劳动，晚上就回到茅草房写写日记，也会看一看自己带来的书。可是，现实是残酷的，生活是艰难的。当下乡到第三、第四年的时候，很多知青都已经陆续回城，而我却还在乡下日复一日地劳动。

苦难岁月信念坚　历史机遇梦初圆

那时的日子是最难熬的，当完全看不到希望的时候，喝的水都是苦的，劳动后流的汗水都臭气熏天。那个时候也没有酒来消愁，只能晚上在日记中写写心里的感受，日记本陪伴着我度过了很多不眠之夜。

作为一名好知青（我当了团委副书记，后来又被提拔为第三分场的场长），也不能像有些知青那样"潜逃回城"，过着"黑人黑户"的生活，但我并没有自暴自弃，荒废人生。

突然，一声春雷传大地，中央宣布恢复高考了！那时离高考只有两个月时间，很多人觉得时间太紧，打算第二年准备充足再考。可我立即就放下手中的镰刀，投入准备高考的状态中，终于参加了这次历史性的、全国性的高考。

这里还有一段难忘的插曲。我们那一届是在冬季入学，当时报考海南师范、中专的都陆续接到了通知书，而我一直没接到，心里暗暗失落：看来可能"名落孙山"了。后来才得知，原来那时受台风影响，很多学校的录取通知书都迟迟未送抵。最终，我的通知书在迟到了半个月后，终于送到我手中，我好像又绝处逢生了。我当时激动得从山上带着行李一直跑，跑了四五个小时，再到山下转乘长途公共汽车，再转乘轮船，赶去学校报到。

赤脚知青成骄子　风雨兼程不忘心

记得去华南工学院报到的那天，走进美丽的校园，当时我们被安置在东二宿舍。我们忍不住围着学校的湖滨（东湖、西湖）绕了一圈，就好像"刘姥姥进了大观园"，到处充满着新奇和美好，我的心灵受到了很大的触动。

从1970年的大学梦到1978年2月正式踏入华工的校园，我经历了8年，终于等来了命运的重大改变，也见证了中国的巨大变迁。我听见自己发自内心的呼唤：一定要努力学习，艰苦奋斗，不辜负时代，也不辜负父母对我们的殷切期望。

我那时就读于50177（2）班，即华工无线电系的无线电技术专业。来自五湖四海的同学在学业上如饥似渴，也团结互助，有强烈的社会责任感，也有积极上进的宏伟目标。从1978年上学的第一个月起，到毕业前的最后一个月，50177（2）班的同学每天在早上6点15分广播响起时，都会跑到湖滨路上做早操，四年如一日，风雨无阻。后来我才发现，这就是团队精神与集体主义的培养。这种团结互助、相互学习的相处方式给了我们很大帮助，这跟很多知识分子的"文人相轻、老死不相往来、学术上的自我陶醉"是完全不同的氛围。我们班有四分之一的人创了业，都获得了相当程度的成功。这种精神其实就是我们职场上所描述的企业家精神。

感念母校正风尚　厚德载物唯树人

毕业分配的时候是非常难忘的，我非常感谢华工对我们的培养和关爱，这一切永远激励我不断向前。77级大学毕业生的工作单位是由国家分配的，有中国科学院的研究所，有原电子工业部下属的军工厂，有国家与省市地方机关、公务员岗位、中央电视台等。其中最吸引人的岗位是中国电子技术总公司华南分公司，当时200多个毕业生中，有超过一半的同学申报了这个仅有一个名额的岗位。因为中国那时刚刚改革开放,谁都期待走出国门,了解一个缤纷多彩的世界。因此,在分配上的争夺激烈程度不亚于奥运会的奖项争夺。

当时学院副院长郭仁义和无线电系的党总支书记陈昌盛老师说,学校要公平公正地对待每一个同学,既然竞争这么激烈,学校就支持表现优异的同学,维护华工的健康学风。因为我当时是广东省"优秀三好学生",德智体方面受到学校和同学的一致认可,所以当时的名额在激烈的竞争中给了我。我感谢华工那种淳朴的校风,对学生的厚爱以及鼓励积极进取、实现自我价值的精神,与华工"厚德尚学,自强不息,务实创新,追求卓越"的精神相一致。

回归初心拒平庸　自主创新转乾坤

进入中国电子技术总公司华南分公司后,我发现并没有想象中那么好,那儿也不是所谓的人尽其才的实战天地。因为作为国家级进出口行业归口的服务型企业,每天的工作就是为企业用户签订各种合同,进什么、价格多少是工厂说了算,进出口公司只是一个"傀儡",这样对技术和能力的要求就不可能太高,真正想干事的人却得不到发挥。我就这样懵懵懂懂地"混"了两年。

当清闲无聊的时候,想到在华工读书的艰苦日子,想到学校老师的那种期待,我在这种平庸和清闲的生活中就产生了负罪感,所以决定要为这个企业做点什么创新。经过了大量的调研、深思熟虑后,我请求公司成立一个电脑事业部,从产品的研发、生产、制造到销售、服务,建立起全产业链的自主能力和新优势——从代理转向自营。这也符合后来国家对外贸体制改革的要求,这一步是开天辟地的第一枪。

以前做代理,现在做自营了,尽管困难重重,非议很大,但是我们顶着压力上,从全国各地招兵买马整合团队,开辟新事业,结果一年的盈利就占了公司收入的80%。之前,公司只赚1%~1.5%的微薄手续费,这一步使得公司走出了入不敷出的窘境,走上了盈利的道路。作为工科生,既要在技术上把握发展的趋势,又要在企业经营上提升效益和效率,为社会产生更多的利润和税收。

凭借卓越的成绩,我被提拔为电脑事业部负责人、公司的副总经理,后来做到了常务副总(副厅级)。

产业报国走创业之路　紧追浪潮惜时代英才

1988年是国家外贸体制转折的一年。一方面是一线的工矿企业拥有外贸权,外贸公司不再加收企业的外贸手续费这"一层皮"了,为的是减轻企业的负担;另一方面,国有企业面对市场的激烈竞争,出现了短板和限制。

我的产业情结和理工情结不断在心中燃起。特别是想到在20世纪80年代我们国家的出口产品基本都是"地摊货",品质低劣,送人都不要。当时对内看,中国家电市场基本上都是日本品牌,没有自主创造和自主品牌。我心里便想,如果我能够发挥理工男的钻研能力和创造力,能不能做出改变呢?我们解决社会的痛点,来实现生命的意义,这是多具有诱惑力的呀!

我非常感谢外贸公司的领导葛长义,他非常支持我创业的想法。没有太多的阻拦和难办的手续,我就这样完全"下海"了。

为了生存,我先从电视机零部件——遥控器入手,填补了当时电视机没有遥控器的空白,也积累了第一桶金。

我一直想进入电视机产业,所以在不断地寻找机会。这是一个技术密集型、资金密集型、人才密集型的行业。

一个契机来了:香港的讯科集团——当时东南亚(除日本之外)两家大型的电视机制造厂商之一,也是东芝公司在亚洲的合作伙伴——在扩大生产与泰国合作的大型投资项目中失败了,公司被收购,濒临破产。结果香港一家上市公司花了15亿元收购了这家上市公司的壳,我则以15%的股权——小公司的"空头支票"赢得了它的研发团队。最后,那两家上市公司都破产了,我却生存了下来。这证明了人才比金钱更重要,金钱并非万能,宁失百万金,不失一人才。

专注技术中国心　领跑海外创维情

创维靠技术创新，用具有世界先进水平的产品去攻打国际市场。创维生产的第一台彩电，就以首创的第三代超大规模集成电路的优势在国际市场一炮打响。这些年，我们始终不忘初心，在科研及制造方面不断精益求精，积极创新。当年陆续生产了创维超级画王电视、创维霹雳神彩电等产品，迅速占领了中国市场，成长迅猛。当时，张明敏演唱的《我的中国心》激起无数中华儿女的自豪感，而"中国芯"工程也开展得风生水起，中国自主品牌在迅速地崛起，国人看到中国本土企业有能力、有技术做出更多值得信赖的产品，我们也有动力和实力去继续将品牌做大、做强！

2010年，创维推出了不闪式3D电视，提出"不闪的才是健康的"，把健康理念送入寻常百姓家。现在的创维，在行业率先推出了4K超高清电视、HDR电视、防蓝光OLED电视等产品，可以说创维是家电行业最具活力、最有创新力的品牌之一了。

随着中国"一带一路"倡议的带动，创维加速了收购海外家电企业的步伐：2014年收购南非著名家电品牌Sinotec，2015年收购德国高端家电品牌Metz、印尼东芝TJP工厂以及欧洲Strong集团，在全球海外市场加速布局。以2016年6月为例，创维电视在海外的销量首次超过国内，成绩斐然。只有与国际市场接轨，企业才会有敏锐的触觉，才能触摸到市场的变化，不断地跟上世界先进技术发展的步伐。

经过28年的发展，创维已经成长为世界家电的一线品牌，2015年实现销售额426亿元。创维在不断朝着多元化、智能化方向发展，精益求精、稳扎稳打，创维人将用务实的精神为中国崛起贡献力量，实现个人的创维梦，实现祖国的"中国梦"！

发展新能源汽车需建好"电力高速公路"

——在"2017中国电动汽车百人会论坛"上的演讲

2017年1月15日

> 我的建议是,领军中国新能源汽车高速发展的组合司令部除了四大部委,还要增加国家电网。同时,一定要下达电力金融和输送的年度指标,让国家电网旗下的公司快马加鞭地将新能源汽车的"电力高速公路"提前建好。
>
> ——黄宏生

刚才,主持人讲到新能源汽车是汽车工业的大革命,有传统车的升级,也有互联网企业的进入,另外还有第三方的力量。我们来自家电业,创维集团于1988年创立,当时中国的家电99%是日本、韩国、欧洲的品牌。经过20多年的发展,中国的家电在主流市场上已经占到了70%以上的份额,在全球市场上的份额也逐年增加。以创维为例,我们2016年销售彩电1800万台,全球排名第四;而且家庭用的机顶盒销量有3000万台,全球排名第三。我们带着这种在家电业激烈竞争、产品快速迭代,以及成本竞争锤炼的基因来到了新能源汽车领域。

不久前在美国的2017年CES[①]展览上,创维成为世界上第一批推出OLED电视的企业,在全球范围内都有正面的推动效应。另外,2017年1月,我们在人民大会堂领到了国家科学技术进步一等奖。基于这样的技术沉淀和技术基因,我们来到了新能源汽车领域。

我们有大客车、公交车,车身从6米到12米的都有;还有轻型客车、MPV

---

① 国际消费类电子产品展览会(International Consumer Electronics Show,简称CES),由美国电子消费品制造商协会(CTA)主办,旨在促进尖端电子技术和现代生活的紧密结合。该展始于1967年,现已成为全球各大电子产品企业发布产品信息、展示高科技水平及倡导未来生活方式的窗口。

等。过去的三年,南京金龙乘着国家发展新能源汽车的东风,从零起步,已经进入了中国客车销售的第一阵营。

我们为什么能够取得跨界的初步成功?因为我们重视研发,产品的研发队伍由 2010 年的不足 10 个人到现在已经扩大至 600 多人。我们面对市场有产品性的技术开发,设有大客车技术中心、轻型车技术中心。我们有一个公共的技术平台——中央研究院,还有核心技术平台、整车控制室,所有的整车控制器都是我们自己研发生产的,包括电池管理系统(BMS)以及电机和电机控制器。除了产品研究,我们也非常重视基础研究,研究设备有持续改善质量的 CAE[①] 分析和轻量化实验室;有各种共享的动力总成,从大车到小车都有共享;还有燃料电池项目部,包括我们的电堆动力、软件系统等。此外,还有对接全球竞争发展的产品规划和后台的科技管理。

这几年我们花了超过 5 亿元,投资建立各种各样的实验室,我们要打造"最好的车"。这些实验室包括整车控制器的仿真测试系统,电机、动力电池整车测试系统,以及各种环境实验室、振动实验室、动力电池充放电实验室,以持续提升南京金龙产品的质量。所以我们车的百公里耗电在 0.7 千瓦时左右,在行业内排名靠前。续驶里程、稳定性、可靠性、舒适性在行业里都建立了良好的口碑。

我们还有一个重点项目,就是燃料电池,目前已经成功地在江苏进行了小批量的生产和应用。项目包括电堆优化、软件系统,能够应用于载重量大的客车。借助燃料电池,我们已成为技术领先的企业。智能化与网联的重大项目,也是我们联合了很多大学进行各种模块的实验的积累。

最后一点,我讲一下企业的反馈。大家都知道,四大部委提出的 2020 年完成 500 万台新能源汽车的宏伟目标已经深入人心,我们相信这个目标是有可能实现的。但是,电力金融和电力输送一直是困扰车企和公交应用单位的问题。我们

---

① computer aided engineering,简称 CAE,指计算机辅助工程。

往往在频繁的车补讨论中,把这个最重要的"粮草先行"要素忽略了。

我们以500万台新能源汽车为例,平均每台车每天大概消耗50千瓦时的电,那么它们每天一共要消耗大概2.5亿千瓦时的电,按照平均行驶6小时来算,大约需要5千万千伏安。一个小电桩要50千伏安,一个大电桩要240千伏安,如果没有足够大的电力输送就不可能满足电力需求,这500万台车就被放在野外风吹雨打了。我们的设备发往88个城市,很多地方充电桩装好了,但是电输送不过来。

所以,我的第一个建议是,四大部委领军中国新能源汽车的高速发展,并走向世界,已经取得了非常大的成绩;但四大部委领导还不够,要增加到"五大部委","第五大部委"就是持续给我们作贡献的国家电网。国家电网作为央企,确保供电安全并且及时送抵。所以,我觉得应该要把国家电网拉进到这四大部委的组合司令部里。①

第二个建议是,一定要下达电力金融和输送的年度指标,让国家电网旗下的公司快马加鞭地将新能源汽车的"电力高速公路"提前建好,到达每个城市甚至每个小区,这样才可能实现500万台的目标。现在国家也非常关注新能源汽车的充分使用,如果达不到3万公里,就不可以拿到补贴,这一点我们非常拥护。

最重要的是,作为车企,我们确实衷心希望我们的车能够造福社会和人民。去年第四季度,因为整个政策稍微明朗了,我们才真正大幅开干,很多员工加班加点、通宵达旦。但是仅凭车企加班加点是没用的,电力也要加入,所以电力金融可能是实现这500万台目标的最重要的因素。

---

① 据《中国汽车报》2020年5月8日报道,截至2019年底,全国新能源汽车保有量达381万辆。中国电动汽车充电基础设施促进联盟发布的《2019—2020年度中国充电基础设施发展年度报告》显示,截至2019年12月,全国充电基础设施累计数量为121.9万个,其中公共桩51.6万个、私人桩70.3万个。在新能源汽车充电桩被国家纳入"新基建"范畴后,国家电网宣布,2020年计划安排充电桩建设投资27亿元,新增充电桩7.8万个。南方电网表示,计划全年投资12亿元建设充电基础设施,未来4年投资规模累计251亿元,建成大规模集中充电站150座,充电桩38万个,为现有数量的10倍以上。

我的中国心[1]

做一个企业家需要许多方面的能力素质，但是，我始终以为，有没有一颗中国心，是一个人能不能做一个优秀企业家的关键因素。其实，每个人的内心深处，都藏着一个"英雄"情结，都有对荣誉、对成功的无限渴望。一个人的胸怀越大，他所干的事往往也越大。使一个人最感高兴和快慰的，莫过于为天下人作出自己的贡献。

——黄宏生

1982年，香港歌唱家张明敏深情演唱歌曲《我的中国心》，那爱国的情怀，和着动人的旋律，让人激动不已。在距离香港不远的广州，在美丽的华南工学院校园里，有一位年轻的学子正步履匆匆地赶去图书馆。当他听见学生宿舍电视机里传来的歌声，不禁心潮澎湃，热泪盈眶。他幼年时期吃过苦，挨过饿，也流浪过。是国家恢复高考、改革开放的政策，使他得以摆脱贫困，走进高等学府，从此改变了人生轨迹。因此，他对祖国满怀感恩之情。

这位年轻的大学生，就是我。怀着这种激荡的心情，毕业后，我哼着这首经典歌曲，毅然走向制造业，用一颗火热的中国心，投身到产业报国的时代洪流之中。

我选择了自己熟悉又钟爱的电视机产业并开始创业。经过十几年的艰苦打拼，从代工到拥有自己的品牌，我一手创建的创维公司已初具规模。当时间的车轮驶进1996年，创维遭遇发展瓶颈。尽管当时创维品牌已经小有名气，但"酒香也怕巷子深"，公司始终未能有大的突破。在一筹莫展之际，耳边回响起张明

---

[1] 本文选自"创维黄宏生"微信公众号2020年2月28日文章。

敏的那首《我的中国心》，我想起了当年跨入制造业的初心，一股暖流涌动在心头。说来也巧，时值香港回归前夕，全国人民都沉浸在这颗沉沦了百年的东方明珠重回祖国怀抱的巨大喜悦当中，爱国热情空前高涨。

于是，我找到张明敏，请他来做创维新产品的代言人。广告中，张明敏身着中式服装，从香港的维多利亚港，唱到北京的天安门广场，当优美的歌声飘过中华民族的象征——万里长城，飘过鲜艳的五星红旗的时候，"创维情，中国心"六个大字跃入人们的视野。这首《我的中国心》唱出了亿万人民洗刷百年耻辱、今日扬眉吐气的自豪感，也唱出了创维人的心声。广告在央视播出之后，引起全国人民的强烈共鸣，创维电视赢得了广大消费者的喜爱，供不应求，一举进入行业前四强。

1999年，金秋十月，北京到处张灯结彩，一派喜气洋洋的景象，中华人民共和国隆重举行50周年大庆。我很荣幸地作为民营企业家代表受邀登上天安门，现场观看阅兵盛典。但我觉得，这不是我个人的荣誉，而是党和国家对民营企业、民营企业家爱护和期待的体现。亲临盛典的喜悦也让我加倍努力，下定决心要带领创维这样的民族工业企业走向世界，与外国人一比高低。令人欣喜的是，20年后的中华人民共和国70岁华诞，创维电视作为天安门城楼陈列唯一指定的电视机，用作阅兵式、群众游行以及联欢活动现场直播视频显示终端，实现了中国的盛事用中国的品牌直播。这是国家对创维的肯定和赞许！

创维名声大噪后，我的工作更忙了，但在我心里，始终有一幕挥之不去。那便是2010年的冬天，我到北京开会，刚离开机场，出租车就堵在了高速公路上。眼前不是蓝色的天、绿色的树，一切都被如同棉絮似的雾包裹着。后来我才知道，那层"棉絮"的名字叫作雾霾。车堵在路上，闷堵在心里。作为企业家，我们的责任就是要听从祖国的召唤，解决国计民生的痛点问题。于是，我勇敢地跨入新能源汽车产业，创立开沃新能源汽车集团，用"健康、绿色、环保"的新能源汽车来解决国家石油依赖进口而污染又日益严重的问题。经过10年的辛勤耕耘，凭借一支强大的人才队伍和积累的雄厚技术实力，我们在新能源商用车领域已经成为"翘楚"。十年磨一剑，2019年我们向汽车产业的"珠穆朗玛峰"发起冲锋，正式进军乘用车，发布"天美汽车"品牌。

习近平总书记说过，走得再远，都不能忘记来时的路。我深有同感。曾经有人问我："做一个优秀的企业家，需要具备哪些素质？"我不假思索地回答："要有一颗中国心。"确实，做一个企业家需要许多方面的能力素质，但是，我始终以为，有没有一颗中国心，是一个人能不能做一个优秀企业家的关键因素。其实，每个人的内心深处，都藏着一个"英雄"情结，都有对荣誉、对成功的无限渴望。一个人的胸怀越大，他所干的事往往也越大。最能让一个人感到高兴和快慰的，莫过于为天下人作出自己的贡献。

无论是以前创办创维集团，还是现在开创开沃集团，我的创业初心，都是为了使中国摆脱对国外产品的依赖，进而创造中国籍的世界名牌。我们就是要在彩电、汽车这样的制造业上与外国人一决高下；我们就是要证明：中国人，行！秉承着这颗中国心，就是要努力成为人类智慧生活的开拓者。希望在我们的服务下，人们在家的时候，能享受创维智能家庭系统的便利和快乐；出门的时候，有开沃新能源汽车，享受到移动办公、移动娱乐的乐趣。

所以，这颗中国心，我认为和其他道德、情感、信念一样，是使人不停歇地走向成功的"永动机"。它会为你的成长、成功和成就提供永恒而持久的动力，让你即使遇到困难，也能越挫越勇。它可以使人愈来愈了解并爱上真正美好的东西，体验到人生的快乐，而且会尽一切办法使这些美好的理念体现在行动中，最终挖掘出你心中无尽的宝藏，成就你的伟大人生！

为什么出国后才感受到爱国心[①]

我们更要努力地融入这个时代,把"小我"的价值实现和"大我"(国家、民族)的强大紧密联系起来,乘势而起,顺势而为,驭势而飞,积极投身到民族复兴的历史潮流中去,使创维、开沃成为中国新时代智造的代表性品牌,成为世界"彩电大王""新能源汽车大王",并实现我们个人价值的最大化。

——黄宏生

很多人都是在出国之后,才明白"爱国"这两个字的深刻含义。我就曾有过这样的经历。

那还是在1999年的时候,我和夫人送孩子去加拿大读书,并打算在那里定居,提前享受退休的生活。当时就在孩子读书的学校旁边,买了一套国内称之为"学区房"的房产。在20世纪90年代,移民是一种很时尚的行为,是人们对自由、富足生活的向往。

当时,我们住在温哥华,孩子读的是当地的名校。温哥华是世界十大宜居城市之一,风光旖旎。刚去的那几天,每天清晨我在房间阳台上喝着茶,惬意地享受着北美和煦的阳光,远处白雪皑皑的山峰清晰可见,近处可以看到绵长的东太平洋海岸。

但是,这样"好山好水好寂寞"的富翁生活过了三个星期之后,我就感觉自己很无聊。因为我整天无事可做,没有事业,没有追求,仿佛我的下半辈子,

---

[①] 本文选自"创维黄宏生"微信公众号2020年3月6日文章。

就像那清澈的海水一样,一眼就可以望到底。我经常这样问自己:"难道我就这样悠闲地度过余生,当一只社会的'寄生虫'?"我的内心不寒而栗,升起一种恐惧感。

于是,我尝试着突破,努力进入加拿大的主流社会。那时候,海外的华人都非常不容易,在加拿大的华人大多是开餐厅、做地产经纪,或是从事与服务业相关的工作。而在工业和科技领域,无论你多么努力,华人永远是二等公民,不可能当"一把手"。而且,加拿大有"万税之国"之称,各种赋税很多也很重,远没有国内那么好的政策。

经过几番挣扎和尝试之后,我终于想清楚了。我们来到这个世界,就是要追寻生命的意义。美国著名心理学家马斯洛的"需要层次论"把人的需求分为五个层次,当低层次的需要满足之后,人们就会向更高层次的需要攀登,而人生最高的价值追求,莫过于自我实现的需要。所以,在过了一个多月的移民生活后,我重新回到深圳,呼吸着国内的空气,继续那种紧张而忙碌的创业生活。这时候我才发现,唯有工作才能让我快乐,感觉自己又年轻了十几岁。经过几十年的发展,创维品牌旗下的电视业务已经做到了中国第一、全球前四,超越了索尼、松下,机顶盒业务更做到了全球第一!目前,创维产品已入选国务院礼宾司作为"外交礼品",成为"中国名片"的代表。因此,可以说创维已经成为了民族工业的象征之一。经过十年的奋斗,开沃汽车已经成功进入新能源商用车领域的第一阵营。所有这些成就,都是在国外不可能取得的,也证明我当初的选择是正确的。那种没有追求、没有目标、没有新朋友的移民生活,只会加速生命的衰老,正所谓"忧劳可以兴国,逸豫可以亡身"①。

我曾经读过这样一个古希腊神话,地神盖娅的儿子安泰在和敌人赫拉克勒斯格斗时,只要脚不离大地,便可以源源不断地从母亲那里汲取力量,击败任何强

---

① 出自北宋欧阳修《新五代史·伶官传序》。

大的对手。我感觉,我们这些企业家就像安泰,只有怀揣着这颗中国心,才能从祖国母亲那里获取力量,在国际市场上打败强大的竞争对手。当前,中华民族正处于伟大复兴的新时代,特别是十八大以来,国内营商的软、硬环境都在不断地改善,"绿水青山就是金山银山"的生态理念已经深入人心,今年1月《优化营商环境条例》正式生效。随着国家改革开放的进一步深入,营商环境一定会更加优化。我们更要努力地融入这个时代,把"小我"的价值实现和"大我"(国家、民族)的强大紧密联系起来,乘势而起,顺势而为,驭势而飞,积极投身到民族复兴的历史潮流中去,使创维、开沃成为中国新时代智造的代表性品牌,成为世界"彩电大王""新能源汽车大王",并实现我们个人价值的最大化。

"偏执"与归零[①]

虽然成功的路有很多,但这四个字尤为重要:"偏执"与"归零"。在我的定义中,偏执是把事情做好,做不好不罢休;归零是用心、真心,把真心献给社会、献给自己。

——黄宏生

2020年庚子年,也是鼠年。120年前,腐朽没落的大清帝国和国际列强开战,最终大清帝国战败,被迫同11个国家签下了屈辱的《辛丑条约》,并赔偿这些国家的"损失",史称"庚子赔款"。时至今日,"庚子赔款"仍是每一个有良知的中国人内心的隐痛,"落后就要挨打",为了不再挨打,中国唯有自强。

中美贸易大战是中国改革开放40年来最大的危机与挑战。在这之前,因为享受到近代工业文明的科技与成果,加上中国人的勤劳、智慧,让中国用了短短几十年的时间,跨过了西方花了数个世纪才走完的发展之路,缩小了同发达国家之间的差距。随着中美博弈愈演愈烈,两个大国之间的关系急转直下,我们的外部发展环境将不再是顺风顺水的形势。

近20年来,中国的两大财富红利分别是在房地产业和金融业,因为高额的回报率,它们吸引了中国众多优秀的人才,诸如北大、清华等名校的毕业生纷纷加入到这两个行业。而主导世界发展的工业和科技的重要性却被忽略了。

反观我们的邻国日本,在战后数十年一直深耕工业及科技,已经拥有了十多位诺贝尔奖获得者。无论是在电子技术、新材料技术、生物技术领域,还是在汽

[①] 本文选自"创维黄宏生"微信公众号2020年7月29日文章。

车技术、精密加工技术等领域,都在世界前列,堪称世界科技工业强国。

由于我们的制造业过度依赖西方的科技,美国人随时都能挥舞起制裁的大棒来决定中国企业的生死。应该感谢"川普大棒"的打来,他让所有中国人都得以清醒——没有科技的制造业,没有自主的研发,一定没有未来。

面对层层加码的中美贸易战,以及年初暴发的新冠疫情和近期的南方大洪水,我很是忧心当下的中国制造企业,希望在受疫情影响的经济下行规律中找到制造企业自救的法子。时代,呼唤制造业与科技英雄的出现。

一、"偏执"

开沃集团是一家以制造新能源汽车为主的制造型企业,上半年企业的各业务板块均有不同程度的亏损,历来保底盈利的大客车业务板块也在上半年出现亏损。整个世界经济都不景气,中国的各级政府也在过紧日子,对新能源车辆的支持自然不同以往,这也导致了我们to B市场的订单大幅下滑。没有足够的订单,工厂就不能正常运转,我们正面临一场有史以来最严峻的生存考验。

当然,在危机中,我们同样要看到蛰伏在"危"字下面"机"的存在。眼下国家大力扶持制造业与科创企业申报科创板和创业板,仅2020年上半年在科创板挂牌上市的企业就有46家,募资总额共计507.58亿元。多年以前,我们就一直在致力于推动企业上市,营造科学、规范的企业管理架构,在提高企业自身抗风险能力的同时,实现全体企业员工的第三次"科技创富"。

之前,有人问我,为什么要偏执地做一些事情呢?我的回答是,因为只有偏执,才能助推我们的事业、人生走出谷底。

(一)"偏执"是对生存执着的追求

英特尔创始人安迪·格鲁夫曾写过一本书《只有偏执狂才能生存》。我创业32年,加上之前的人生经历,也佐证了这个观点,"偏执"是每一个成功人士的关键秘诀。

我从小就与外婆相依为命，虽然她没有多少文化，但在我看来外婆其实就是我心目中最成功的企业家。因为她的偏执，将我们一次次地拯救于水火之中，得以生存。

在我小的时候，我那当老师的父亲被打成右派，我和外婆被赶出了父亲所在的学校。当时正逢三年困难时期，被赶出学校意味着我们一定会流落街头，甚至饿死。外婆心中想让孙子[①]活下来的偏执，促使着她不断地尝试。

她对平日里来往较多的学生们说："我和孙子是无辜的，虽然他的父亲是右派，但如果我们被赶走，会死无葬身之地的！"外婆的哀求终于感动了其中一个女学生，那个女学生回家后把这件事告诉了她的父母，我们就被这家人收留了下来。正是因为外婆的偏执，我们才避免了这场生死灾难。

偏执是什么呢？表面上看是脸皮厚，其实却是一种为了生存的执着信念。

因为不想寄人篱下，后来外婆又开始了她的偏执。她一遍又一遍地敲开人民公社社员的门，一遍又一遍地说："我也可以干活，我也可以出力……"最后，外婆终于被接纳成光荣的人民公社社员，熬过那最困难的"三年困难时期"。

我上山下乡的第四个年头，因为家里没有关系，回不了城。外婆看到别的同龄人都归乡谈婚论嫁，而她的大孙子却穷得连女朋友都没有。那年春节回家，外婆悄悄告诉我，她在我们住的宿舍旁边搞了个猪圈，养了几头猪，然后把猪带到市场卖了500块钱，并在郊区买了块地。以后盖了房子，大孙子可以住一楼，二孙子可以住二楼，有了房子就可以娶媳妇了。外婆用她的偏执又一次让我在困难中看到了希望。

从此，外婆偏执的生存之道，深深刻在我心中。

（二）"偏执"是我创业的成功秘诀

偏执，让我实现成功突围。毕业之后，我被分配到华南电子进出口公司，受

[①] 实际为外孙，但因外婆对黄宏生的称呼就是"孙子"，故保留原文中的称谓，全书同。

国有企业机制的限制，做着一些轻松的重复性工作，这与我的价值观背道而驰。

经过一番对国外电子行业的观察和深思熟虑后，我主动打报告给公司领导，说要成立电脑事业部。我从对个人电脑的初步普及开始，研究上下游、产品硬件、行业趋势等，给公司创造新的增长点。然而，我的这份上进心一开始并没有得到认可，报告被领导驳回了。

受外婆的影响，我也成了一个不轻言放弃、偏执的人，我继续跟相关部门领导汇报我的计划。经过我的软磨硬泡，在百折不挠的努力下，公司最终成立了电脑事业部。之后，我带领团队干得风风火火，让公司成为中国个人电脑兼容机的重要供应商，当时和联想、四通齐名。

偏执，让我触碰理想行业。大家都知道，创维的第一桶金来自遥控器，之后才进入电视机制造业。

20世纪90年代初期，要做电视机非常难！第一个难题是电视机的研发技术，我曾想从北京招聘专业人才，但因为没有技术积累，屡次都失败了；第二个难题是要用创维品牌内销，必须具备电视的生产许可证，当时国家全面管控，民营企业很难拿到。不到黄河心不死的偏执，让我尝试各种突围。

我逮到的第一个机会，是香港第二大电视机制造商讯科集团出现危机。因为对电视机的偏执，我邀请讯科的研发人才加盟，做我的"星期六工程师"（工作日在原单位，周六到我们公司做研发），让他们帮忙设计产品，取得了意想不到的效果。后来，讯科被收购后垮台，这些专业人才也就加入了我的公司，解决了电视机技术上的问题。关于电视生产许可证，我也是通过各种尝试，在1993年获得了中国民营企业的第一张许可证。

偏执，让我勇攀人生的第二座山。过去的10年，新能源汽车倒闭了数百家。我与开沃的团队怎么活下来的呢？总结下来，依靠的还是两个字：偏执。

十几年前，我看到一个自行车大国变成了汽车大国，但尾气、噪声、烟尘等污染也接踵而至，对环境、对人的健康都带来了巨大的损害。作为一名企业家，我立志要解决这个痛点，用零排放、无噪声的电动汽车为国人打开一条绿色通道。也是从那时起，我就偏执地认定，新能源汽车一定拥有广阔的未来。

创业之初，我们大量投入却得不到盈利，因为科技的投资是一个长期的、迭代的、漫长的过程。这时，对长期主义的偏执，让我没有过早地搞资本运作，不搞"拿来主义"，不拿别人品牌、技术等现成的东西，专心致志做自己的事情。我深知，只有地基稳了，大厦才能起。正是有了这种偏执，才让开沃集团在大浪淘沙中得以生存发展。

那么，怎样才是我所说的这种偏执呢？我总结了偏执的八个要素：

（1）非一般的努力，极端到拼命的程度，就能把不可能的事情变成可能；

（2）目标一定要增长；

（3）专注到极致，可以让一个普普通通的人变成行业第一；

（4）长期主义，要能忍耐住寂寞；

（5）屡败屡战，相信办法总比困难多；

（6）不做人云亦云的和事佬，每次都要标新立异；

（7）学习的钻劲比"蚯蚓"还厉害，不成功决不罢休；

（8）释放生命的全部潜能。大部分人的潜能只发挥了5%，而"偏执狂"把个人的潜能发挥到100%，让个人实现自我的最高境界。

世界上的人口越来越密集，你想到的事情，别人已经想过；你做的事情，别人同样也在做。只有那些"发疯"的人，不停地拿出所有精力来奋斗的人，才可能成功。所以，只有"偏执狂"，才能胜利；只有"偏执狂"，才能登上喜马拉雅山。平平稳稳，永远也无法实现跃升和突围。虽然成功的路有很多，但拥有偏执的特质，拥有做不好不罢休的精神，我们就可以无往而不胜。

二、归零

中国改革开放的成功，主要因素之一是民营经济的发展。民营经济在中国经济中的地位和作用毋庸置疑，尤其党和政府都十分重视民营经济。但民营企业的存活率又是极低的，只有2%～3%。很多昨天看起来还十分耀眼的大集团、大公司，一眨眼就会消失在时代发展的潮流中。

过去十几年里，开沃集团专注于新能源汽车的发展，在一波又一波造车新势力的筛选中一路前行，没有在死亡的阵列里。区别于那些阵亡的同行，我们是先易后难，从客车、物流车，再到专用车，最后才到乘用车。在这个过程中我们不断进行技术积累、资金积累和客户积累，最后攀登上了汽车行业里的乘用车这座最艰难的山峰。

在三十多年的创业中，我们坚决不跟投资者对赌，把利益至上的私人基金清算出去，只保留投资换市场的地方政府产业基金，避开对赌的巨大风险（大部分科技制造业的对赌失败）。这个信念就来源于我的初心，以及对事业跃升、生命轮回的归零心态的认知。

（一）归零是不忘初心

我一直感激，生长在这样一个伟大的时代。

这样的感悟源于我从出生到现在的亲身经历。我是1956年出生的，三岁那年遇上了"三年困难时期"，我和外婆在流浪中有幸遇到好心人收留，得以侥幸存活。之后我经历了上山下乡，在"四人帮"粉碎后，亲眼见证了中国进入伟大时代——改革开放的序幕拉开。

在时代的影响下，我上了大学、进入央企、下海创业……人生走过的每一步，我都心存感激。我希望用产业报国来完成自己报恩的心愿，在这样一个新时期里，坚持将事业不断地发展和壮大，以自己的努力报效时代给予我的机会，也报效党和国家。同时也报答一路走来所遇到的贵人，他们让我能够渡过难关，并指导我做出越来越多的贡献。

有人问我，你这辈子有哪些重大失误呢？

说实话，我自认为是属于比较笨的人，在制造业挖到了第一桶金后，却没有抓住中国房地产的红利。1993年之后，创维每年都有一两个亿的利润，当时也是深圳宝安区最大的制造业。那时，宝安区政府说，我们规划了一些土地，如果你有兴趣争取，我们一定会支持。如果当时筹措几亿资金下决心拿到500亩地，现在可能也值上千亿元了。由于种种顾虑，我当时也没有投资堪称有超级回报率的银行业，错失了发大财的良机。

经过内心强烈的纠结和斗争，最后我找到了心理安慰。

长期的产业报国，是造福员工、造福社会、造福国家。这种利他，是不能用金钱来描述的。创维一方面累计为国家纳税500亿元；另一方面，作为制造业的一员，让中国从出口花生、土特产，到现在的出口高科技产品，这正是帮助中国完成产业升级的价值所在。

随着新能源汽车业务的发展壮大，我们也明确了开沃的使命——通过我们不懈的努力，解决燃油的污染及能源安全的社会痛点，为人类提供健康出行的解决方案和科技新生活。

（二）归零是谦卑

众所周知，人一旦取得一些成绩，恭维的人就会变多，就会沉迷于一时的成功，忘记了感恩，也忘记了风险的存在。

很多人问我："黄总，以你的身份，为何飞机要坐经济舱，酒店住300元以下的呢？"

我想说的是，制造业是一个薄利多销的行业，企业领导人应能以身作则，不用豪华的酒店来撑场面，而多去为员工挣得一些实在的利益。我宁肯牺牲个人排场的"面子"，也要多为员工换取一些"里子"。

归零，有时是把自己的成绩归零。我真正认识到，一把手的精力十分有限。即使有成绩，也应把自己的成绩归零，让荣誉和成就归团队所有，这样才能发现一批批的人才，进而发现并挖掘他人的潜力。

另外，只有拥有归零的心态，才能发自内心认错，不浪费时间去追责。在这几十年的创业中，因为自己认知有限，信息不对称，我也犯过很多决策性错误。只有通过自己内心深处的反思和忏悔，才能在试错中成长，否则会一错再错。

最近一年多来，我一直在"致良知四合院"学习阳明心学，通过学习圣人王阳明留给我们后人的心灵宝藏，感悟圣人思想对我们人生哲学的启示，做到"明心净心，成就伟大""反省、牵引、跃升"。

归零还能让人重整学习的心态，利用"空杯心态"从头来过。从一些行业先行者例如华为、美的身上探索和学习新的管理理念和作风，向行业领袖学习，在不断的试错中学习成长。

（三）归零是真心

无论是中国市场还是海外市场，通行的商业模式已经没有任何秘密可言。潮水般的线上销售已经是一片红海，几乎所有的制造企业都面临着产能过剩的生存威胁，所有的创业型企业九死一生。

如何面对这一困境呢？我的看法是：只有全心全意用真心来感动你的客户，你的团队成员才能够得到福报。

"以铜为镜，可以正衣冠；以古为镜，可以知兴替。"中国历来不缺圣贤、伟人的故事。

明朝正德年间的王阳明，虽被贬谪至贵州龙场，却写出了流传千百年的《教条示龙场诸生》，史称"龙场悟道"。同时他还充分发挥自身才能，平定赣南盗乱、宁王之乱，治理刁民横行的地方，用真心去化解各种困难。

当一个人全心全意为事业奉献，他就一定能够破茧成蝶，实现生命跃升，因此真心是领导者成功的关键。

虽然成功的路有很多，但这四个字尤为重要："偏执"与"归零"。在我的定义中，偏执是把事情做好，做不好不罢休；归零是用心、真心，把真心献给社会、也献给自己。

只有拥有偏执与归零的精神，我们才能无往而不胜！

中篇
内部讲话、书信集

致创维董事局扩大会议的一封信[①]

2006年8月3日

> 我是一个怀抱梦想的人，尽管人生到了一个痛苦的低潮。我一生最大的心愿就是看到创维有朝一日成为"中国的索尼"；看到创维持续前进，创新不灭；看到创维的品牌与国家的崛起和民族的复兴连在一起，成为中国人奋斗不息的典范；看到创维人才济济，人人务实能干，快乐与幸福伴随事业的扩张而增长！
>
> ——黄宏生

各位出席业绩报告会的成员：

你们好！

每天早上6点30分，我都会准时起床，十年如一日。这一习惯使我想到每个月的这一天，是董事局扩大会议召开的日子，是我以往最期待的首脑会议。平时，在座各位都肩负重任，忙碌在工厂、客户处、研发中心或国内外的市场当中。这一天，各"舰队首脑"都会返航，相互的思念可以在这个会议上用面对面的颔首或眼神来传递，蓦然间体会到安心愉快。

董事局扩大会议最重要的议程是每个主管都要通报近一个月来的经营及业绩，报告自己的事业单元为创维这个数码航母带回多少"鱼米"，争回多少光辉，彼此给予鼓励与支持。每一次会议中，舰队都会得到加油和充电，为新的经营旅行再一次增添力量。

[①] 2005—2009年，黄宏生因事遭受禁锢，失去了自由。但他仍然牵挂着创维事业，不定期地给创维集团董事会写信，关心、激励创维的成长。本书收录了他在此期间的部分书信。

中篇：内部讲话、书信集

可眼前我不能分享这种快乐了。原来人最大的享受是"从事自己所热爱的事业"——这是我失去自由后最刻骨铭心的体验。投入一种创造生产力的游戏中，看到一辆辆满载的货车将创维的新产品运往世界各地，不同肤色的人群争先恐后购买，那是多么开心的事情啊！我衷心地祝福你们可以倾情投入当前数码科技的滚滚洪流之中；我衷心地祝福你们打下一场又一场激动人心的胜仗，用无穷的智慧创造创维品牌的神话！

从7月7日起，我开始了人生极为艰难的旅程。为什么灾难会降落在我身上？难道"天将降大任于斯人也，必先苦其心志，劳其筋骨，饿其体肤，空乏其身"吗？

但在读了《邓小平传奇》《亮剑》《传灯：星云大师传》《鸿》等一大批社会及佛教方面的名著后，我的心平静了许多。不管怎么说，我曾经有过一番轰轰烈烈的事业，而创维的事业有大批大批的精英在前赴后继。香港高等法院已收到我的上诉申请，有力的证据可以让更高层进行评估与判决，正义的伸张在希望之中；从中央到深圳的各级政府组织都对我表达了关心和支持；加上家人与朋友坚定不移的支持，正义的力量从四面八方传递到我心中……我的身体仍然健康，来日方长。

回忆起自己走过的路，一段名言浮现在脑海中："人最宝贵的是生命，生命对于每个人只有一次，人的一生应该这样度过，当他回忆往事的时候，他不会因为虚度年华而悔恨，也不会因为碌碌无为而羞愧……"记得2000年公司亏损，企业面临灾难的关口，我与大家参与了轰轰烈烈的"再造创维"运动。从组织再造，到人才引进；从打工文化的转变，到"创维的事业赢得每个人的心"。几年下来，终于涌现了以张学斌为首的一批年富力强的职业企业家担当起企业的重任。在危机当中，他们可以带领创维浴火重生，走向未来。创维的前途无限光明！

我是一个怀抱梦想的人，尽管人生到了一个痛苦的低潮。我一生最大的心愿就是看到创维有朝一日成为"中国的索尼";看到创维持续前进,创新不灭;看到创维的品牌与国家的崛起和民族的复兴连在一起,成为中国人奋斗不息的典范;看到创维人才济济,人人务实能干,快乐与幸福伴随事业的扩张而增长!

就是这个不熄的梦想,天天伴随着我进入冰冷的长夜。它让我在噩梦中战胜恐惧与沮丧,它让我活在希望之中!

我衷心地希望在座的各位能团结一致,为个人与企业共同的福祉而奋斗。在创维的优良文化传统中,业绩导向是深入人心的法宝。我们应该旗帜鲜明地鼓励每一位骨干竭尽精力贡献业绩。我们提拔人之首要准则就是看他为企业贡献了什么。这不仅仅针对"利润中心"的领军人物,把持着各个岗位的大小管理层都是"费用中心"的责任者。每个人在对外支付任何费用的时候,是否视企业为家、视企业为生命了呢?他有珍惜每一分钱、每一滴水吗?

如果在座的各位身先士卒,坚定地看守企业最高的价值观,创维的事业一定能兴旺百年!创维的品牌将如日中天!我将像电影《打击侵略者》里那个负伤的班长一样,炮火、高山挡不住我的眼睛,望着创维那高高飘扬的旗帜!

如果可能,我将每个月致以你们一封信,将我心中的爱献给在座的每一位。也欢迎你们回信给我(香港赤柱东头湾道 99 号 300855 信箱),分享你们的奋斗与喜悦。在此,无限感激你们辛勤的奋斗与努力!

祝你们心想事成,家庭幸福!

天天思念你们的黄宏生

树立面对挑战的坚强意志

——写给创维董事局扩大会议的信（摘选）

2006年10月12日

人生有顺利的时候，也有遭遇不顺甚至不公的时期。如果你热爱生命，热爱生活，勇于挑战逆境、战胜平庸，快乐将永远与你相随！

——黄宏生

一

中秋的夜晚，一轮明月在浩瀚的星空中光耀夺目。我的创维同仁，看到精美的月饼盒上印的"嫦娥奔月"，有没有联想到梦境神话已经鱼跃到人类现实的生活中？你是否留意到这样一个新闻，就在2006年的9月，美国的一位女富豪花了2000万美元，乘太空船上宇宙去旅行？

只见火焰在千钧重压的极限中一飞冲天，而后尘埃落定，星河泛起，人的生命融入一片星光璀璨中。她得到了地球上多少钱都买不到的体验和快感，她挑战了常人想都不敢想象的"神话"，她揭示了人类那无限的创新精神和冒险精神。

进入21世纪后，人类似乎对生命和意志力的挑战愈加兴致盎然。有人目光远大而上"天堂"去探索，有人意志顽强则不惜到"怒海"去旅行。就在中秋前夕，太平洋彼岸又传来一个人人惊叹的传奇：一位71岁的老人，著名IT制造大厂台达电子的退休老总村田和雄先生，展开了完全不同的挑战——他独自驾驶一艘小船，从日本的一个港口，横渡风急浪高的太平洋，驶向13 000公里之遥的美国旧金山。在孤独无援的3个月航程中，他要在恶劣无常的海洋气候中寻觅正确的航向；他要在缺食少水的漂泊中留住年老的生命；他一次又一次地从海浪颠覆的死亡边缘中逃生，终于穿过咆哮无边的大海，胜利抵达旧金山的彼岸。

曾经驰骋企业竞争沙场的老将，退休后采用了另一种尝试的方式，挑战生命和意志力的极限，真是可歌可泣，尽显人类生生不息的挑战本性。

相对于上述"上天堂，下怒海"的挑战，我就没有那么幸运了。在参与创维500亿元新目标的征程中，我被迫待在一个狭小的空间。这里的空间有限，但我的心中却扬起自由的风帆；这里的生活没有日新月异的精彩，却有平静求知的富足精神；我领悟到人生有前进的一面，也有波折的一面；为了完成未来繁重而伟大的梦想，我需要养精蓄锐。尽管与大家分离有3个月了，但我信仰的力量却丝毫没有减弱。这使我勇敢地面对痛苦，产生更大的力量去克服，从而体会到快乐的意义。

二

人类有生以来都是要面对形形色色的挑战的。吃完香甜的中秋月饼后，我们还是要面对企业的竞争环境。就拿上半年的创维运营来说，我仔细拜读了董事局抄送给我的各种报表，发现做到盈利绝非易事。一个十分突出的挑战就是，消费电子行业不断出现惊人的跌价，创维分布在各个产业公司的库存除净之后，大多数事业部的情况都不乐观。如何力挽狂澜，创造下半年同期增长的盈利，这是我们每一位创维人都要面对的挑战。从4—8月的经营状态来看，费用的增长远大于营业额的增长，企业的危机随时会爆发。我们必须为面对无处不在的挑战而未雨绸缪。

企业界圣书《从优秀到卓越》告诉我们，企业界的精英团队时刻要面对无比残酷的事实。只有在危机来临前实现突破，才能浴火重生，迈向成功；企业的员工才能领略到那种战胜险恶之后的成就感、幸福感，才能领略到登山英雄王石那种"欲穷千里目，更上一层楼"的崇高境界。

三

让我们树立面对挑战的坚强意志吧。创维18年来的发展中，一直在大风大

中篇：内部讲话、书信集

浪的挑战中成长。可是这一次，可谓祸不单行、内外交困，其严峻程度胜过 18 年来任何一次灾难。第一，为两万多人创造就业岗位的电视产业转成平板电视后，盈利空间越挤越微；第二，海外业务及消费电子产品面临困境；第三，创始人的不白之冤给经营团队雪上加霜。我们的愿望是，要通过下半年 180 天的冲刺，把创维既定的盈利抢回来，把我们的优势夺回来，把创维人的那种不败精神激发出来！

蒙难以来，我对生命的挑战与意义又有了更深层次的认识。人生有顺利的时候，也有遭遇不顺甚至不公的时期。如果你热爱生命、热爱生活，勇于挑战逆境、战胜平庸，快乐将永远与你相随！

你问我会不会万念俱灰，生不如死？我的回答是：肯定不会！相反，当我们有机会再见面时，你一定会看到红光满面、笑容熠熠的老板。因为我的心始终与你们相伴。每一份来自战地一线的报告和数据都让我如临其境。你们每一个新产品的消息，每一点的改善，每一处流程中费用的降低，以及每一个产业公司的进步，都让我激动万分。活在这样一个充满斗志的创维生命中，我怎么会孤独呢？

我希望与创维的同仁们分享快乐的意义。如果你的孩子几经努力，考上了向往的名牌大学，你一定会开心地跳起来，是不是？如果你的事业部挑战了自我，盈利有突破性增长，远胜于别的同行，你的成就感是不是与众不同？你年纪轻轻就经历和克服了同龄人所没有面对过的困难，你是不是前途无量？突破一个瓶颈，就赢得一次胜利，更形成了你卓越的性格，最后在你的精神财富中注入了意志与快乐。你将成为真正主宰自己命运的人，是一个永远幸福快乐的人！

我衷心地祝愿创维同仁幸福快乐！

创维在人才工程上要取得新的成功

——写给创维董事局扩大会议的信（摘选）

2006年10月31日

世界上没有难做的生意，只要有人才聚集，有组织对人才的爱护、吸引和成就的分享，就可以成功。即使遇到荒山野岭的石壁，也一样可以石头中榨出"石油"来！

——黄宏生

一

在刚刚过去的10月，美国谷歌（Google）公司公布了2006年7—9月的业绩，纯利上升到7亿多美元，比去年同期增长了200%以上，震惊了整个产业界。但全球最大的门户网站雅虎（Yahoo）则出现了盈利大跌，2006年7—9月的纯利从2亿多美元下降到1.48亿美元，狠跌了48%，令不少"粉丝"叹息。再看一看曾经登上互联网山峰的美国在线（AOL），几乎销声匿迹；易贝（Ebay）如此疯狂拍卖，投资者也不踊跃；亚马逊（Amazon）网上的商店开得成行成市，却越来越难从消费者口袋里掏到钱币。

奇怪的是，为什么谷歌可以是唯一的例外呢？上市之后连续10个季度呈爆炸性的盈利增长，每个月都跌破华尔街及世人的眼镜，它有什么秘密武器吗？它提供给人们的不就是那个搜索引擎吗？雅虎、微软、百度不是个个都有吗？是什么灵丹妙药使谷歌月月赚大钱而其他互联网企业都在盈利的边缘苦苦挣扎？

答案是，人才也！

谷歌公司没有神奇的技术，唯独神奇的是人才战略。它告诉世人，技术仅仅是加速器，人才才是制胜的决定性因素。且看谷歌的第一个卓越人才之道：不惜扫除一切障碍去聘用全球最顶尖的互联网人才。当年，是谷歌强势挖走了微软公司全球副总裁李开复先生。为了得到这位华人天才，两个世界级的公司在法庭上针锋相对，最后还是李开复及谷歌打赢了官司。谷歌通过李开复去招聘华人中最顶尖的人才，建立起无比强大的研究中心。目前，世界各类人才都陆续被谷歌吸去，有天文学家、物理学家、数学家、企业家及各行各业的管理精英。每一天，新的商业广告模式都从谷歌的阵营推出来，疯狂的网民们都不知不觉地成为了谷歌帝国的"纳税臣民"。正是谷歌的英雄们创造了历史！

　　谷歌的第二个卓越人才之道是组织里的每个人都参与了人力资源的建设与管理。当某一部门扩展业务需要招聘新人才时，相关的人员就分成四个级别参与面试把关，每一个级别的面试官有5到10人不等，即使是谷歌普通级别的程序员都会参与这个重要的人才挑选流程。当新人入司后，各级别的谷歌人就会当起传帮带的"师傅"，从心理辅导到主业大纲，引导新人顺利融入谷歌这个高效而复杂的"帝国"。每隔半年，人人当起人力资源的评估师，个个凭着公平公正以及业绩导向的原则将同仁进行评分与排队，推动组织中生命力的扩张。善待每一位有贡献的人，是谷歌公司最高的价值观。

　　谷歌的第三个卓越人才之道是严格的聘用程序及淘汰机制。他们认为，要打赢互联网的世界之战，军队人多势众已不足够，出类拔萃的特种部队才是所向无敌的利器。因为他们知道，美国一流的公司无不是管理人才的出色组织，无论是老牌公司通用电气、惠普、英特尔，还是IT巨人微软或甲骨文，都是人才济济的。而谷歌要后来居上，就必须在人才工程上做到独一无二。因此，谷歌公司就从招聘程序开始，建设起世纪之才的卓越团队。他们招聘的第一关是专业技能，在几千人的档案中只选100名入围，然后面对谷歌专家的轮番"审问"，进入决赛的只有10到20人。它对人才的精选比世界小姐的选拔还要严格。谷歌公司招聘人才的第二关是考核应聘者的"情商",包括责任心的测试、意志力的考验、团队合作精神的测试等。没有经历过失败或挫折的应聘者简直回答不了谷歌面试官的提问。第三关是企业文化的认同测试,应聘者能不能承受得住压力?认不认同业绩增长的持久要求?创新可不可以一浪高过一浪?最后一关就轮到最高管理层了,要看应聘者的综合素质,只有专业水平拔尖并有出色的性格以及远大理想、进取的人生观的人,才是谷歌企业孜孜追求的。美国人力资源权威研究机构做了一些深入了解,发现谷歌应聘者平均要接受300个问题的考验。怪不得谷歌的人均贡献率是其他互联网公司的10倍以上。人才制胜也!

谷歌的第四个卓越人才之道是个人成就与创造的业绩紧密挂钩,并且坚持公平公正及透明的原则。当人们于夜晚进入梦乡的时候,谷歌人设计的搜索奇兵软件正悄悄地进入分布在世界各地的网址,不停顿地将有用的资料复制入谷歌的数据库中,然后告诉各类想要做广告的企业们:一手交钱,一手交资料和登录人次吧!

谷歌的奇迹告诉人们:世界上没有难做的生意,只要有人才聚集,有组织对人才的爱护、吸引和成就的分享,就可以成功。即使遇到荒山野岭的石壁,也一样可以从石头中榨出"石油"来!

回到创维的视野,我们惊喜地发现,创维所在的消费电子行业的竞争情况,多少有点像谷歌的状况。比方说,互联网公司的设备投资少、起步门槛低是不争的事实。一般来说,买几台服务器之类的设备就可以开业了。YouTube就是由三个美国人花了几十万美元注册成立的,其中在台湾出生的陈士骏先生还累欠信用卡债务呢。可人家运作一年后,一夜之间就被谷歌以14亿美元收购了。至于电视行业,门槛当然也不高,根本不需要投资什么30亿美元搞一条12英寸IC生产线那么吓人。所以,我们到处可以见到三两个开铺头的老板,或几位大学好友开起了LCDTV(液晶显示器)及手机装配公司。生意难就难在严重的供过于求之后，天天喋血杀价，生死在于一线间。

谷歌公司另一个作战模式是，它走的是技术应用路线，杀手级的武器就是层出不穷的互联网应用商业模式。它的技术不是自己制造的，但它将技术用得快、用得好！如果创维在图像处理以及发射等应用技术上比同行快一点，比同行更受消费者喜欢一点，是不是也可以创造奇迹般的成功呢？答案绝对是肯定的！

在3G的趋势下，移动通信是巨大无比的新兴市场，60亿人在更新手中以及家里的设备，还有那些花样百出的新应用也吸引着世人的眼球。需求就像浩瀚无际的大海，创维人是守着海洋还怕饿死在沙滩上！如果我们崇敬自己的伟大事业，就要找一个闪光的标杆，就像航海时寻找航灯一样。那么这个当代的标杆就非谷歌公司莫属。模拟时代的索尼偶像已经不具备现代意义了。而谷歌给予创维人最大的启迪是：行行都有难念的经，每一家的日子都不好过；我们所能依靠的，是企业里的每一个人。只要创维在人才工程上追求改革，追求精英人才，落实以人为本的制度，营造人人向上的氛围，创维一定可以像谷歌那样，在显示产业中获得巨大的成功！

二

面对新的数字化、平板化的长征，创维领导层也许需要审视一下在人才方面不足的地方，譬如：

（1）在研发阵线上，虽然我们千辛万苦地建立起数百人的应用技术工程师团队，由一位资深的企业家领导人——陆荣昌先生领导，但是我们的力量相对集中在产业链的后端，即显示处理技术的层面。眼看我们看家的本领逐渐被上游屏幕厂家夺走，我们是否可以在如下几个方面拉出尖兵团队呢，如射频技术、深层次的DSP算法、电源设计、精密化工、专用设备制造和信息管理？古时候说，打仗要粮草先行，这句话在现代企业竞争里已经不适用了。人才先行才是出路。

（2）创维的制造人才长期薄弱，这是和强大的中国台湾军团相比而言的。看一看与我们一样生产 LCDTV 的同行冠捷就知道了。我们缺乏大量优秀的工艺工程师、质量工程师、精密零件研制工程师、计划调度工程师、物料物流工程师、采购工程师以及人力资源工程师等。没有胜任岗位的一线制造精英，创维如何高效运作公明、石岩湖、呼和浩特三大基地呢？又要将谁外派到北美、墨西哥、欧洲呢？我们要学习亚洲最优秀的银行——汇丰银行。当他们收购了某国家的银行时，就从香港各部门抽调骨干，组成特种部队，空降到战斗的地方，然后大获全胜！

（3）创维的营销体系虽然年年打硬仗，也积累了一些成功的经验，但仅限于办事处经理层面。至于一线的促销人员、业务人员以及维修工程师则流失严重，后劲不足。比较一下人员平均素质，明显低于飞利浦等海外驻中国的兵团。而企业未来的增长已经不能仅仅依靠少数精英的支撑了，它需要组织中每一个成员都是出色的作战员。据说当年朝鲜战场上美军天不怕、地不怕，就害怕中国人民志愿军中为数不多的狙击兵。军工文献中曾介绍了一位李姓的神枪手，三年战争中就击毙了 100 多名美军士兵，让全副武装的美军闻风丧胆。其实，谷歌公司厉害就厉害在组织中个个都是"狙击兵"，武艺高强，因此竞争对手屡屡被谷歌瓦解。

（4）创维的人才薄弱还表现在实务管理系统的人才滞后，这是人人皆知的事实。无论是提高物流效率，还是高效发挥资产，或者是跟踪每一个员工的业绩，都需要尽职、专业和具有高度服务精神的财务人才。尽管几年前年薪制起了作用，但是人才以及系统的提高仍有相当长的路要走。

（5）至于创维的多元化发展方面，缺乏的人才就更多了。我曾经推动过多元化战略，但不太成功，可能是自己在人才的筹划及培养上准备不足。千头万绪，还是那本经典的书《从优秀到卓越》讲得真切：先找对了人，才决定去干事，而不能干起了事，再去找人，那就太晚了。

综上所述，创维的人才工程需要从战略与使命的角度去高屋建瓴，去推动一场革命，这样创维的竞争力才可能有脱胎换骨的提高，才能分享到数字电视与移动通信新一波高潮的成果。在这里，我谨提供几点建议作为参考：

第一，从董事局层面到第一线作战基层，人人心中都要树立"人才制胜"的理念。个个都要参与扮演人力资源主管的角色，全力去发现人才、吸纳人才、培养人才，而不仅限于专职人事部经理。提高创维人的平均素质、平均利润率是创维管理层应该操心的大事。我们是否可以从招聘新人起，学习谷歌的有效程序，要取就取优秀的人才？流程和质量标准要以书面或手册的形式固定下来。

第二，用心帮助员工的成长。创维18年来的发展中，人力资源方面数得上的"业绩"恐怕就在培训方面了。但是员工的生涯规划、制度化的晋升、轮岗的职业化、实战培养还远没有开始。希望集团推广一下彩电研发中心花了几年时间摸索出来的九大生涯台阶及几十个升迁级别的方案，希望创维考虑每年选出10%～20%的优秀员工，给予他们升迁和重用，包括进行实战的培养。

第三，创维应该努力落实绩效考核的执行。几年来，KPI考核的交流平台逐步建立起来了，但仍然停留在会议室的模板上。认真执行、用于决定每个小组甚至每个人收入的差异，还远远没有开始。举例说明一下，著名的麦肯锡顾问公司每半年对员工进行评分，分数为1～3分，再配上对每个人的评语、举上事例，以确保公平和公正，实行多劳多得的制度，使公司绩效管理效果奇佳。如果根据KPI考核的结果，绩效最佳的个人奖励与绩效最差的个人奖励相差不大，那么KPI考核工作就是不成功的。所以，创维管理层需要把KPI推进一个有效的实践阶段，并将其作为人才工程的攻坚战，上下一致地把"革命"深入下去。

第四，解决基层骨干的"安乐窝"问题。最近，我从媒体上看到台资企业富士康成功地申请到把厂区工业用地转化成有房产证的职工宿舍，安排给8年以上的优秀骨干。创维可否也尝试一下，努力争取政府的支持，把石岩湖部分空地建成高品质的住房，从而解决基层骨干的后顾之忧？

第五，重视培养和提拔女干部，尤其是那些已经当上了母亲的女性人才。有世界权威机构做了相关调查报告，结果表明：那些重用女性的国家和企业，其生产力远高于其他，因为女性通常陪伴孩子成长的时间更长，在此过程中培养的待人处事的技巧越来越被认为是杰出领袖所必备的成功特质。比如，倾听他人想法的能力，了解协商、双赢重要性的能力，学习感恩以及发掘每个人不同才能的能力。在细节上，女性更是有天生的优越性。当然，最重要的是女性的无私、专一的忠诚度、坚定的执行力，这些都是企业最需要的。

第六，努力降低人力资源的成本。人员的薪酬及福利已经是当代IT企业最大的成本，也是最大的风险所在。创维的费用支出中，人力成本超过50%。因此，每年精简10%左右的冗员，是创维管理层最大的挑战。但我们不得不吐故纳新，尤其要清除那些用人唯亲的不良现象。

第七，严格的制度执行及纪律约束。中国企业与西方及日本企业竞争，最大的弱点就是管理上的马虎，制度执行不严，纪律松懈。因此，创维在人才工程建设上，一定得"用慈母的手握住钟馗的剑"，利用奖罚分明之道。

第八，在石岩湖开辟一点空间，真正办起创维大学。初步可以考虑一年办10期学习班。每期同时办两个班，一个是高级班，一个是普通班。要让创维上下充分认识到人才是创维制胜的最大法宝。我们的原则是：宁要一流人才、二流项目，而不是二流团队、一流项目。

第九，组织力量，制订出创维所有岗位的人才要求和素质标准。通过新的人才工程的推动，让每个人认识到选人用人的素质标准。要避免选人用人的层次一届比一届低。选人要以"超越自己"为荣，至少应能弥补自己的弱项。创维人应树立"有大我才有小我"的气度。否则，一个企业往往难逃中国古代短命王

中篇：内部讲话、书信集

朝的宿命：第一代人才打下江山，几代之后，王朝的人才一代比一代差，最后因人才质量的低下而导致灭亡。

同事们，董事们，《国际歌》唱得好："从来就没有什么救世主，也不靠神仙皇帝。要创造人类的幸福，全靠我们自己！"回到创维的事业，要创造创维的福祉，全靠吸引杰出的人才，培养人才，发挥人才的最大潜力。

我预祝创维的人才工程取得新的成功！

谈创维人的心灵成长

——写给创维董事局扩大会议的信

2007年2月12日

在我看来,爱的界定是:为了滋养自我或他人的心灵成长而扩充自我的意愿。这是生命中无处不在的推进力量。

我们成长是因为我们努力,我们努力是因为我们爱自己。也正是由于爱心,我们提升了自己。自我扩充的爱就是一种进化的行动,它是生生不息的进化。因此,人之所以能够克服"水往低处流"的负面惰性,人性的爱就是那股化腐朽为神奇的神奇力量。

——黄宏生

亲爱的创维同仁们:

大家新年好!

一、和谐社会与孔孟之道

再过几天,中国传统节日——春节就要到来了。一年到头,苦尽甘来,我们向往着家人团聚、朋友相会。我们也期待充满诗情画意的拜年短信,让我们的心窝无比滋润,胜过佳肴醇酒。

如果我没有猜错,春节的短信中,一定少不了《大国崛起》以及"和谐社会"的欢快诗篇。因为《大国崛起》反映了人心所向,而"和谐社会"则体现出孔孟哲学这个东方文化的核心价值,它点燃了流传在中华儿女血脉中的遗传因子,唤醒了沉睡多年的东方智慧;它推动了新一轮的民族复兴,创造出新一代中华儿女的幸福!

曾几何时，国人几乎放弃了传承几千年的孔孟思想，拒绝了中华传统文化中的人生哲学。结果在不少往事中，留给中国百姓的回忆，充斥着贫穷与愚昧、人性的分裂与信仰的迷失。

孔孟文化经历过数百年的民族灾难后，重新回归为中国人价值观的重要组成部分，这实在是国家的大福气。历史上遭受内战、八国联军入侵，还有日本军国主义灭绝人性的屠杀，都没有让这个古老的民族灭绝，既没有出现国家的分裂与消亡，也没有消沉不起。这归功于孔孟之道赋予子孙后代的智慧与力量。孔孟哲学的经典思想——"修身齐家治国平天下"已成为伟大的中华民族生生不灭的思想基础。

置身于这样一个"大国崛起"的时代，创维的同仁们如何未雨绸缪、有所作为呢？

二、抵制人性的懒惰

我觉得，利用春节假期的宝贵时间，创维的同仁们要彻底地放松，让紧绷了一年的身体恢复到健康、流畅的状态。尤其重要的是，要通过滋养，促进我们的心灵成长。这就是今天关于人的心灵进化的讨论。

科学家发现，人的肉体会随着生命周期发生变化，到了一定的年龄后，它不再成长，而年纪越大，体能越往下衰退，这是一个众所周知、不可避免的自然规律。但是，在肉体开始衰老时，人的心灵却仍可能有巨大的成长。比如，有人七八十岁时仍能创造科学的新学说、新发明；甚至有人随着年龄的增长，还能创造惊人的人间奇迹。企业界的能人乔布斯在 50 岁以后才带领苹果创造 iPod 与 iPhone，90 岁的王永庆仍然带领台塑王国迈上了新台阶，邓小平也是 70 多岁才领导了改革开放这场历史性变革。

根据热力学第二定律，热量会自然地从高温物体传向低温物体，人们常说的水往低处流也是类似这样的过程。如果要让水从低处流向高处，必须外加动力才能实现。

讲到心灵进化，它与"热量从高处向低处传导"的规律是相抵触的，因此，不是每一个人都可以"逆向而上"，除非其个人投入大量努力，经历非常艰苦的过程才可能实现心灵的进化。

当然，每个人生下来都有成长的欲望，关键是他需要靠自己的内因之力量克服阻力，达成进化的目标。事实上，人的成长确实困难重重，原因是人性中最大的障碍是懒惰，它自然地阻挠人的心灵成长。比如，在日常生活中，我们早上不想起床；孩子的学习成绩不佳，我们也懒得关注。在工作中，眼见零部件及产品散乱满库、浪费严重，我们懒得去清理；一线员工因为不满与失望而大量流失，我们懒得去深究原因、做出改进；事故频频发生，造成损失连连，我们却麻木不仁；上司布置的新年度流程再造，管理上的新指标，我们懒得理会。可以看到，懒惰真是无处不在。

怪不得西方哲学把人的原罪归结为懒惰，一致认定它是人类进步的天敌。人的懒惰还会像魔鬼一样狡猾，不但擅长伪装和欺骗，还会运用各种手段使自己的懒惰合理化。失败的人总是在找借口。

我们也常听人说："我天天上班，旺季还会加班，忙、忙、忙，哪儿是懒惰呀！"可是他上班没有全心投入在工作上，没有尽职尽责地去解决不断冒出的新问题和新困难，也没有实际地为一个组织做出贡献。可见，懒惰与花多少时间是没有关系的。

懒惰的其中一个表现形式是恐惧。而恐惧就是害怕改变现状，害怕一旦冒险向前，就会失去目前拥有的一切。比如有的主管选用庸才，选用亲戚朋友，排斥能干勤奋的员工，就是因为恐惧优秀的人威胁自己的位置，结果导致工作上一团糟，让自己的前途丧失；也有人明明看到机构臃肿、成本居高不下，却没有勇气去做减法。这就是个人的懒惰。

懒惰的另一个表现形式就是邪恶。这种人憎恨光明，因为光明会让他们看清自己；他们恨善，因为善会彰显他们的心恶；他们恨爱，因为不想面对觉醒的痛苦。具体的表现有：一些人利用手中的权力换取红包与私利，伤害企业的整体利益；有人沉迷赌色，为此不惜输送公司利益，让正义的员工看到而心寒。创维人必须从制度上对抗这种邪恶的力量，才能树立健康的正气，实现心灵的成长。

三、爱心与纪律促进心灵的成长

战胜懒惰的力量来自人性的爱。在我看来，爱的界定是：为了滋养自我或他人的心灵成长而扩充自我的意愿。这是生命中无处不在的推进力量。

我们成长是因为我们努力，我们努力是因为我们爱自己。也正是由于爱心，我们提升了自己。自我扩充的爱就是一种进化的行动，它是生生不息的进化。因此，人之所以能够克服"水往低处流"的负面惰性，人性的爱就是那股化腐朽为神奇的神奇力量。

如何扩充自我？纪律是解决我们人生难题的最重要的工具。下面让我们讨论帮助我们个人扩充和成长的几项纪律。

面对问题，寻找解决之道——这是纪律的第一个原则。因为个人于生活、于事业中总是问题不断，令我们总觉得生活苦乐参半，甚至事事不如意。

但生命的真谛就在于面对问题与解决问题的过程。问题能启发人的智慧，激励人的勇气。成功的经理人永远主动去发现问题、解决问题，而不是回避问题。今天你面对的不是新技术、新材料的问题，就是毛利下降如何生存的问题；不是费用急升，就是关键岗位的人才流失，企业是真正的逆水行舟、不进则退。我们上班时不能只想着熬到钟点或应付检查，而应围绕推进企业的增长去呕心沥血，干出业绩来。当我们不断解决困难，我们的心灵就在不停地进步，用一路的足迹描绘出我们精彩的人生。

承担责任——这是纪律的第二个原则。我们常常听到这样的声音："这不是我的责任""那问题不关我的事"。如果创维团队以及员工队伍没有一种"企业兴亡，我的责任"之使命感，创维的生命不可能健康，新一年的业绩将很难有起色。因为一个将近两万人的企业，一年销售超过千万台的科技产品，环节太多。从新产品的准备、物流的进出、排山倒海的制造，到数亿个零件的把关，以及销售到千家万户，售后的"救火"……有如一场浩瀚的人民战争，处处有失误和风险。哪怕一个小小的环节没有人主动去承担责任，整个兵团就可能遭受失败。

对于技术监督的事故，是维修部门负责，还是片区老总？产品的画质模糊是生产部门负责，还是质量部门，或者研发与采购部门，甚至人力资源部门？又如员工伙食不好，只关乎后勤部，还是因为总经理漠不关心？如果新年有了新风尚，每一环节的创维人都说："报告，这是我的责任，马上整改！""报告，我们找到原因了，问题一定本周解决！"那么，企业的事故将大幅降低，效益才可以积存下来。

创维的每一名员工，尤其是大小干部，都要想到每件事的后果，想到每一个问题的结果将会如何？看得越远的人，越具有企业家的品格。

当我们培养起员工负责任的纪律与习惯后，天下就没有解决不了的问题，我们则会成长为企业与社会的中流砥柱，获得与众不同的快乐与成就感。

超越自我——这是纪律的第三个原则。一个人改变本性、超越本性，学习做非出于本性的事，正是人成长的另一个重要特征。古人云："江山易改，禀性难移。"并不是不能改，而是有难度。因为人们心灵进化，是要克服自然规律之懒惰的阻力才能进步的。只有个人愿意付出努力，愿意经历改造自己之痛苦，奇迹才会出现。

比如，有人喜欢事事从自身考虑，表现为好强自负，像茅坑里的石头，又臭又硬。但当他意识到要追求心灵成长之后，就会转变思考角度，站在对方的立场，甚至学会谦虚为怀，同事们就会越来越喜欢与他合作，支持他达成卓越的目标、走上成功之路。

勇于超越自我的人，其潜力将无限地扩张，他会了解自己存在的真谛，以及

中篇：内部讲话、书信集

自己在做什么、能够做什么，拥有无比强大的力量。

亲爱的创维同仁们，人的肉体可以衰退，心灵却会进化，这是一个有趣而且重大的科学论断，大量的书籍及文献都有论述。归根结底，人类的进步，社会的巨变，完全由人类的进化推动的，历史的长河终将证明。

我深深地知道企业经营相当艰难，那么，我们靠什么去战胜挑战，凭什么去创造盈利的增长呢？

从来就没有救世主，一切全靠我们自己。但在面对挑战时，我却常常陷于无奈和自卑，比如平板的降价，外界的冲突与干预，一线人才不易稳定，市场过度竞争……

心灵成长的研究告诉我们：我们首先得接受人生困难重重的事实，接受战胜困难是一个痛苦的过程。或者说，能否做到伟大取决于受苦的能力。伟大，是一种快乐。

当我们掌握了生命的主动权，我们就拥有了一种熟能生巧的愉悦感。它使我们愿意挑选更难的道路，让我们走出泥泞的沼泽，骑着马儿上到高原，领略到人生的成功与喜悦。

我想讲一个发生在我身边的故事：有一位来自东南亚的华侨富商，与我"同是苦难沦落人"，同住在一个病房，他每天除了睡十五个小时之外，什么事都不想做，几乎万念俱灰。

随着终审法院宣布结果的时间即将到米，他焦虑与沮丧得已经到吃不好、睡不着的地步，天天紧张得四肢发抖，高血压的症状靠吃药都压不下去，人也明显地消瘦。我与其他难友不断安慰他，经常的对话是：

我说："可不可以参加一下我们的运动，或看一看畅销书，分散一下注意力，让日子过得轻松一点？"

他回答："什么都不想做，什么兴趣都提不起来。"

我问："那您不久后自由了，总得把生意做下去吧？"

他回答:"不干了,留给弟弟妹妹们折腾吧……"

我说:"总不能天天在床上躺着,身体坏了怎么办?"

他回答:"没关系,有钱,身体就不成问题……"

他的无望及心灵的苦难正是一个放弃心灵进化的例子。

我想,我肯定不要像他这样萎靡不振地过一辈子。我庆幸自己的心灵还有追求,有对事业、对创维同仁的热爱,信仰一直在支撑我充实又坦然地活下去。那信仰就是:我庆幸创维的事业凝聚了这么多卓越的人才继往开来,我坚信创维的事业明天会更好!

值此春节到来之际,请接受我这个老战友对你们的祝福:阖家欢乐,信心满怀!

激励与戒律是企业生存的法则

——致 2007 年 8 月创维董事局扩大会议

2007 年 8 月 5 日

> 人之所以去行动，第一是为了避免痛苦，第二是为了追求快乐。因此，戒律与正面激励要两手都抓，一软一硬，相辅相成！
>
> ——黄宏生

亲爱的创维同仁们：

你们好！

一、激励是管理的重要议题

管理大师德鲁克告诉我们：企业领导人的工作内容重点在五项：①设定目标；②组织建设；③激励与倾听员工；④评量成效；⑤培养人才。我们今天要讨论的，是激励这一重要议题。

大家可曾记得，20 世纪 90 年代上千万的国有企业员工相继下岗，那无可奈何的凄凉多让人揪心。而今天，新的"龙卷风"开始猛烈地冲击着号称生命力强盛的民营企业阵营了，不是吗？国家工商管理总局年初公布了一个数字：民营企业（含个体工商户）数量从几年前的 3500 万家锐减到今年的 2500 万家，大浪淘沙，空前惨烈！

可以想象的是，重重压迫的危机一定让我们每个创维人都忧心忡忡了，三心二意、情绪低落的氛围弥漫在组织的每一个角落，再加上股市飙涨、房价暴涨，更让制造业的人群心神不宁。这让我想起了一个故事，一群美丽矫健的羚羊一只只被凶猛的狮子吃掉之后，苟延残喘的同伴变得惶惶不可终日。结局是，跑得越来越快的羚羊活下来了，跑得慢或者三心二意的羚羊渐渐地被狮子吃光了。物竞天择，适者生存！

"坐在会议室中的创维羚羊的将领们，你们被包围了！别看你们六年间不曾亏损过，狮子今年就要逼得你们亏损，搞得你们弹尽粮绝，看你们还有多少本事继续跑！投降吧！"狮子露出了狰狞的獠牙，在恶狠狠地向你们喊话。

创维的群体曾经被"天敌"征服过吗？从来就没有过。年年难过，不都活过来了吗？2000年"再造创维"的运动，那是多么伟大的突围壮举。创维从那时起，不但脱胎换骨，生命力增强，还在"纯平风暴"和"高清风暴"中找到了"可可西里丰润的草地和水源"。利润是一年比一年高呀！而2004年发生的震惊中外的"创维事件"，其后更是另一次艰苦卓绝的突围。创维越战越勇、转危为安的事迹，在制造业的历史上写下了壮丽的一页。

当然，"羚羊"有时也是会生病的。2007年的创维集团，病得不轻。主要表现在连续5个月经营亏损，没有良好的迹象显露。曾经创下多项第一的创维精英们，反常地输给了长虹、康佳、海信和TCL。从病症来看，创维俨然像个老国有企业的官僚机构，人员严重过剩、机构臃肿、效率低下、成本失控。在精神上，创维那种艰苦奋斗、非赢不可的斗志似乎在丧失，很像无心恋战的老肥羊，眼看就要落入狮子的血盆大口之中了。

平心而论，不是创维人不努力，而是"狮子"比创维更厉害。创维的进步赶不上产业环境的飞快变化，因此"生病"落伍了。第一，我们要进行"瘦身自救"的革命，削减大量低效的臃员，砍去急剧增长的成本，从而轻装上阵，快速穿插前进，我们称之为"戒律自新"。第二，要重新燃起创维每个人心中的热情，让引擎的动力化作经营效益的"加速度"，让每一个创维人都能创造佳绩；而处于成本中心的创维人则成为削减成本的快刀手，支出减少，创维生气勃勃的局面必将重新出现！

二、形成激励员工的环境与制度

讲到激励,不能不讲马斯洛的人生需求层次论,人类的需求不仅仅是物质,还包括五个层次的宝塔呢!领导者唯有用心聆听各级员工的心声,并全力帮助他们去实现和满足,那才是有效的激励。

马斯洛的理论把需求分成生理需求、安全需求、爱与归属感、尊重需求和自我实现五类,依次由较低层次到较高层次排列。具体到创维,则这些需求所对应的就分别是工作环境、居住条件、伙食条件,公平的薪水与福利,工作经验、人际关系、学习机会,受奖励与正面肯定,新平台或升迁机会。

在第一个层面的需求中,我们要特别用心地去关注员工的伙食质量,尤其是在今年猪肉价格飞涨、食品大幅度涨价的非常时期。生活的细节绝不是小事,领导人绝不能空谈"愿景"那种大道理,"事不关己,高高挂起",那是创维的灾难。

在第二个层面的需求中,我们尤其要设计好各个层级员工的工资与福利,避免只照顾领导身边的少数人。创维宁可大幅减员,也要把各个岗位的工资及福利设在高于行业水平之上。否则怎能让员工用心做事、贡献佳绩呢?

在第三个层面的需求中,关键要建立正当的人际关系,对员工一视同仁地给予爱与尊重。我们要防止有人经营小圈子、搬弄是非、争权夺利、政治斗争,破坏创维纯朴的企业风气。

在第四个层次与第五个层次的需求中,我们必须将奖金制度、分红制度以及股权收益机制细分到各级关键岗位上,并以一纸协议将真正的人才锁住。我们应避免嘴上说一套,行动上却毫无下文,也要避免玩猜测游戏,等到一年后的结果再计算骨干的收益,"黄花菜早凉了",激情还有作用吗?最佳的做法应该是将奖励分到每一个季度、每一个月。

讲到奖励,大部分领导者只简单地将其看作金钱挂帅,以为就是"有钱能使

鬼推磨",这是严重片面的想法。其实更高层次的激励是作用在人心灵深处的,那才是持久的、威力无比的。比如:

(1) 把员工当成 VIP,才是最得人心的激励。

(2) 让员工有更大的舞台,远比金钱来得重要,因为"自我实现"的成就感给人带来的快乐与幸福,是持久的、永不磨灭的。

(3) 当员工贡献佳绩时,给他们个性化的惊喜就是最棒的激励。因为这样的激励是一对一的、个人化的。大锅菜则无滋无味,没有功效。

(4) 诚心地问下属员工三个问题:你希望未来做什么?想学什么?公司能帮你做什么?每年两次以上一对一地和员工面谈,2/3 的面谈时间谈员工个人的未来,1/3 的时间概括一下业绩,你将得到意想不到的成就。

(5) 用员工的点子来命名改进的技术、设备、流程或活动,调动员工参与管理的积极性。如此一来,将屡创佳绩。

激励不是 CEO 的专利。多花心思,不用花很多钱,班组长也能得到激励的秘方。奖励与金钱的多少无关,而与是否恰当、是否符合个人需求有关。

(6) 打造"一路庆祝"的组织。随时随地庆祝组织取得的任何成绩、任何进步。庆祝活动可以是在每周例会中、每月报告会时,可以在办公室里的茶话会上,也可以在巡视业务的现场中,从而创造和谐快乐、激情万丈的文化。

三、让激励成为领导者日常的习惯

(1) 口头感谢。对日常工作中看到的好人好事热情感谢,这能大大地提升团队士气。

(2) 感谢信。亲笔写上被激励员工的具体贡献,会给对方留下美好的记忆,尤其是那些在外勤一线的销售导购员、上门服务的工作人员,他们会乐于向客户"炫耀",你的亲笔信将成为你与他们心心相印的重要媒介。

(3) 电子邮件及手机短信。如果你自谈恋爱之后就不曾写信,那么创维不

中篇：内部讲话、书信集

该难为你，但无论如何，别忘了发送邮件或短信表扬员工，记得抄送给相关的上司和部门。

（4）感谢榜。张贴在公司里显眼处，记得摘录同事们或客户对某人的衷心赞美词。

（5）为员工买喜欢的零食。这是对基层员工很好的鼓励。

（6）各式的礼物。比如电影票、音乐会门票、高尔夫球现场券等，依据受奖员工的兴趣和喜欢。

（7）家人互动。请员工一家到你家里聚餐或烧烤，让彼此的家人认识，促进沟通，增加归属感。

（8）生日卡。创维长期机械式地将员工生日礼金发放到工资中，已经失去了更多的意义。应当写下过去一年该员工的具体贡献，配合生日蛋糕，在生日会上当众宣读出来，让员工有成就感。

（9）主管代劳。帮得奖员工做一天他们最不爱做的事，譬如清洁卫生。

（10）放假。给员工放半天或一天假，有时比奖金更好。

（11）特殊的识别证或徽章。根据岗位的不同来发放，比如不同类型的工程师、资深的高管等。

（12）出差不忘员工。每次出差，记得为员工带礼物，一时想不到贴心礼品，书是选项之一。

（13）推出幕后英雄奖。企业中，会计、财务、法务、总务、IT 部门的员工，他们的努力常常被人忽略，定期送出幕后英雄奖，鼓励他们。

（14）欢迎海报。每年公司都引进不少新人，欢迎海报中要附上每个人的照片，并张贴在显眼位置。

（15）让资深员工当新人的导师。通过一对一的传帮带，有效地促进企业中的爱，工作才能上手得快。

四、企业的重点奖励——业绩激励

（1）设置企业的诺贝尔奖或奥斯卡金像奖，例如最佳贡献奖、最高业绩奖、最佳技术奖、最大销售创意奖、最低成本奖、最高设计艺术奖、最佳应用奖等。在盛大的颁奖典礼中，应参照奥斯卡颁奖大会，由不同层级的领导宣读得奖人员的具体贡献；得奖人员逐一上台说心里话，取消那些千篇一律地读讲稿的形式；还可以让文娱部门按某些重大事迹编排、表演节目等。

（2）敲锣打鼓，搭配英雄式欢呼。

（3）个性化度假。由公司安排家属一起去，包机票及住宿费用。

（4）家教。为绩优员工的孩子请私人家教，或帮助其进入梦想中的学校。

（5）厨师。请私人厨师为员工与家人做一顿别开生面的晚餐。

（6）设计办公室。用心布置绩优员工的办公场地，显示荣誉感。

（7）更换椅子。将绩优员工的椅子更换为不同于一般人员的椅子，体现企业的特别感谢与关爱。

（8）让激励延长。为绩优员工订阅他最喜欢的报刊一年，让他每收阅一次，都回味一次被激励的感觉。

（9）特殊艺术品。各种油画、时兴艺术品，具有未来升值的意义。

（10）新产品、新技术等的命名。以员工姓名命名其作出的贡献，让所有的人都能用心去争取、去创造、去努力。

（11）会议室或经营场地的命名。制作一块印有员工姓名的精致牌子，挂在会议室作为名称，配上受奖人的照片、裱框，挂在会议室。

（12）荣誉墙。精心设计荣誉墙，挂上绩优员工的相片、名片与贡献。

（13）与 CEO 共餐。让 CEO 在宴请中逐一讲出受奖人的贡献及艰苦经历。

（14）CEO 信函。请 CEO 亲笔写封私人信函给绩优员工，并寄至其家中。

（15）董事会颁奖。尤其是对各产业公司业绩卓越的领导人及骨干颁奖。

五、微利时代，戒律求生

创维在2006/2007年度赚取了20.52亿元的毛利，但是费用却花去了20.05亿元，其中销售费用是16.1亿元，管理费用为3.95亿元。毛利减支出，可以看到接近2万人的巨型企业辛苦干了一年，几乎没有效益。幸亏有一些特殊收益，即来自政府的高科技补助、利息补贴以及增值税补偿等项目的1.14亿元，创维集团才勉强凑上了1.28亿元的利润，否则就"刺刀见红"了。

创维最有效的盈利措施在于大幅砍掉人员与费用。当我们无法改变世界的潮流时，唯有改变自己。为了创维共同的事业，你得像诸葛亮那样"挥泪斩马谡"。领导者的重大责任就是救活企业，必须有勇气去做出困难的决定。

我诚心地建议大家认真读读《砍掉成本》这本畅销书，这是近年来最具细节、最贴切地反映中国企业命运的书籍之一。此书击中了企业界的要害，让人大彻大悟。如果创维主管们有勇气、有毅力去实践书中的锦囊妙计的话，我相信创维被动的局面将大为改观，而我们管理者则在过程中进步成长，升华为名副其实的企业英雄。

创维集团目前的工作情绪不是低落吗？人之所以去行动，第一是为了避免痛苦，第二是为了追求快乐。因此，戒律与正面激励两手都要抓，一软一硬，相辅相成！

创维滑坡的原因在于，当某个产业部或管理部门连续无法完成KPI指标时，还是没有任何行动。如此"干多干少一个样，干好干坏一个样"，企业怎能不亏损？有哪些可以砍掉的成本呢？

（1）砍掉采购成本。创维的采购体系确实有不少漏洞，其中一个是少数采购员、设计师、IQC（来料质量控制）入厂检验员、收货员被供应商买通之后，材料单价高于同行，新的供应商被拦截在门外，企业的损失是巨大的。

我们可以采用《砍掉成本》中的有效方法，比如说，效仿沃尔玛，严禁采购员工单独约见供应商，一经发现，马上辞退，没有任何借口！进而在创维网站公布已辞退采购员的姓名和事故，不能让他又去伤害其他的新企业。

又比如，价格调整部门一旦查到采购员购进的材料或消耗品高于其他同质供应商，其差价由经办人赔偿一定的比例。当然，如果确定价格比同行低，省出的差价部分应有一定比例的奖励。奖罚分明才是有战斗力的管理人。

（2）砍面子。当今的经济社会，没有经济新效益就没有面子。但不少创维人常以大公司、大品牌孤芳自赏，处处摆架子、撑面子。比如，本来一个新品发布会的活动，1万元就可以搞定了，非要扔5万元去打水漂。比如，去总部开会可以搭乘空调巴士，10元单程票到达机场，非要让客户用车送往，结果这个"风光"是以产品特惠价加上特大返利为代价的。华而不实的行为既害企业，也害自己。

（3）砍日常开支，刀要下在每一个细节。创维的浪费无处不在：庞大的电话费；办公室打印纸张及墨盒的浪费；司机们在等候时，常开着汽车空调睡大觉；公车的过路费、过桥费、汽油费、维修费以及滥用公车，浪费了不少开支；开会、培训、出差之前准备不足，内容空洞，造成团体性浪费；花钱买的样品，被扔在仓库一角，一笔就是几百万！

解决日常浪费的方法是所有开销按人头、按部门记账，月月公示，节约有奖，超支则扣工资。

让我们做一个大胆的建议：在2007/2008年度的经营中，假设销售收入及毛利与2006/2007年度持平，但我们省出了4亿元的费用；我们将用50%，也就是2亿元，来奖励各级有功高管和员工，过一个肥年，你们不妨试一试？豁出去拼搏，一定能创造出非常的奇迹来！

亲爱的创维同仁们，我衷心地感谢你们不畏艰难的努力，愿你们成功！

推荐一个有效的管理习惯[1]

——写给创维董事局扩大会议的信（摘选）

2007 年 12 月 7 日

> 企业的成败始终是人才的呵护与培养，为他们提供一个公平的舞台。
>
> ——黄宏生

每个企业的打法可以不一样，联想与华为是专注自己的核心产业，比亚迪则是多元化的扩张。关键是我们自己具备什么能力？目前，创维应当集中精力做好高清晰度电视机及相关产品，因为高清广播项目已启动，仅中国就有 4 亿台电视机及机顶盒要更新，此乃千载难逢的黄金机会。

当然，要成为中国电视机工业的领先企业，要把现成的产业公司办好办强，我们必须在人才培养及企业管理上狠下功夫，同时也未雨绸缪地为下一步产业升级做扎实的准备。我看，最终创维在时机成熟的时候还是要"上刀山"——发展技术密集的上游产业；"下火海"——进军零售连锁业，从而为我们的精英们创造新的舞台，实现持续的成长。利用这个机会，我乐于向大家推荐台湾企业卓越的人性化管理制度——每日工作计划，希望对集团的管理创新提供一点帮助。

众所周知，中国台湾的企业在全球企业的竞争力排名中高居前三名，其人均效率及产值始终在世界制造业的前列。他们管理上的法宝是什么呢？竟然是一个简单而重要的工作习惯——每日工作计划。

台湾企业的员工每天上班的第一件事，就是在电脑上输入自己的每日工作计划。第一栏称为"status（状态）"，填上自己今天要做什么事情。以工程师为例，

---

[1] 本文原题是"中国的崛起与创维的追求"。

也许会写上今天测试某一种 IC；而销售员可能写的是今天计划到哪个商场搞促销；人力资源文员写今天要面试几个人；后勤文员写今天要复核司机班的油料消耗数据，并算出节约资金清单等。

第二栏称为"plan to do（计划）"，需要填上本周自己计划做哪几件事情。比如采购员要在本周内货比三家地选择某个零件的供应商，需报告给价格领导小组及品质工程师；维修工程师本周将会举办培训班，让经销商与维修人员学会某一机型车的修理要点等。

第三栏叫"critical（重点）"，需要填写最重要、最先要做的事，重要到必须把其他事情搁置一旁，集中精力解决这个重要问题。比如，某一市场部人员需在几天内拿出解决库存积压的降价方案，否则，过了节日旺季，库存亏损就更厉害；假如物流调度员忽略了某一省份市场的货源补充，造成销售严重受阻，他必须全力补上缺口等。

每日工作计划一般在刚上班的 15 分钟内填好，然后挂到公司的内网上，并抄送给自己的主管。这样的好处是：①让主管知道每个人的工作进度，尤其在团队分工开发某一新产品的时候，避免一人拖延，整个项目预期失算。②有利于 KPI 考核落实到个人，员工乐于表现自我，享受工作成就感。干多干少一个样的大锅饭往往奖懒罚勤，让能干的员工流失；而网上的工作记录相对公平透明，鼓励奉献精神。③有利于人才的挖掘与重用。工作较好的员工，往往不喜欢拉帮结派，有了每日工作计划，务实的、勇于担当的人容易脱颖而出。④培养员工良好的工作习惯，减少上班打游戏的恶习，减少冗员。⑤有利于集思广益，解决企业不同时期的重点难题。

企业的成败始终是人才的呵护与培养，为他们提供一个公平的舞台。希望董事会引入台湾这种成功的管理工具，希望集团所有的产业公司尝试这个工作习惯，希望创维每年都在创新中前进！

我们为什么能成为三星这样的企业
——在创维集团 2009 年度新技术研讨会暨科技表彰大会上的讲话

2009 年 11 月 6 日

> 创维经过了 20 多年自强不息的奋斗，形成了一个创新和永不停滞的企业文化。如果我们将彩电事业部这种成功的经验复制到其他产业，形成两三个甚至十个成功的产业，实现 1000 亿元的目标不是不可能。这样，你就会以身为创维的开拓者为荣。
>
> ——黄宏生

成功企业的员工远胜于杂货店的老板

大家都知道韩国三星公司的产值、员工收入都很高，一个成功企业的员工在很多人看来远胜于杂货店的老板。因此，谁都想做三星，可是能有几个成功的呢？

从今天新技术研讨会暨科技表彰大会的发言及气氛来看，我认为创维有机会成为中国的三星。以前这是遥不可及的目标，现在有了一点影子，对创维的每一个员工来讲，建立像三星这样的伟大企业绝不是幻想。20 多年前，我到杭州参加电子工业部组织的电视技术研讨会，在台上讲话的是一个日本工程师，讲的是电视机如何实现遥控的问题，台下坐的都是中国工程师。也许是我们对新技术不了解，大家居然听得鸦雀无声，面对这种新技术感觉到中国和日本的差距太大了，像一个小学生面对大学教授一样。如今，这个情况有了巨大的变化。今天所有在台上发言或是在台下互动的工程师，都让我深深地感到我们的技术有了极大的进步，我们与东芝、索尼的工程师的差距正在缩小，让我觉得这是创维的骄傲，也让我看到了中国电子产业的希望。

创维为什么能成为三星这样的企业？

第一，相对于西方的生产力停滞，中国正处于上升和具有比较优势的历史阶段。从外部环境来说，金融风暴以后，西方经济恢复需要时间，外资品牌扩张无力，给创维品牌创造了一定的机会。这有点像解放战争经过三大战役后，解放军由局部进攻转为全面进攻一样。从产业的急剧变革来看，液晶电视加速取代传统CRT，而LED背光源异军突起，将液晶电视的图像质量、节能、健康与环保提升到了几乎完美的境地。这些都使液晶成为全球瞩目的焦点，成为人类生活品质提升的里程碑，使得电视机在金融风暴还没有迹象完结的情况下就已产销两旺、供不应求了。同时，我们也应看到中国政府和13亿中国人民顽强的发展意志、追求大国崛起的梦想，造就了全球经济复苏最快的奇迹。上述这些都使得创维的全体将士被历史的滚滚洪流所推进。

第二，电视机是人类家庭的娱乐终端，同时还是人类的信息终端，可以提供人类不可缺少的精神食粮，这里的潜力有不断扩大和发展的空间。因此，张学斌总裁提出了5年500亿元、10年1000亿元的目标。因为我们掌握了人类家庭消费类电子的核心部位，算算创维今年200亿元，5年后中国市场300亿元、外销100亿元也是有可能的，再加上机顶盒、模组、LED多元化的培育，500亿元并不是遥不可及。

第三，创维健康电视的品牌理念与消费者真正产生了共鸣。我们提出健康电视的理念，除了保护视力、酷开等娱乐功能外，今天我们提出的运动功能等也是基于健康的考虑。创维建立了一个消费者信赖的品牌，已经拥有8000万的电视机用户，能够持续地为超过1亿的电视用户提供面对面的服务，这将为我们提供可持续发展的空间。因此，在张总裁的主导下，创维近期将会有几个新的产业起飞。一是LED照明，新成立的LED照明公司的产品已经准备陆续投放市场，节能灯和 LED 灯将在创维的大集团里异军突起。二是 LED 的芯片和封装，最近已有一些眉目，无论是从供应链的角度讲，还是从做大做强的角度讲，都是值得做的。三是我们看到商务发展的趋势，即商业电视高端的应用。四是网上销售，领军人物和团队都已经有了一定的基础，现在外面的专业团队都已经陆续起飞，不同于我们 2000 年的多元化。那时候一下子成立了七八个公司，都是请"外来的和尚"来管理；现在我们成立的四五家公司，都是基于在事业部环境下生长的革命种子、形成的竞争力的。加上我们有彩电这个平台的强大支持和人才储备，我们相信，新的相关产业将会比以前发展得更顺利、更健康。

近期，我与张总裁专门到华南理工大学看了一些精选的项目，有一些项目从投资的角度来讲还是非常有前途的，比如新型轮胎、健康饮水机、可以用在汽车和电动自行车上的无级变速箱。创维到了现在这个规模，每年都应拿出一定的风险投资资金来投资新的产业。三星是怎样的一个结构呢？三星电子、三星生命（保险金融公司）、三星地产、三星主题公园，因此我们也不要排除创维大胆闯入一些有前景的产业的可能性。创维要成为三星，最重要的是：经过 20 年，从无到有，从粗放到规范，从运动式到理性的管理，从放羊式到科学化、规范化的管理，我们形成了这样一种创新的文化。虽然我们与一些国外品牌有差距，但我们的企业还年轻，在座的各位还年轻。因此，我们相信这种创新文化将为大家带来更大的成长和成就。

创维要给技术人才提供更好的事业平台和优质的生活

从创维内部来讲，最关键的是，这里是一个人才济济的地方，我们应该为员工提供两个成长的通道。一个是成为技术专家的职业通道，最典型的例子是我们的设计大师吴景辉先生和刘晓榕先生。吴景辉是创维最早的技术开发领军人物。自 1991 年，创维起步时，吴景辉凭借对电视机的爱好和执着，为创维开发了一代又一代的新产品。吴景辉走的技术专业道路在创维受到了尊重，他本人也拥有创维将近5%的股份。创维就是要营造这样一个环境，让做出好东西的人得到尊重，得到价值最大化。另一个是创维数字的副董事长刘晓榕先生，他现在也拥有创维数字公司一定比例的股票。如果创维数字公司上市，他的资产也相当客观。这就是创维的价值。创维对技术的重视，对彻底产品主义理念的坚持，让我们把那些在技术上做出巨大贡献的人视为最重要的财富。所以，以后的上市公司中，我们的技术总监一定是持股的。

另一个方向就是走CEO的道路。无论到哪个部门、哪个系统，我都是睁大眼睛，随时打开我的小笔记本，看看在我眼前有没有未来产业公司的领袖之星。未来企业要发展，创维要成为三星，就不可能只做电视机，但做电视机却为我们积累了大量人才。因此，我们要向内部挖掘人才，挖掘像施驰一样的人才。现在，在我看来，创维已经从制造产品阶段进入制造人才阶段，这也是我现在80%的时间在考虑的问题，我要向董事会建议什么样的人才进入什么样的岗位。只有这样，创维的人才才能有广阔的空间，才能人才辈出。所以说，创维就是要给每一个人提供一个成功的舞台，或是在技术上发挥专长，或是在组织领导上发挥领导力，人尽其才，为你们的个人和家庭带来福祉。

五个小建议

（1）刚刚有员工提议开辟网上技术交流论坛。我的助手参加了QQ的摄影交流协会，大家在网上自由分享摄影技术，就是要开辟一个公共交流平台。另外，像这种大型研讨会，一年一次似乎少了些，我们需要这样的研讨会，让创新的血液不时地在我们全身沸腾，不时地有好的方案和想法出现。当然，也要出台相配套的奖励制度。

（2）建议在内部刊物，如《创维报》或其他刊物中设置技术专版，让大家在相对保密的前提下做一些交流，发现好的想法，发现人才。

（3）加强一些基本因素的研究，如画质、操作系统、标准化的持续推行等，这些不像遥控器那样可以演示、那样抢眼，但确实是我们的基本功。

（4）我一眼看去，来开会的95%都是男性工程师，能不能够适当增加女性工程师？这样能够激活我们男工程师的创造力。事实证明，姑娘在场，小伙子干劲高，反之亦然。在一些创意公司，男女比例就是一半一半，所以他们能创意无穷。

（5）可以留意惠普、3M这样的公司，他们会留20%的时间，让工程师做自己喜欢的项目。我们可以提供一些夜宵给大家。

目前，创维进入一个新的发展时期。创维经过了20多年自强不息的奋斗，形成了一个创新和永不停滞的企业文化。如果我们将彩电事业部的成功经验复制到其他产业，形成两三个甚至十个成功的产业，实现1000亿元的目标不是不可能。这样，你就会以身为创维的开拓者为荣。

让我们的生活质量更高，生命更有意义！

创维呼唤企业家精神

——在创维集团 2009 年度第三季度全国经理大会上的讲话（摘选）

2009 年 12 月 8 日

> 我们从学校出来，从最初对未来世界的诚惶诚恐，到现在成为能够看穿竞争业态的高人，从士兵到将军，从羊肠小道到康庄大道，刚好与松下的话相对应。这让我想到创维最重要的价值：创维呼唤企业家精神。
>
> ——黄宏生

每一次经理大会，我都觉得是一个非常难得的学习机会。我很喜欢串门，找一线的经理聊天，希望从你们身上学到更多的东西，而每一次聊天都让我觉得获益匪浅。甚至在昨天开了一天的会、大家都很疲劳的情况下，很多人，尤其是那些小片区和小分公司的人，在会后仍聚在一起研究业务。这种学习型组织在我们的传统里，不但没有丢失，而且继续发扬光大了。为此，我提议将《三分能力，七分责任》[①] 作为这次会议的课外书送给大家。

看到创维的营销队伍精英云集，每次都有很大的进步和成长，我想起了松下幸之助的一句话："路是越走越宽广的。"这句话献给在座的每一位营销精英再合适不过了。我们从学校出来，从最初对未来世界的诚惶诚恐，到现在成为能够看穿竞争业态的高人，从士兵到将军，从羊肠小道到康庄大道，刚好与松下的话相对应。这让我想到创维最重要的价值：创维呼唤企业家精神。

---

① 龙小语. 三分能力，七分责任 [M]. 北京：海潮出版社，2008. 内容提要：强调责任不意味着可以忽视能力。空有忠诚与责任，但是缺乏专业的知识与业务能力，同样不能给企业创造价值，反而会成为企业的包袱与累赘。换言之，一个员工的责任感只有在自身能力的展示中才会得到淋漓尽致的体现。责任与能力并存的员工才是企业真正需要的人才。

中篇：内部讲话、书信集

现在的创维，其实已经成了人人都是企业家的利益共同体。这种利益共同体极大地激发了我们的思想，燃烧起我们的热情。创维要实现1000亿元的目标，有了人就有一切，这是我们大声高喊出来的肺腑之言。不过呢，一个人如果对钱看得太重，钱就会模糊你的视线，挡住你的未来。我们在这里讨论呼唤企业家精神，哪些方面是我们要坚守的核心价值呢？

坚守高尚的道德

《左传》中说，"立德、立言、立功"是"三不朽"。可见道德是决定一个人是否成功的最重要的分水岭。小胜靠智，大胜靠德。在我们做产业的过程里，创维的经验也反映了这个问题。创维以前在选择人才方面有很多误区，经常希望换了个人，第二天就能把销售搞上去，把产量提上去；这种短期行为使我们对一个人的判断产生偏差，被某人临时的小机智所误导。有道德的人，从两个方面理解，既是懂得感恩的人，又是具有谦虚的个性、专业执着地带领着团队、创造持续业绩增长的人。

养成良好的习惯

人的寿命通常在60到100岁之间，这是一个漫长的比赛过程。在这个过程里，不是靠一个石破天惊的点子、一个演说、一个促销活动就可以让你成功的，它是一个日积月累、循序渐进的过程，因此良好的习惯显得尤为重要。良好的习惯从哪里做起呢？

第一是勤奋。你可能没有别人那么聪明，也没有别人那么幸运，但习惯可以弥补，笨鸟先飞是可以改变命运的。

第二是自发的学习习惯。实践是学习，理论是学习，更重要的是对不断学习的追求。碰到好的文章，随手做个记录简报，或者通过一个谈话也可以得到启发。总之，学习无处不在。

第三是聆听的习惯。每个人都有自己的思想和观点，总是希望自己有发言权，经常会导致喧宾夺主。小时候我会为一件小事争得面红耳赤，现在觉得，学会聆听才能够真正赢得朋友的心。

第四是精益求精的习惯。如果你想成为企业家、成为有成就的人，精益求精的习惯是让你出人头地的渠道。精益求精的习惯的另一个延伸是，我们做事要全力以赴。

第五是每日三省吾身。每天在夜深人静时，回顾自己这天过得有意义吗、得到了什么、又失去了什么、还应该注意什么地方，这样才能够不断鞭策自己、规范自己，做到充实。

第六是培养一个健康的嗜好。如散步、做操、跑步等，要摒弃打麻将、暴饮暴食、酗酒的坏习惯。

把帮助他人成功作为自己生命最有意义的事情

如果说，你树立了这样的人生价值：在关注自己的同时注意在乎别人，而不只是在乎自己，你会突然发现成功变得容易多了。请某人吃一餐家乡的饭，带给某人有用的信息，帮助某人成长，他们反过来会帮助你成功，这样你的成功将势不可挡。

今天早上，我跟创维研究院李海鹰院长共进早餐，我们谈到厦华最近被冠捷接管的事。他跟我讲，那个时候他的家庭遇到一些困难，生活遭受打击，在那样的情况下我请他到创维来，他很感动。其实我当年并没有想李海鹰能为创维做什么大事，只是想着请他过来，能给他提供这样一个平台，改变他的生活境况。没想到他来埋头苦干了几年之后，突然为创维开发出了酷开电视。他为创维带来的效益是不可估量的。如果我们能为朋友、为认识或不认识的人提供很好的生存空间，这是比我们自己能够赚到钱还厉害得多的事。李海鹰现在有三个小孩，是我们创维集团最"高产"的父亲，个人事业与家庭幸福都达到了较高的境界。

中篇：内部讲话、书信集

我有时看到一些在基层工作的同事，就很想帮助他们踏上人生成功的阶梯，我觉得帮助他们成功是比我自己成功还要快乐得多的事。同样，你也要帮助你的战略伙伴成功，他们成功了，也会给你回报。

责任感

当你在一个很普通的岗位，或者带领一个小团队的时候，上司不可能把你每分钟的工作都安排得很细致。这样就要靠你自己去想如何把工作做得更好，如何解决困难、挑战新的目标，创造更高的、可持续的业绩，这就是责任感。缺乏责任感的人是不可能成为成功人士的。有责任感的人才能赢得下属的尊重、客户的信任，因此也会给你带来很多不曾想到的资源。责任感就是自己对自己的生命负责。人的生命是有限的，要在有限的生命中创造更多、更大的价值，就要求我们每时每刻做事情都要讲究业绩、讲究成果，而不是碌碌无为。有责任感的人才能在汪洋大海的事务中清醒地排列出生命的优先次序，坚持做重要的事，而不是琐碎无果的事。

学习三星精神，确立"第一主义"

——在创维集团 2009 财年第四季度全国经理大会上的讲话

2010 年 4 月 7 日

> 三星之所以能够成为世界第一，是因为他们十年前确定了一个"第一主义"，这是发展了杰克·韦尔奇的理念。凡事做到第一，才有了今天的成就。所以，"第一主义"要成为创维坚定不移的追求。
>
> ——黄宏生

首先，要衷心地感谢，在彩电事业部的领导下，彩电迈上了 200 亿元（税前）这个坎，实现了勇夺中国彩电市场第一的目标。这是创维发展历程中前所未有的高地，是意义深远的里程碑。去年，我们的销售额增长 52%，回款增幅 57%，这是第一次有这么大的增幅。一个在二十几年间默默无闻的民营企业一跃成为领导型企业。创维员工改变了中国电视发展的历史，这是每一个创维人都引以为傲的事情。正如《钢铁是怎样炼成的》中说："人最宝贵的是生命，生命对于我们只有一次，一个人的生命应当这样度过：当他回首往事的时候，他不因虚度年华而悔恨，也不因碌碌无为而羞愧。"对部分创维员工而言，即使是因为种种原因离开了创维，但也会因为曾经参与过创维成长为一个伟大企业的过程而感到骄傲，这是每一个创维人的荣誉，正是你们和你们的团队的共同努力，使创维成为了彩电行业的领军企业！

在此，我对你们表示衷心的感谢，也祝贺你们取得伟大的胜利！我建议，我们拍个大合影，照片下面写"创维实现 2009 年 200 亿元销售目标，一跃成为中国彩电的第一"。这是个应当载入创维史册的回忆。

三星 2009 年全球销售 1200 亿美元，超越了惠普的 1140 亿和西门子的 1120 亿，成为全球 IT 产业之首。一个亚洲企业，经过仅仅 30 年的奋斗就一跃成为全球 IT 公司的第一,震惊世界,成为亚洲崛起的企业典范。

三星在 20 世纪 90 年代的时候就提出:"真想赢一次日本,超越索尼!"结果在 2002 年,三星就已经超越了索尼。现在到 2009 年,超过了全世界所有的 IT 公司。我们作为三星的下游供应商和竞争对手,让我们也分享这样一种成功的快乐。三星之所以能够成为世界第一,是因为他们十年前确定了一个"第一主义",这是发展了杰克·韦尔奇的理念。凡事做到第一,才有了今天的成就。所以,"第一主义"要成为创维坚定不移的追求。

我们为什么要追求"第一主义"?

我跟很多世界级的投资银行进行过交流,问他们对创维在资本市场的表现的看法。他们的回答是,创维有可能从优秀到卓越,不仅仅是昙花一现的第一,而是真正成为中国电视产业的第一。这些投资团队对创维投出了信任票,他们相信创维有可能真正领先、成为第一,那么创维的股价将会由目前的 20 倍上升到 40 倍。

全世界的投资者都看好中国未来 10 年的发展,他们的目的就是要投资一些有可能成为超级第一的企业。因此,创维的股价上涨并非家电下乡等政策带动的政策效应,市盈率 40 倍使人们期待创维成为腾讯之外成功的版本。现在的创维很像两年前的腾讯,两年前腾讯也就是众多的互联网公司之一,也仅仅是领先一个身位。但这两年,腾讯拿着望远镜都看不到第二名的位置在哪里,腾讯现在市值 3000 亿(港币,下同),而阿里巴巴仅仅是 2000 亿,百度 1500 亿,下面网易、搜狐、新浪大约是 1000 亿。可见全世界各行业对"第一主义"给出多高的评价、荣誉和信任,因此,做人要做第一,做企业也要做第一。这符合进化论的原理,也只有第一才能把握生命个体的意义。

纵观全球一体化这场无硝烟的战争,如果我们不在自己的国土内争得第一,我们就不可能有高品质的生活。举一个例子,美国最近发生了两起打压事件。一是封杀丰田。美国从司法上起诉丰田,政府主导"唱衰"丰田,并要求召回约 30 万辆丰田汽车,似乎要把丰田从美国赶尽杀绝。另一个是刑事诉讼奔驰,原因是2004年奔驰的一个员工爆料说，奔驰在一些国际招标上贿赂政府机构，触犯了美国的刑事法律，要求奔驰美国公司的总裁坐牢。这两件事都有深刻的政治背景，都发生在2004年的小布什时代。现在把6年前的事情做秋后算账，原因是奥巴马为了寻求连任，争取蓝领工人的选票，为了政治上的原因，要对外资企业赶尽杀绝。由此可见，一个企业能在自己国家的庇护下安心挣钱，那是多么幸福的一件事。可是我们会不会是身在福中不知福，我们有没有特别珍惜伟大民族复兴的历史机遇，我们有没有抓住国家经济复苏的大好时机，乘势而上？这是我们应该思考的问题。

春节期间我到新西兰探亲。20世纪60年代，很多人到新西兰好像到了天堂一样，当时那里羊比人多，自然环境好，从生活质量上来说，新西兰可以算是发达国家。但现在可不一样了。我在那边认识了一个从广州移民过去的大学本科生，他过去以后在做电子消费品的导购员，在一个比较大的零售行里上班。因为新西兰人少，他一个礼拜上两天班，平均一天80新西兰元，一个月大约640新西兰元；有的时候卖产品可以获得一点提成，平均一个月大约有250元新西兰元的提成，有的时候还会上门帮人安装，大约也有100新西兰元的收入；一个月总收入1000新西兰元，换算过来就是3000多元基本工资，近2000元提成，这个导购员的收入看起来并没有高于创维的导购员，加上交通方面的开支，实际收入要低于我们的导购员。再看中层，我认识的一位教授，月收入5000新西兰元，也就是25 000元人民币，而且是同时兼任三家院校的老师，还加上晚上辅导学生中文才能获得这个收入。对比创维的中层，收入超过他的大有人在。可见如此有实力的教授，收入还没有创维的中层干部高。再看顶层，有一个广州市政府派驻到那边的工作人员，现在在当地的中文报社当一个小股东兼广告部总监，他的收入大约是1万新西兰元，一年也就是60万人民币。这些收入都低于创维同级别的人。我们一些创维员工的子女在美国工作，实际收入也并不比在国内高。

所以，我们得出结论，中国的崛起为我们带来了福祉，我国沿海城市的收入在国际上确实有优越性。看到我们所具备的优越性和趋势，我想只有让创维在全球化的竞争中继续保持增长，才能使我们的生活品质继续提升。我们获得这样的

中篇：内部讲话、书信集

收入和生活品质，其实已经高过了发达国家的专业人士，这是我们追求梦想而得到的丰硕成果。如果我们要家人和后代拥有高品质的生活，我们一定要争当第一。

目前，在中国的市场竞争中，创维主要的外资品牌对手是松下和三星，本土品牌就是 TCL 和海信。我们与几百家企业竞争，到了现在，就像马拉松的下半程，第一就在这五六家中产生，而我们已经找到了争夺第一的突破口。我们只要一鼓作气、乘胜前进，就能持续地成为第一。

三星的价值①

（一）三星人的价值

"光是'三星人'几个字，就足以为一个人的能力背书！"有一家猎头公司的总经理这么说。以个人所任职的经历作为评价标准，似乎最为客观，而任职经历里如果是出身三星，那就占了上风，尤其是在三星任职多年的人，能力可以说得到了某种认证。说得夸张点，所谓三星人的经历，可以成为比任何学历都更能获得肯定的背景。

三星已故董事长李秉喆的经营哲学便是以"人"为中心。他一向主张人才第一，而且能始终如一地坚持"第一主义"。他不遗余力地网罗可以创造这种主义的人才，让这些人才各尽其用，发挥他们最大的力量，同时也让这些人才彼此合作无间。这里说的是，企业不能只靠人，而要靠系统的运作来进行。三星的"第一主义"让三星变成优秀人才的聚集所。

（二）三星掌握未来的关键在人才

2000 年 11 月，三星曾以"数字 e 企业"的标题发表愿景，宣示将以"行动网络、家庭网络、办公网络、核心零组件"等四个次代核心事业为中心，调整体

---

① 本部分资料来源：(a) 陈宇峰. 三星韩国造 [M]. 北京：企业管理出版社，2005. (b) 余婉贞. 三星技术扩张真经 [M]. 北京：北京工业大学出版社，2006. (c) 马述忠. 国际企业管理案例 [M]. 杭州：浙江大学出版社，2009.

制,重组事业结构。换言之,这是一次强烈的经营革新宣告。

三星电子如何掌握未来?董事长李健熙于2002年5月15日接受《韩国经济新闻》采访时说,今天我们手上虽然握有十多个全球第一的产品,但是随着市场的变化,谁也无法预测未来到底会是个什么情况,所以早在几年之前,我就开始思考五年到十年之后到底要靠什么来存活下去的问题。从去年起,我也跟集团的诸位CEO表达了要他们也思考这个问题,为未来做准备。在21世纪,知识竞争力比什么都重要。如果说20世纪是经济之战,那么21世纪将是头脑之争了,未来国家或企业间的国际竞争将取决于人力资源的质量。三星的愿景就展现在企业可以网罗的优秀人才里!

(三) 三星管理者的领导力

第一,超强的领导魅力,卓越的洞察力。三星电子之所以能成为一流企业,是由许多重要的因素所融合的成果,其中最重要的因素,首推李健熙的卓越领导。有人说:"企业的命运决定于领导者的领导力。"李健熙强调对危机要有"意识"与"认识",以及这两者之间转换的重要性。今天,尽管三星旗下各个企业都创下了空前的经营成果,李健熙还是再次强调危机意识,如果自满于现在的成绩,随时都会陷入危机。被称为"李健熙症候群"的新三星经营策略,让外在的重"量"思考转换成重视质量与机能的重"质"思考。三星的这种危机感让我们所有创维人汗颜,我们有什么资格为刚刚取得的一点小成就而沾沾自喜呢?

第二,重视人的经营理念。集合十名围棋一级棋手的力量,也无法战胜一名围棋一段的高手。李健熙一向要求,一旦聘请了优秀人才,就要给予最好的待遇,并使其发挥最大的才能。若是得知有人聘请了优秀人才,却浪费不用,李健熙就会火冒三丈。1990年初的福田报告事件就是个代表。日本的设计专家福田先生,以顾问身份进入三星,三星经营团队却漠视他的建议,福田先生写了篇报告批判此事。李健熙偶然间看到这篇报告,大发雷霆。自此以后,三星电子相当仔细照顾延揽进来的人才，让他们可以在最优质的环境中工作。李健熙说，21世纪是人才竞争、知识创造的时代，为了五到十年后跃升为名副其实的一流企业，应该要提早发现未来的人才，并且系统地培养他们。

第三，疑人不用、用人不疑，以及自由经营的哲学。李健熙对于公司的经营几乎不太干涉，当然有必要提醒保持危机意识时则不在此限。畅所欲言、毫无顾忌的管理风格，是从已故董事长李秉喆时期开始扎根的，自由经营的传统在李健熙接任董事长后，又得到了进一步的强化。正因为如此，在三星很难听到"老板专横"之类的牢骚。三星的总经理们表示，李健熙的话听似简单，其实很难。1993年提出新经营训示时就是这样。当时李健熙将三星比喻为癌症末期患者，说是只要想到公司的未来就会睡不着，由于那时的三星电子正值大好时光，周围的人都有点丈二和尚摸不着头脑。但事实上那时让李健熙感到担忧的是，三万余名的人力制造产品，却需要六千名的人力提供售后服务，还有什么竞争力呢？一定要减少不良品，因为唯有减少不良品，才能以少数的售后服务专员提供周全的服务。

第四，"第一主义"CEO的竞争力在于不满足现状。对三星电子的CEO而言，"第一主义"早已根深蒂固，李健熙选出才能最高的CEO来实践"第一主义"的主张。接着，他们就是"第一主义"的司令员。例如，情报通信事业部的总经理李基泰为了测试新开发产品的坚固性，往往不是把手机向天上扔，就是丢到铁板上，利用他那90公斤的体重去踩。从1.5米高处摔下，是国际标准的测试方法，但他们要求的是更高的质量。而一年举办两次的交流会，和新力、东芝等企业的经营团队共同讨论，也是为了努力向一流企业学习。三星电子的CEO们一有问题，马上就搭飞机到海外寻找专家。即使在公司内部精简各种费用，也绝不会吝惜向专家请教的咨询费用。一位三星的高管表示，有会说"不"的CEO，是三星最大的竞争力。

第五，三星拥有韩国最大的人力库。三星电子将技术分为基础、尖端、核心、未来四种。为了配合各个阶段而实施各种人力培训课程，每年还投入200多名人力到海外研究所，参加相关的教育课程，以便将先进技术运用到商业上。三星甚至网罗黑客或专业电玩高手、报社文艺新秀等。人才开发协理安成准说，这些人的创意和想法是一个个习惯于正规教育课程、规格化的"车轮饼"所望尘莫及的。三星甚至设立"生涯规划中心"（Career Development Center，简称CDC），主要负责职员的生涯管理，离职职员的再就业也都是在此完成的。换句话说，从进入三星到离开三星，都是三星人事组要管理的事。

三星还很注重对新进职员的教育。新进职员必须接受为期四周的集团人文教育训练。第一周：教导成为社会人士的基本技能，包括衬衫的适当长度、打领带的方法、喝酒的规矩等等。第二周：针对三星风格的经营观实施教育课程，集中于三星对韩国经济的影响，以及三星所具备的竞争力根源等教育课程。第三周：志愿"服务"与"挑战"等主题的答辩讨论。第四周：整理与评论时间，三星要求所有的组织成员都要对三星企业的存在理由有明确的认识与了解。

第六，以能力与实绩作为评判标准。三星的基本薪酬占年薪的比例不超过60%，其余的根据实绩而定，这是赏罚分明与成果补偿主义，有几分能力就给几分对待，做多少事就给多少报偿。三星实行赏罚分明的人事原则，CEO之间也绝不接受人事请托。前董事长李秉喆的侄子报考集团的公开招聘，因成绩未达要求，还是遭到淘汰。这个原则是三星电子具备世界竞争力背后的主因之一。

第七，智慧财产权是企业的最高资产。2001年，三星电子在美国专利商标局（USPTO）通过注册的商标件数共有1450件，是排名仅次于IBM、NEC、佳能、美光科技，通过注册数第五多的企业。2001年12月，地上25层、地下4层的三星情报通信研究中心在韩国京畿道水原三星电子园区成立，这个总面积4万平方米的建筑物内部包含多套尖端科技设备。研发部门有17 000多名人员，占48 000名全体职员的三分之一，其中拥有博士学历的就有1500人左右。三星电子每年将总营业额的7%以上投资在研发领域，今年更是增加到8%。以金额来算的话，1999年1兆6000亿韩元，2000年2兆190亿韩元，2001年2兆4182亿韩元，每年约以20%的比例增加投资金额。

第八，排除地缘、学缘、人缘关系。李健熙多次强调："学校、出生地等背景的派系之分，随时都可能变成集体的利己主义，都会降低组织的竞争力。"在此考虑下，自然禁止任何可能被误会成派系之分的行为。在三星电子，询问个人的"出生地、籍贯""毕业学校"是被禁止的。有员工说："自我入社至今20年来，从没被人问过是从哪一家大学毕业的。"1994年开始，三星在录用规定中，干脆废除学历限制，这正是所谓的"开放录用"。一旦以"能力"作为标准的人事政策逐渐生根，超越派系的企业文化更加公开，从外部吸收所谓"异邦人"的情况也会逐渐增加。三星的内部成长与打破学历的文化，都是以能力为依归。李健熙曾这样说："人才的好坏不在于学历，而在于个人所具有的潜能。"

从哪几个方面实现"第一主义"？

首先是人才第一。做第一难，确实很难，但也不是不可能，关键是我们所有人都必须将自己转型成为彩电行业里的伯乐。从集团高层到业务员，我们都有缔造"第一人才"的责任。例如，从最基层来讲，我们需要业绩做到第一的业务员，他要领导好几个导购员。另外，"第一"要体现在"城市巷战"① 这种群体创业模式下的人才寻找和培养。据我观察，广州分公司走出了这个模式。首先是广东分公司的钟志峰信任了党亚丽，她在彩电系统中是"第一主义"的经理级人物，所以现在广东分公司开办的10个直销店中，每一个店长都是行业里"第一主义"线下的人才。"第一主义"的好处是我们的舞台大了，每个人都不知不觉地升职加薪了。我们要继续保持领导者的地位，最根本的出路就是强将无弱

---

① "城市巷战"是时任创维集团彩电事业部总裁杨东文为第三营销模式起的名称。巷战，意味着不是大规模的"阵地战""歼灭战"，而是直面市场的"运动战"，创维营销人员用这个带有悲壮色彩的词来进行自我激励。2009年，创维成立了专门实施"巷战"的项目组，并在广州开出了第一批"巷战店"。详见：白灵. 创维"巷战"[J]. 财会月刊：财富文摘，2014（12）：28-29.

兵，全面实行"第一主义"。

我们公司有的人业绩是不错，但后劲不足，其中一个现象是用人唯亲，而不是用人唯贤，主要是害怕下属强了，师傅就没饭碗了。在全球自由化的情况下，商战实际上是团队作战。如果你的团队都是庸才，你可能会被别人打败，甚至打"死"；要想在21世纪立足，一定要选择最有价值的人，需要我们彻底贯穿"人才第一"理念。我有以下两点意见供大家参考。

（1）加强内部管理。要做到人才第一，就要实行末位淘汰制，一切用数据说话，严格执行业绩导向。这里介绍一下湖北分公司的经验。他们春节后作了一个非常认真严肃的述职报告，每个业务员都要在评审委员会的面前进行非常认真详细的述职。评审委员会对其进行打分，好的给予提拔重用，末尾的淘汰。举个例子，他们一共有四个办事处，根据回款完成率、增长率、利润率、市场占比、LED占比来打分，满分110分，由分公司的几个市场、财务、服务、培训主管作为评审员，加上四个分公司的经理进行评分、排名。这样的评审流程公开透明，能者上，不能者下。这个值得学习和借鉴。

（2）注重培养女性骨干。在我们的管理层中，女性管理干部太少。现在各分公司开始成立直销部，女性的心思通常更细腻，在营销方面具备优势。比如，我们的培训经理、人力资源经理、服务经理、省会城市分管零售的经理，都可以是女性。从《易经》的理念讲，组织也要讲阴阳协调，要大幅增加女性管理人员人数。这两天我们看到的两个最精彩的报告都是女性作的。因此，女性在现代经济中的地位越来越重要。

其次是网站竞争优势的"第一主义"。我们要努力开发酷开网，通过提供有吸引力的内容来拉开与竞争对手的差距。今天开会，大家都感受到创维虽然在产品硬件方面领先，但竞争对手的追赶也越来越快，所以，我们的竞争优势就是打造一个强大的"空军"——网站。总之，大家集思广益，希望酷开网有一个详尽的商业方案，有预算、目标、考核的KPI。我们要让"空军"成为粘住创维电视用户的粘合剂，从而推动销售的增长。当然我们是先易后难，每个阶段都有可实现的目标和成果，细水长流，不断改进，成为业界的标杆。

再次是营销创新。杨东文总裁是中国第一个提出"第三营销模式"的开创者。这个模式到达了一个新的里程碑，就是"城市巷战"。春节前我跟张学斌去考察，都兴奋得睡不着，因为我们似乎找到了避免亏损的方案。用党亚丽的话介绍就是：对创维是低成本的扩展，对消费者是快捷便利，对创业者是实现创业和致富的梦想。创维模式创造了人类福祉，这是一个伟大的工程。所以，我们要衷心地感谢杨东文总裁创造这样一个优秀的模式，这也是创维强大的学习能力的体现。

最后是围绕"第一主义"的目标来检视经营的每个环节是否做到了第一。如果没有做到第一，就要考虑怎么通过立项列出成百上千个项目来实现第一。从"木桶效应"来说，我们可能在某个环节达到第一，但如果在多个环节做不到第一，我们整体的实力就难达到第一。我们必须检查自己与他人的差距，看看哪些环节还没有做到第一，比如我们的产品质量，从上游来讲，设计是否做到了第一？我们的工艺是否做到了第一？又比如说服务，我们的维修服务是不是能赶超海尔，在消费者心目中做到第一？我们的品牌运作，从品牌部到分公司，每个人都是品牌行销的代言人。我们的销量虽是第一，但美誉度还没有做到第一，还没实现让消费者觉得有面子、有炫耀感。很多人在北京、深圳买到了32英寸的创维电视机，但他们的客厅里放的却是三星55英寸电视机。所以，要达到第一，不能完全依赖广告轰炸，而是要求创维在每个环节做到第一。

"第一"是需要人人参与的伟大建设运动。小到路牌、墙头广告、标牌展示是否做到了第一，大到我们的客户是否是当地第一名的客户，等等。如果我们能找出差距，在这些短板环节都做到第一，创维又将迈上一个新台阶。

让我们从今天出发，迈向2010年的第一，成为超一流第一，像腾讯那样拿着望远镜都看不到追随者的身影。让我们在中华民族的伟大复兴中，缔造中国的、自主的、拥有伟大品牌的企业，实现视听领域NO.1的梦想，也带来个人生活精神层面的富足和幸福。

打下"江山"才能实现梦想

——献给 2010 年入职创维集团的大学生

2010 年 7 月 7 日

> 我给大家贡献三个法宝：第一，追求生命的意义；第二，培养成长的心智模式；第三，建立有效的行为模式。
>
> ——黄宏生

每个人都有自己的梦想

每个人都有自己的梦想，这个梦想是由近到远的。近的是生活的"三好目标"，即好工作、好伴侣、好房子，这也是比较务实、不好高骛远的目标。远的是成为优秀的职业经理人，或是创业型企业家，如马化腾、史玉柱、马云等，这个远的目标就是要有所成就，有所作为，成为影响世界的力量。

每个人都有梦想，但是很多人却事与愿违，到白发苍苍的时候仍然一事无成，一个愿景都没有实现。这是什么原因呢？原因可能很多，内外因素都有。从结果来看，可以把复杂的问题简单化，没有事业，没有"江山"，就不能实现个人的梦想。那么，有什么正确的途径让我们去接近和实现梦想呢？这就是我们今天的主题。归结起来就是，必须要拥有事业、打下"江山"才能实现梦想。

如何打下"江山"，建立起事业的平台

这对我们来说是个重要的议题。我们如何从一个平凡的学生逐年进步，成为 21 世纪主流社会的精英？这可能要从个人自身进行非常系统的整理，聆听我们心中深层次的声音。在这个起跑线上要有个好的起点，走向成功。我给大家贡献

三个法宝，也是成功的三个核心要素：第一，追求生命的意义；第二，培养成长的心智模式；第三，建立有效的行为模式。

每个人进入社会都有自己的想法，都想要高薪又轻松的工作。有人做过调查，发现在我们的生活中，60%的人更看中眼前利益，看中暂时的薪水、舒适度等，但是30年后，这些人多半是碌碌无为的，也可能是最早下岗的。因为他们格局很小，看不到远方，他们在竞争中很快就会被取代。另外超过30%的人兼顾了眼前利益和中长期利益，他们能走到中产阶级，有一定程度上的成功。剩下3%的人将上述三个核心要素认定为自己生命的核心，结果他们成为这个社会上最成功、最出色、成就卓越的人士。所以，你站在什么高度，就决定了你未来的格局，我希望大家想想自己的格局属于哪一类。

为什么会出现这样的结果？达尔文的进化论给我们解答了这个问题：物竞天择，适者生存。如果你不建立起这个生命的核心、格局，不站在这样一个高瞻远瞩的位置，就很容易被时代淘汰。追逐人生的意义可以让你在漫长的竞争中永葆生命力，而不会因为一时的诱惑和挫折而放弃自己的成长路线。因此我们来讨论如何建立这三个核心要素。

（一）法宝一：追求生命的意义

关于生命的意义，我们可以通过很多层面去思考。

第一，我来到这个世界，我对这个世界会产生怎样正面的影响，这个世界失去我就会失去很多光彩吗？以在创维为例，一个人被调换到别的岗位或是被提拔了，别人做他原本的工作没他做得好，公司就会受影响。这就是生命的意义的第一个层面，做到：如果世界没有你，就有点美中不足。

第二，我们每个人都是一个自命不凡的个体，因此我们来到这个世界，是要有作为的，不能碌碌无为。

第三，生命的意义能够让我们找到快乐。现在很多人有心理问题，如不好好引导，心理问题加重后就会演变成严重的抑郁症，我认为这种情况大多是没有找到生命的意义所致。对生命没有感恩，找不到生命的意义，就会使人在种种不如意的情况下放弃自爱自尊，导致悲剧的结局。

第四，我们寻找生命的意义不是好高骛远，而是要改变世界。生命的意义包括做你喜欢的工作，让你的产品、你的服务对他人有正面的影响。例如，苹果研发的手机可以用软件弹钢琴、吹萨克斯，给消费者带来了全新的使用体验。我们也不是要声名远扬，比如你从事财务工作，能够帮助大家很好地开源节流；做账务审核，让你所在的小集体年年盈利，那你对这个小组织就很有贡献。假如你是个软件或硬件工程师，你研发的产品故障率比以前下降了，消费者和成千上万的导购员赞美你的产品，因为你的努力给大家带去了便利，这也是生命的意义。假如你是个服务工程师，你穿着职业制服上门安装产品，并告诉消费者如何上网、如何K歌等，这个时候，你就是3C生活的倡导者。这些都是生命的意义。阿基米德说，给我一个支点，我就可以撬动地球。我们在各自的岗位上，通过一个小小的支点，就可以为周围的人、客户、朋友带来快乐、便利、舒适。这就是生命的意义。追求人生的意义不在乎大小，而在于在无数的日子中不断地寻找最适合自己发展道路的人生目标。

第五，追逐人生的意义也需要检视、挖掘我们内在的潜力。在不熟悉的领域做事，很难有好的结果，但用心、用热情去工作，就一定能做好。因此，我们生命的意义还有技术上的提升。从技术层面上讲，我们要挖掘三个方面的潜力：

（1）寻找个人的天资。什么是天资？你要问自己一个问题：有哪些事情，你很快就能抓住要领，做得比别人又好又快？比如有的人对人有敏锐的洞察力，就适合做HR；有的人动手能力很强，对具体的产品敏感，就适合做产品工程师。再问自己，有哪些能力是你儿时的生活经验中经常感觉到的、得心应手的？这就是天资。所谓的天资就是寻找你擅长的事情，与你生命的意义有关。

（2）寻找生生不息的热情。没有热情，你的生活不可能美好。问题是，哪些事情即便报酬很少，你还愿意去做呢？有些人，即便不能赚钱，也愿意去做有些工作。拿我自己来说，我做遥控器赚到第一桶金以后，就去投资房产。我当时认识的一批地产代理商告诉我，做地产比做工业研发生产赚钱要快很多。我找银行按揭买了五套房，果真一年之内就升值了。于是有一段时间，我就以炒房为主。很快，我赚了很多钱，但是我的成就感不大，这样炒来炒去，没有可持续的发展。我还是情系电子工业，觉得通过技术投入就能影响千家万户的成就感比较大，于是又回头做工业。你也问问自己，做事情的时候，你在意的是自己的要求，还是别人给你的待遇？只有找到藏在你内心深处的热情，将其结合到生命的意义中，你才会有所成就。

（3）把握机会的能力。生命的意义是动态的，是要做选择的。那么，机会如何与我们生命的意义结合呢？遇到机会时，你是在意可能丧失的既有利益，还是在意潜在的发展空间呢？比如孙伟中总经理，1999年入职创维，在2003年的时候，公司看他业绩不错，将他提到总部做品牌总监。对孙伟中来讲，他面临重大选择，一个是他在市场做操盘手，有既得利益，因为销售有明确的提成方法；另一个是到总部，要懂得与不同性格的人打交道，有可能做不好，会被撤职。他服从了公司的调动，来到总部，这个调整是痛苦的过程。但他做得很好，后来又到市场部做副总，现在是海外公司的副总，领导创维电视征战海外。而因为在总部担任品牌总监的关系，他拿到了200万股的股票期权，价值接近2000万元，而别的与他同级的经理提成也就只有20～30万元。现在看来，他损失的可能是当年的既得利益，但得到了巨大的成长空间。

（二）法宝二：培养成长的心智模式

培养成长的心智模式就是超越他人的思维习惯，这个大前提是我们人生的态度。有了生命的意义，你还要有一个正确的态度。问问自己，面对困难的时候，你愿意不愿意弯腰找到关键的细节？其实，我们每个人都会碰到各种各样的困难，多数人面对困难的时候是一筹莫展、停滞不前。而有的人总是首先反省自己，找到原因，寻找解决问题的关键细节。

举几个例子。创维电视在 1995—1996 年一度比较困难，面对国产品牌的激烈竞争，我们开始思考如何面对压力，寻找关键细节。当时 TCL 做大屏幕，我们无法与之抗衡，就在画质上寻找方向，组织一批工程师，专心开发一个 100 赫兹的电视。产品研发出来了，但以我们当时的规模要推这个产品很难。我们最后找到蓝色火焰广告公司的品牌总监，一起商讨出广告语"不闪的才是健康的"。于是创维隆重推出健康电视，在全国范围内进行宣传，获得了消费者的高度认同。

你在意的是做到最好，还是做完了？大部分人做完了就交差了，这样的工作态度让你很难在市场上脱颖而出，仅仅追求做完了的人是不可能成功的。一定要做到最好！在我观察、选拔人才，提升管理人员时，关键看这个人是不是会要求自己凡事做到最好，要做 120 分而不是 60 分。这是决定能否成功的关键。

成长的心智模式包括哪些方面呢？

一是能为他人带来福音的心智模式。你来到这个世界，很想为你的家人和朋友、为你所在的组织、为社会做一点有用的事情，给大家带来快乐、带来价值。你想成功，首先要为他人着想，要有为他人创造价值的主导思维和行为，才能获得越来越多朋友的尊敬和喜爱，以及后来他们对你无私的支持和关怀。众人拾柴火焰高，慢慢地你就成功了。

二是诚信的心智模式。相信诚信总会有好报。诚信是成功道路上非常重要的轨道，言而有信才能做大事。

三是谦卑的心态，谦虚、好学的模式。有的人骄傲自大，总以为自己很了不起，跟别人争论得面红耳赤，非让对方觉得自己对不可。谦虚好学是成功路上不可缺少的一个模式。《从优秀到卓越》总结出的第五级领导人的特质，就是有谦虚的个性和专业的坚守。

四是正面思考的心智，始终保持快乐的心态。硬币有两面，一面是正，一面是负。你都不想考大学，大学怎么会录取你呢？你不来深圳，怎知深圳的酸甜苦辣？正面思考是人成功不可缺少的一个因素。

五是好奇心及不断学习的能力。

六是坚强的意志。人生不如意的事十有八九，如果没有坚强的意志，很多东西都放弃了，你总等不到胜利的明天。

七是自我激励的心理诉求。人生在漫长的竞争里要靠自己不断激励自己。

八是逆向思维。胜不骄败不馁，时刻居安思危。

九是敢承担，肯负责。

十是不怕吃亏的心态。

（三）法宝三：建立有效的行为模式

一是做永远比想重要。真正成功的人是做多于说，但要摒弃完美主义，不能等到所有条件都成熟了再做。要不断在失败中尝试，才能找到成功的突破口。

二是要以身作则。

三是要重视细节，以细节取胜。

四是要一切从简。每个人的时间都是有限的，把复杂的问题简单化，提高效率，按优先次序解决最重要的问题。

五是要全力以赴。

六是做好准备，知道成功属于有准备的人。

七是要有责任心。

八是要有解决问题的能力，能找到比别人更好的解决方案。

九是先找对人，再决定干什么事。

十是给周围人一个平台和机会，创造佳绩。创造让周围人都发挥所长的环境，就能创造持续增长的业绩。

今天我分享的就是这些。最后，预祝大家在创维都能获得巨大的成功！

伟大的企业要与员工内心的欲望赛跑

——在 2010 届大学生结业典礼上的讲话

2010 年 8 月 1 日

我们无法搬走高山峻岭,但是我们要适应高山峻岭的生活。

——黄宏生

创维集团立志要成为千亿企业,就是决心要与员工的欲望赛跑。

企业与员工的欲望赛跑

首先,企业会给员工提供合理的收入。对于创维来说,企业与员工的欲望赛跑就是要在管理、研发、营销等各方面的创新上下功夫,提升产业公司乃至集团的效益,让企业里的员工特别是骨干能分享到企业的成长及盈利。对企业来讲,员工的收入主要分为基本薪金、岗位津贴、其他的固定费用津贴、额外的奖励、年度分红,高层还有股份。同学们刚进公司,还处于一个学习及培养的阶段。在这个阶段,企业会投入很多,而你们也会积累一定的经验和技能。随着经验和技能的增加,企业会不断根据市场情况对大家的收入进行调整。请大家有信心,随着企业的发展,我们个人的收入也会提高。

其次,企业将提供个人能力和心智成长的学习环境,让每一个在创维的人都能够不断得到成长。在全方位的竞争中,我们需要有持续学习、成长的机会,包括提升个人的知识和专业技能、征服消费者的心智和解决问题的能力。外在要有技能,内在要有强大的心灵,这样我们的工作热情才会持续高涨。

所以,我们希望能够完善五年员工发展计划。这个计划在一些优秀的公司里得到了很好的实施,目前创维在这方面还没有认真地落实,但这对企业非常重要。这一发展计划包括每半年让员工自我评估一次，先由员工填写近期的目标是什么，远期的目标是什么；然后由其主管提出落实的方案。这是针对每个人的计划，要落实在行动中。如果能够做到、做得彻底，创维将成为一个具有强大增长动力的企业。我们对所有员工进行考核，让每个人在每半年、每一年都有一个总体的自我评价和组织对你的评价，营造一个企业和员工进行赛跑的机制，创造双赢。当然，员工成长的环境肯定不能包罗万象。我们要以三星为榜样，通过公平公正的考核制度，甄选出20%最具潜力和最有贡献的员工进行重点栽培，来满足有上进心的员工的欲望。

最后，企业将提供可期待的未来职业生涯发展计划。我们现在所有的岗位都有两条发展路径，纵向是职位的成长，横向是专家型能力的成长。比如说，我们有最高级的设计专家，也有会计师、审计师这样的专家，也有导购员这样的专家。每个人都能找到上高原的云梯。这让我们每个人的领导力和影响力都有上升的渠道和空间，同时个人技能也不会被埋没。无论是走管理型路线，还是走专家型路线，收入都高于市场上的收入水平。让我们每个人都能根据自己的特点，通过不同的路径，上升到自我实现的最高境界。

四点期待

以下为我对大家的四点期待。

一是要从基层做起。比如做销售的就必须从导购员做起。当你真正接触到消费者时时刻刻的盘问和挑战，甚至让你火冒三丈而又不敢发作，在这种压力和辛苦下，征服了一个个路过柜台的消费者，这时你才能了解到消费者真正需要的是什么，不是忽悠，不是哗众取宠，而是你的真诚、无私奉献和利他的精神与作风。如果你的工作是在生产线或是做研发，要认真地校验每一个零件的数值，摸索检测的方法，然后综合做出符合技术规格要求、可靠的技术资料……这些基层的工作需要我们全神贯注地去做到最好，而不是抱着做完就行的心态来对待。其他的工作也是如此，包括财务对每一笔账都要追究其中的来龙去脉；推广专员对每一种产品的描述，比起所有竞争对手，都应是表述更简练、更容易被消费者理解与掌握的；一线服务的接线员，要能够听懂并理解投诉者的每一个要求，等等。所有的岗位都需要我们做到最好。通过在基层的岗位经历，从最普通的工作中找到最佳的改进方案，就是你腾飞的机会。你的每一个指标都融入了你的智慧，让你所从事的事情得到明显的改进，从而为企业创造效益。把简单的问题做到最好，使"做到最好"成为习惯，让这个习惯产生最好的结果。

二是认清自己就是发挥自己的优点，同时也正视自己的缺点，不断超越自我。不要因为上级、同僚的批评和投诉而灰心，甚至自暴自弃。

三是让自己被环境接受。我们无法搬走高山峻岭，但是我们要适应高山峻岭的生活。有一句话说，好的环境是一种正面的学习，不好的环境则是一种磨炼。在企业里，经常出现是非，干活的人可能会受到非议，表现突出的人会遭到其他人的嫉妒。遇到这种局部的环境，要将其视为一种磨炼，坚持自己的原则。

四是社会是千变万化的，这个组织也是种种矛盾体的组合，我们总会面对不同的人，要努力适应这个环境，有所作为。下面分享几个技巧。

（1）应对上司，最佳的办法是培养默契、主动执行、超越期望。人与人都是互相尊敬的，你应该要成为上司的好参谋和得力助手。面对各种困难，你都设身处地为他着想，提供若干个方案供他参考和选择。哪怕是一些不成熟的想法，也应说出来，最好能针对所提出的方案提出建议和利弊，然后再征求上级的意见来裁定。这样的工作方式会让你的上司知道，你不只是忠实的执行者，同时也是个有思考的人；不只是颗螺丝钉，而是解决困难、创造佳绩的小亮点。

（2）面对下属，最重要的就是要认真聆听他们的声音。很多人总是觉得自己是无人可比的强者，做事武断、脱离实际，让自己的下属根本没有机会发表意见，导致工作绩效无法提高，最后大家也不帮忙。这样的人是失败的，也不会成为成功的领袖。因此我们要形成先民主、后集中的表达机制，这样的工作习惯是我们必须要培养的。

（3）应对平级的同事，就是用庄子的哲学——无我。和别人沟通的时候忘掉自己，千万不要把自己的理论和想法强加于人，即使你是对的，别人也都会不服气。年轻人如果太争强好胜，最后即使是你对了，别人也不服你，没什么好结果。所以，站在对方的角度考虑问题，了解对方的意向，才容易达成共识。苏格拉底创造了西方的辩论哲学，这里面并非是要让双方针锋相对，而是面对大部分的分歧找到共同点。这样做的话，最后你的同仁都会成为你的朋友，从而把事情做得更好。

（4）"垃圾桶"哲学。把每一个学习的机会都收集起来，你就变成了垃圾的收集者，最后成为最有价值的人。被称为"中国女首富"的张茵是世界级的"废纸大王"，她最初在深圳的一个公司里当会计，由于曾受一家造纸厂的委托去香港收废纸，了解到内地纸张短缺的情况和环保造纸市场的巨大潜力，便在香港做起了废纸回收生意，最后发展到去美国收集废纸，2007年成为中国首富。在职场里，大家都有防备心理，职场竞争很激烈，很多人不愿与人分享。而如果你有"收垃圾"的心态，就是别人不愿做的事你去做，这就是机会，你做了，就超过别人了。这个心态等同于吃亏是福的哲学，表面看吃亏了，实际上却是你人生成长的重要基石。

（5）诱惑和贪欲是我们成功的天敌。我们在创维这样年销售额达200亿元的企业，周围必然会有很多诱惑和贪欲。如果你内心没有坚定的信念和原则，必然会导致职业生涯的失败。比如你是一个产品质量检验员，可能就会有零部件的供应商拿不合格的产品来以次充好，然后约你吃饭，给你塞个小红包，而你置公司的利益于不顾，让这样的不合格产品进入到生产环节，就会导致不良货品的产生，损害公司利益。又比如你从导购员提升到业务员，进入国美、苏宁去谈进场费，也许一千、两千、一万、两万即可谈妥的事，对方要求提高费用，将多出的部分与你瓜分，你接受了这样的提议，暂时充实了自己的钱包，却损害了公司的利益，而这样的事情迟早会暴露，毁了你的职业生涯。如果你在研发的岗位上，负责选购某个产品的元器件，而你因为收了供应商的好处费，贪小便宜去帮一些不合格的供应商做了小广告，这样的行为最终也会毁了你的前途。

抵挡住诱惑不容易，需要我们坚持做人的原则（坚守职业道德）。公元前6世纪的中国古代兵书《孙子兵法》中，就有"将者，智、信、仁、勇、严也"的说法。智、信、仁、勇、严这五德被中国古代兵家称为"将之德"。明代兵部尚书于成龙提出的封建官吏道德修养的六条标准，被称为"亲民官自省六戒"，其内容有"勤抚恤、慎刑法、绝贿赂、杜私派、严征收、崇节俭"。中国古代的医生，在长期的医疗实践中形成了优良的医德传统，"疾小不可云大，事易不可云难，贫富用心皆一，贵贱使药无别"是医界长期流传的医德格言。

分清哪些事可以做，而哪些事不能做。自古以来，邪不压正的例子比比皆是。所谓君子爱财，取之有道。人生在世，求的是做人清白，内心坦荡。为人处世万般苦，平静无私快乐根。欲望常常累其心，道德修养暖自心，人生之本莫贪过，须持常人平常心。

今天，我要跟大家分享的就是这些。希望大家能尽快转变角色，投入创维千亿梦想的战斗中！

因为难,所以成功

——在创维集团2010财年第三季度全国经理大会上的讲话

2010年12月8日

> 我们要的是扎实肯干、不计较个人名利、不看短期得失的人,这才是我们用人的准则。
>
> ——黄宏生

本次全国经理大会,是在E70和3D电视新品的带动下,公司最近三个月的经营从低谷中反弹的大背景下召开的。本次大会,是振奋的大会、开心的大会和充满信心的大会。

创维现在的环境

因为难,所以成功。今年上半年,我们才真正体会到彩电行业这么难,市场竞争这么难,盈利和养活自己是这么难。我刚从厦门回来,看到曾经辉煌一时的厦华,人才持续流失,产品也逐渐从市场退出,只保留了一点加工业务。这说明,中国的企业还是要由中国人来救,中国人的追求和幸福要靠自己。另一个例子是昔日辉煌的春兰空调,20世纪90年代中国最大的综合性电子企业,上半年销售收入从几百亿元跌落到3.9亿元,亏损也达3亿多元。这样一个空调行业的先驱、多元化的巨型企业,如今却这么惨,可见工业竞争多难。当然国际上还有很多例子,像摩托罗拉入不敷出,企业生存在全球范围内都越来越难了。

我也曾担心,如果上半年这种产品结构适应不了市场,销售费用居高不下,企业很可能就会过不了这个坎,导致人才流失,兵败如山倒。但是,彩电事业本部在杨东文总裁的带动下，在全体骨干和员工的努力下，我们都坦然面对了这个难的残酷事实。这个难在于你去年做得好了，登峰造极了，人就会有一种感觉良好、天下无敌的傲慢情绪，我们就会忽略了消费者，忽略了竞争对手对我们的包围。难，就难在我们心里的骄傲自满和执迷不悟。彩电的同仁们经过深刻反思，在上半年的失利后总结，在极为困难的环境里迅速调整产品策略，在质量上多下功夫，终于做出了品质稳定的卓越产品。我们承认了心中的难就是骄傲自满，认识到以后，我们努力，所以成功了！

因为好玩，所以开心。现在企业的发展，要有为他人带来快乐的使命感和心态。所以我们开发出好玩的 E70，跑啊跑，跑到广州，跑到北京，跑到上海。现在消费者对精神文化的诉求，要远大于吃饱穿暖的基本诉求，所以我们增加的新元素要好玩，要给消费者带来快乐。我们开了无数次会，听导购员的心声，开发出新电视，让大家跑起来。因为好玩，消费者开心，经销商开心，创维人开心，我们这些高层和股东们也开心。

我们面对的挑战

从整体上来讲，创维来到了一个坎，要增长很难，会很辛苦。什么叫辛苦？辛苦是你有想干的事情，却因为种种原因，干不了，从而产生失望、郁闷的情绪。一天工作十几个小时，送货上门，这是快乐，不是辛苦，我们通过自己的工作能够普及科技，通过电视给大家带来快乐，虽然很忙，但内心是快乐的，所以我们要解决的是增长的决心和执行力的问题。为什么说现在创维来到一个坎呢？要再度起飞，就要改革，改革会造成我们某些既得利益者的损失，就会形成内部的矛盾；但如果不改革，没有在一个伟大目标下的改革，一定是死路一条。

有几个迹象，有远见的人看到都会忐忑不安。

第一个例子是美的。就在刚刚，美的庆祝突破 1100 亿元，可怕的是，刚突破 1100 亿，美的就立即定下新目标：在 2015 年再造一个美的，实现 2000 亿。

创维如果不突破瓶颈,我们的500亿目标,其实是小巫见大巫。中国在崛起,民企在强大,国有企业也在圈地盘。在这个"战国时代",你不进取就会很快被边缘化,大批优秀的人才就会流失,重新去寻找一个平台。因此,越是难,我们越要超越自己。还有一个可怕的地方是,美的对网络资源的抢占已经到乡镇的专卖店了。美的有产品组合的优势,当美的的红旗插遍全国主要乡镇的时候,当它收购厦华的时候,可能创维的彩电摆在地摊上都没人买,我们不改革怎么进步?

第二个例子是格力。很多一线的经理非常担心,现在彩电已经沦落到居空调、冰箱后的第三位,我们的话语权在逐渐丧失,我们要客户独家经营的难度增加了。而格力一枝独秀,它走空调专业化道路,去年达到400多亿元,今年突破500亿元不成问题。单一的产品能够突破500亿元,我相信彩电的前景(互联网电视、3D电视)一定是大过空调的。我们可以通过格力这种不折不挠的专业化模式,得到一些信心。

第三个例子是海尔。虽然海尔是一个国有企业,但在张瑞敏这样的优秀企业家的带领下,产品仍然深入大街小巷,这些人都在拼命做大。

第四个例子是华硕。华硕在中国市场已经超越惠普、戴尔、方正,直逼联想,高居第二位。他们定下了不可能的任务,就是要打败联想。他们采取的是什么策略呢?华硕的秘密武器是在全国一些大学里搞一个慈善活动,叫华硕地球至爱协会,让学生们在课余时间参加。这些活动不是商场的电脑促销,而是参与绿化、到农村普及电脑的使用等等。通过观察学生的表现,华硕暗地里记录优秀、卓越的学生。等他们毕业时,就把他们招进来。这种方法把全中国最优秀的学生网罗到华硕,进到华硕的学生,个个都是品德高尚、专业能力强的人,一个可以顶几个联想员工。你想若干年后,岂不是会超过联想?所以,我们的周围,人家都在进步,都在悄悄地革命,我们岂能有一点小小的成绩就骄傲自满?

第五个例子是宏图高科。它通过民营企业整合,做电脑连锁企业,包装上市,而且还在迅速扩张。它的一些管理方法,对整个企业文化的监督、执行力,都值得创维学习。

我们周围的企业都在奋勇向前,迅速发展。如果我们不早些认识到这个事实,加速企业的进步,创维很可能就会走下坡路。

创维目前存在的问题

创维的核心价值观要重塑。最近张总领导了一个新的企业文化运动,就是重塑创维核心价值观。这个学习自中兴。现在创维的考核过于现实,一切都在讲钱的多少,这样企业的发展不会长远的。真正能够持续快乐、成功的人,一定有核心的价值观,所以我们希望能加强人才激励考核机制。我们已经有KPI用于考核当期的经营结果,现在要增加核心价值观和成长价值观的考核。KPI考核管钱的多少,你可以分享企业的盈利作为奖励;核心价值观的考核是,如果你伤害了公司、客户或部门的利益,就会被一票否决,坚决辞退,甚至要追究法律责任。公司小的时候,核心价值观主要靠老板和总经理以身作则的感召力;企业大了,感召力是远远不够的,甚至是苍白无力的,必须靠制度。这个制度在维护企业诚信方面一定要是斩钉截铁的,否则创维不可能再发展。成长价值观,通俗地讲就是具不具有成长的优势,包括是否有解决问题的能力。比如,如果你管辖范围内的优秀员工流失率过大,如果你离开办事处后第二年原办事处就出现重大亏损,这就说明你的管理机制有问题,违背了成长价值观。创维现在就是要解决这样一个问题,重新打基础,建立巩固创维的重要元素。

创维的人才队伍建设要完善。今天上午,我们听取了很多一线经理的现身说法。我们发现,那些能说会道、善于拍马屁、表面文章做得好的人很可能是企业的风险,我们要的是扎实肯干、不计较个人名利、不看短期得失的人,这才是我们用人的准则。我们的人才培养采取双轨制。一个是从大学生中培养,一个是从导购员中打杀出来的。下一步的人才招聘,特别是大学生的招聘,是不是可以学习华硕的经验?先搞一些终端或慈善的活动,从大学一二年级开始招聘义工,再由分公司培养和考核,总部把关。

中篇：内部讲话、书信集

创维未来的发展

　　下一步，创维的发展要在两个重点方面有突破。一方面是研发。紧紧抓住技术的更新，特别是互联网的应用和开发，这始终是我们生存的立命之本。要集中更大的资源，集中精力，像苹果一样做领先的产品。最近，我们在思考怎样留住最优秀的软件工程师、系统工程师，解决他们的住房问题，让我们的产品始终领先于行业。电视机行业再增长20年都没有问题，3D后面还有倍数高清，互联网更有变化无穷的创新。我们坚信，只有把彩电做好，才能立足祖国，放眼世界，保护新生力量的发展。另一方面是销售渠道的研究。包括如何发展"巷战"，如何做好"惠民城计划"①，可喜的是，"惠民城计划"已经有一些改善和进步了。

　　目前的形势更适合大企业的生存。不管是国有还是民营，只要做大，这个企业就会有更多的资源。所有人都清楚地看到，创维这个品牌已被社会认可，我们凭借目前的平台，能够生成很多附加价值，这个附加价值也可能大大超过我们自身的价值。创维利用在南京物流园的基础，申请了房地产开发，这是创维第一个房地产公司：数字乐园公司。盖得好，就能创造2亿多元的毛利，1亿多元的纯利。广州、深圳也给了我们很多优惠的土地政策，我们的公明老基地也要改用途，做高档住宅和研发基地，为我们创造价值。这样的形势就是企业做大了，全社会的资源都给你。离开创维的网络，你什么都不是。就像我，人家都会把我跟创维联系在一起，所以这是个对企业的忠诚度问题。对企业不忠诚，你就会三心二意，你就做不好，很快就会被淘汰。所以一定要对企业忠诚，把心交给企业，在创维这个重视人才的环境里珍惜这个机会。

　　祝大家能够创造惊人的佳绩，让我们分享由困难走向成功的喜悦。这个喜悦是任何金钱都买不来的。

---

① 创维"惠民城计划"指创维集团在国内组建的大型销售渠道，类似综合性家电商场的形式。

成功笔记本

——在创维集团2010财年第四季度全国经理大会上的讲话（摘选）

2011年4月7日

> 通过笔记本，冷静地理出骨干团队成员和员工，从而进行有效的沟通，达成共识，可能是面对今年的挑战和增长的有用技巧。
>
> ——黄宏生

年年难过年年过。我们现在的问题是怎样在变化多端、多种因素胶着、形势不太明朗的情况下生存甚至胜出呢？这就是我们今天要讲的——成功者的笔记本。

（一）教练的笔记本

世界上最成功的教练，其胜出的秘密来自他现场的笔记本。这里讲的是欧洲最"昂贵"的足球教练，年薪1300万欧元（当年折合人民币1.2亿人民币）的穆里尼奥。他的秘诀是，在上半场比赛结束前的5分钟，掏出笔记本写下球员的位置、需要沟通的球员名字以及沟通的方法。那些超级有才华的巨星球员大多性格暴躁，经常与教练发生冲突，败下阵来的时候恨不得跟谁都打架，更听不进教练的建议。穆里尼奥的办法使他在短时间内找到最佳的沟通方式，与天才们有效沟通，从而反败为胜。这些天才球员经常都是通过他的点拨，执行他的战略部署而取得胜利，进而发自内心地信服他。无论是来自哪个国家，是什么性格的球星，都能在他旗下发挥最大的潜力。

反观我们，我们很多的经理和老总往往带着一个伟大的目标，回去召集会议，自己说得慷慨激昂。可是，你想过吗？大家对你这种单一的高压和完全燃烧的热情买单吗？你跟他们有心理契约吗？你对他们只是高压甚至谩骂，散会后他

中篇：内部讲话、书信集

们躲起来做什么你也不知道，你可能只是个项羽式的光杆司令。所以，通过笔记本，冷静地理出骨干团队成员和员工，从而进行有效的沟通，达成共识，可能是面对今年的挑战和增长的有用技巧。

（二）创意笔记本

专门替周杰伦、张惠妹这些知名艺人设计唱片封面的设计大师聂永真，他的成功之处也是在笔记本上。他的做法是，口袋里随时装着一个笔记本，无论何时何地，有灵感的时候就马上掏出笔记本写下来。在进行电脑创作之前，一定要有一个最原始的设计概念，他把这个概念写在本子上，进行自我脑力震荡，然后固化下来，以免打开电脑的时候什么都忘了。设计工作最核心的就是思考的自我突破，所以关键在于创意的形成过程，这个时候笔记本是最有用的助手。当你把想法写在笔记本上的时候，就相当于在脑子里抓到了一个思考的盒子，把它拿出来放到桌面上，这样你就有解决方案了。

同样，我们做营销、做产品设计的整个过程都是做创意的过程。对于如何做促销、如何传播、如何在最初5秒钟感动消费者，可以把这些好的想法随时记录下来，就像照相一样拍下来。这年头，要花钱的地方太多，一不小心就会破产，笔记本可以帮大忙。

（三）奥巴马的笔记本

奥巴马有雄辩的口才，他的演讲是美国历届总统中公认的最杰出的一个。同样，我们每天都要面对经销商、小客户群，其实都是在演讲。你怎样讲出一些有感染力的话，让他们对你的品牌产生一种亲近的感觉，让你的号召力形成销售力？这就要学习奥巴马，他把思考的过程写在笔记本上，然后在写的过程里形成了一个自我对话，建立起一种策略思考的心智模式，这就是奥巴马的秘密之处。你也可以尝试成为某一个村镇的销售"奥巴马"。

（四）要事第一的笔记本

我们每天的事情很多，想到的事情稍纵即逝，如果不记录下来就忘了，这样容易丢失机会，所以要通过笔记本记录下重要的事情。美国一家游戏公司的创始人有一次从纽约飞往西雅图，飞机起飞的一刹那突然有一个想法，他立即拿起一张餐巾纸，在纸上记录下一个游戏模型的设计思路。他下飞机后，按照这张纸上的思路整理出风靡全球的游戏，这个游戏后来以7750万美元的价格卖给了别人。另一个是美国西南航空公司的例子。第二次世界大战后所有的航空公司都在考虑如何征战世界，而这个公司的创办人在讨论的时候突然灵光乍现：为什么不开拓国内航线呢？结果他们在餐巾纸上写下了最初几个飞行城市的名字，西南航空公司成立了，成为美国当时最赚钱的公司之一。

（五）面包师的实用笔记本

有个面包师在巴黎最著名的面包大赛上拿到了欧式面包组的世界冠军，后来成为面包界的企业家，他也有做笔记的秘诀。这个面包师只是初中毕业，最初是一个面包房里的小学徒，他23岁那一年在自己的笔记本上写道："我要成为独当一面的面包师傅。"结果不到一年时间他就实现了。后来他每年都在笔记本的第一页写下他的人生目标，包括收入要达到多少，为了达到这个目标要做哪些事，如何研究和学习做面包的技巧……这让他很快在大批低学历的面包师傅里脱颖而出。有一年，他写道："我要做面包车间的主任。"他想从做面包变成做管理，确定目标后便往这个方向努力。一年后，他用心提升自己的管理水平和影响员工的能力，终于当上了面包车间主任，从此踏上了成功之路。他获得世界级面包奖后总结道："人是会懒惰的，通过勤写勤想，可以养成良好的思维和决策习惯。"后来他成为非常成功的面包企业的老板。

（六）经营人脉的笔记本

我们做经营要有广泛的人脉和忠诚的合作伙伴。有的时候，通过笔记本可以深化朋友的情谊，拓展你的人脉广度。举个例子，上海一个很有名的五星级酒店的老总，他出身草根，从普通酒家的端菜员做起。他做端菜员的时候，每次在端完最后一盘菜后，都会把酒桌上看到、听到的都记录下来，逐渐形成了自己的人脉。靠着这个神奇的笔记本，他把重要的客人都变成了他的朋友，最后通过这些人脉提升自己的业绩。

创维人的中国梦·创维梦

——在创维集团 2016 财年全国经理大会上的演讲

2016 年 3 月 15 日

> 创维是一个以业绩为导向的企业，奋斗者本身便能为企业持续创造价值。向"以奋斗者为本"转化，实质上是向"为实现个人价值和企业目标"的创维梦转化，而具备敏锐嗅觉、奋不顾身和团队作战三大特点的狼性文化，是对奋斗者最好的诠释。在"以奋斗者为本"狼性文化的主导下，企业必将朝着更为高效、更为团结、更能创造价值的方向发展。
>
> ——黄宏生

G20 与中国梦

2016 年 G20 峰会在杭州成功举办，这次峰会对中国而言是一次重要的机遇，也是世界对中国国际地位的重要肯定。透过此次峰会，我们能够看到，G20 对中国百姓及企业具有同样重要的意义。

回顾历史，很多痛苦的教训历历在目。1999 年 5 月，中国驻南斯拉夫大使馆突遭以美国为首的北约部队轰炸，中方 3 人死亡，20 余人受伤。此事令世界震惊，中国愤怒。北约将此事解释为使用了一份过时地图导致的误炸，国际特赦组织还支持了这一解释。2001 年 4 月，美国侦察机在中国海南岛附近海域上空侦查，中国海军航空兵派出 2 架战斗机进行监视和拦截，美国侦察机在中国专属经济区上空故意撞向中国战斗机，导致中国战斗机坠毁、飞行员牺牲。这一事件却以美国发表一段含糊其辞的"道歉"，中国释放美方人员、交还飞机而告终。其时，面对美国的挑衅，我国只能忍辱负重，发展壮大自己。

自1986年中国企业遭遇第一起"337调查"① 以来的25年间（截至2011年），中国企业已经遭受的美国"337调查"有126起之多，其中93%以上是专利案件。自2008年11月以来，中国遭受了超过100项的贸易保护主义壁垒，占同期世界各国各地区采取的贸易保护主义措施的三分之一，位居世界第一。以美国为首的发达国家通过反倾销或专利版权来封杀中国的国际贸易，对中国经济进行"围追堵截"。

十八大以后，中国经济发生了重大变化，一系列政治、经济措施让中国焕然一新。2015年中国提出的"一带一路"倡议开辟了亚欧非大陆共同繁荣的新局面，化解了以美国为主导的《跨太平洋伙伴关系协定》（TPP）。中国以海陆"连横"模式打破了美国通过"合纵"以谋求国际经贸投资新秩序的野心，中国在国际经贸地位显著提升。南海仲裁案的反败为胜，说明如今中国的国际地位已经提高了。面对不平等、不合理的裁决和事件，中国都将予以强烈的回击。同时，近几年中国企业在海外得到了迅猛发展，海尔以54亿美元收购GE家电业务，美的以40亿欧元收购德国的机器人巨头库卡，腾讯以86亿美元收购芬兰手游公司Supercell，联想斥巨资收购IBM、NEC电脑业务，碧桂园投资2500亿元建造亚洲最大的森林城市……众多例子表明，中国企业在世界的地位得到了显著提升。

如今，在各国都能看到"Made in China（中国制造）"的产品，中国物美价廉的产品已风靡世界，人民币在很多国家可以直接使用，儒家文化也在世界各国传播。中国在逐步通过传统文化"软实力"和外贸投资"硬实力"塑造良好的国际形象，国际地位的提升对中国企业外贸起到了十分积极的作用。

杭州G20峰会是中华民族伟大复兴的初步验证，这将推动中国社会的深化改革。2010年中国GDP超越日本，正式成为第二大经济体，"中国速度"一时传

---

① 337调查，指美国国际贸易委员会（USITC）根据美国《1930年关税法》第337节及相关修正案进行的调查，调查对象为进口产品侵犯美国知识产权的行为及进口贸易中的其他不公平竞争。

为佳话，中国的崛起已毋庸置疑。杭州 G20 峰会之后，中国将由"小富即安"转向参与"世界经济奥运会"的竞赛中，政府将出台相关政策加大对企业外贸经济的扶持。同时，企业也将受到更多的鼓励去创新、制造出具有世界竞争力的产品。在如今，"中国制造"已不再是"便宜货"的代名词，越来越多的品牌和产品已经获得世界的认可，有些常见产品在国外甚至成了"奢侈品"。社会对企业的经营环境将会越来越友善，每个人都有实现物资富足及精神富足的"中国梦"机会。

对于创维而言，家电业虽然产能过剩，但是技术升级与互联网的深度融合，让我们进入"柳暗花明又一村"的转折，驱逐心里"红旗到底能打多久"的雾霾。在技术升级方面，OLED 产业在不断兴起、完善，技术不断更新迭代，突破固有技术瓶颈后，OLED 产业可谓大有可为，即将成为下一代彩电革新的主流。同时，互联网与大数据连接了所有的家电产品，形成了智慧家庭新平台的升级，使得创维产品有了由"单一"向"整体"转型的机遇。人类文明正在由信息化转向智能化，这个影响在日常生活中无处不在，比如无人驾驶汽车、语音识别、机器人以及家庭的高度智能化等等。在智能化关联下，我们的生活从传统硬件延伸到了软件（内容）和服务，生活便捷度大大提高。创维会利用 28 年的深厚积累，加大技术的投入，加速管理转型、营销转型、人才转型，迎接一个黄金时代的到来！

随着中国的崛起和"中国梦"的激励，中国的自主品牌越战越勇，不但在中国这个全球最大的市场打破了口资及其他外资品牌的垄断，也在全世界范围内迅速崛起，占领全球亿万家庭的客厅！中国的世界地位逐步提升，扮演了 G20 轮值主席的角色，这将使创维有机会成为世界彩电的冠军及全球智能家居的领导性品牌。

创维在"中国梦"的崛起中奋力转型升级

在政府政策的激励及企业的不断努力下，"中国梦"的实现路径也愈发清晰，创维承借"中国梦"的崛起之势，也不断进行探索与转型升级。

升级之一：传统行业以硬件为主，在互联网及智能家居蓬勃发展的今天，创维将"单一"产品模式重新"组合"，让各个产品间通过互联形式形成智能家居，从而方便用户的生活；同时，可以打造整体智能家居理念，由一个产品带动多个产品，打造创维"生态圈"。

升级之二：创维制订了未来五年的阶段性目标，具体如下。到2020年，彩电实现3000万台的目标，机顶盒实现5000万台的目标，冰洗产品实现500万台的目标，空调实现100万台的目标，智能家居整体方案实现100万个家庭的目标，通过并购重组发展一到两个新产业；用金融与地产提供强大的支持，保障产业的稳健发展；打造智慧家庭与环境健康、机器人与智能化这两大研究院，引领集团技术突破和发展；员工的收入是同行业的1.5倍。在五年阶段性目标的指引下，让"创维梦"得以落实。随着智能家居的发展，将有更多内容扩充到未来的细化目标中；在不断的探索和实践中，将对创维千亿目标进行更细化的诠释，引领创维走向世界视听领导品牌！

升级之三：企业的文化风格由"保守"转变为"以奋斗者为本"的狼性文化。创维一直以稳健甚至保守的风格在业内著称，在升级转型过程中，创维文化要向"以奋斗者为本"转化。"奋斗者"是指为企业和客户不断创造价值、提升劳动效率及效果、不断努力提升自己的员工。创维是一个以业绩为导向的企业，奋斗者本身便能为企业持续创造价值。向"以奋斗者为本"转化，实质上是向"为实现个人价值和企业目标"的"创维梦"转化，而具备敏锐嗅觉、奋不顾身和团队作战三大特点的狼性文化，是对奋斗者最好的诠释。在"以奋斗者为本"狼性文化的主导下，企业必将朝着更为高效、更为团结、更能创造价值的方向发展。

升级之四：通过行业的整合和并购，培育新的产业和利润增长点。近些年，创维不断进行海外市场的行业整合和并购，相继收购了南非厦华工厂和当地著名家电品牌 Sinotec、德国电视机制造商美兹（Metz）、欧洲 Strong 集团、印尼东芝 TJP 工厂等。通过一系列举措，使得创维在各领域的生产、制造、研发能力都寻找到了新的增长点。同时，在不断整合的过程中，创维也积极投入新兴的产业，希望通过各产业间的组合，培育出更多新的产业、寻求更多利润增长点。

中华民族的两个当代"神器"

说到中华民族的两个当代"神器"，很多人有不同的理解。我认为，这两个"神器"是"郎平·女排"精神和华为精神。

（一）"郎平·女排"精神

透过"郎平·女排"精神，我们不单单可以看到奋斗者精神、中国精神，还能重新反思创维的企业文化及企业精神。退役前郎平的辉煌自不必说，但她退役后，不坐享世界冠军的老本，选择赴美国进修，努力从运动员转型为教练。在1995年回国担任处于低谷的中国女排的主教练后，拼尽全力让女排重新夺得奥运会奖牌。比起郎平，创维人更没有什么老本可吃，唯有从零开始，踏踏实实，稳扎稳打，方能在激烈的市场竞争中厚积薄发，夺取顶峰。

在女排最艰难的时刻，郎平又一次主动离开舒适圈。那时她已在海外生活、工作多年，拿到了美国绿卡，在多国执教时都率队获得了好成绩。但是郎平为了中国梦，为了她的"排球梦"，毅然于2013年再度接管了低迷的中国女排，在巨大的压力下，带领女排向冠军挺进！这与创维"'难'修能力、'苦'修智慧"的价值观不谋而合，即克服自身的懒惰与懈怠，为了创维梦，也为了自己的事业梦而不断拼搏。郎平从小打排球，从一个运动员变为一名教练，也是为了她的排球梦，聚焦在排球上，乐趣无穷。创维专注家电业28年，聚焦于亿万家庭的客厅中，"金矿"始终挖掘不尽。

郎平最值得我们学习的是针对女排科学的管理和提升。相比中国传统式的"苦练伤痕累累，未老先衰"的运动生涯，郎平从美国引进了一套专业运动员的训练方法，采用专业护理和疗伤的训练手段，彻底改变了以往运动比赛等于运动员"自残"的局面。我们可以清晰地看到，必须通过科学的方法才能事半功倍、提高效率，创维也要从传统的运动营销转化成为完全量化的、数据化的"阵地战"。比如，在手机行业，oppo 和 vivo 的终端比任何品牌都好，就是因为他们引进了宝洁（P&G）专业的终端五人团队，对其 20 万个终端进行标准化的检查、排名和提升，建立消费者喜好模型，彻底复制了全球最牛终端管理企业的水平，使得两个品牌越战越勇。

国家对女排大力支持，建立庞大的国家青年队，在世界范围比赛中选秀，优中择优。同时，不断推荐优秀运动员到国外去打职业比赛，培养未来的女排人才和领军人物。郎平对于人才培养非常重视，女排队员出差训练时，为了让运动员可以一人一间房，郎平会自掏腰包，以保证运动员安心比赛。远程飞机上两米高的经济舱空间有限，运动员个子高、直不起身，郎平就四处找赞助商以保证运动员搭乘商务舱。领导者 70% 的时间要用在发现人才、培养人才上，并无私地帮助他们持续成长。创维人更要以发现人才、培养人才、给人才提升空间为第一要务，保持企业有更充足的活力去迎接一个又一个挑战。女排精神就是：你耗尽力气，因为你相信必将征服一路坎坷；当你克服质疑、不断努力，终将赢回人生。①

（二）华为精神

华为凭借自身优秀的行业技术、管理能力及人才队伍，在崛起的中国企业中最具代表性。"以奋斗者为本"作为华为核心价值观的重要组成部分，正是带动华为不断创新的动力和源泉。在管理方面，华为强调让一个企业实现员工数量下降 50%，人均劳动力增长 80%，而销售收入增长 20%。办法其实很简单，核心就是"减人、增效、加薪"。

---

① 2019 年 9 月，在日本大阪举行的 2019 年女排世界杯比赛中，中国女排以十一连胜的骄人战绩夺得冠军，成功卫冕，为祖国和人民赢得了荣誉。

华为为了提高人均劳效，首先做的就是由工资倒推任务，这样核心员工的高工资必然带来更多的"任务包"，而其他非核心低效人员便列入了"减人"的名单之中。其次，为了提高人均毛利，华为将毛利分成六个包：研发费用包、市场产品管理费用包、技术支持费用包、销售费用包、管理支撑费用包、公司战略投入费用包，而且要找到这六个包的"包主"，让这个"包主"根据毛利来决定下面需要几个人。通过给"包主"及相关人员制订与目标相对应的工资，从而反向促进人均毛利的提升。

在减人方面，华为人力资源部在定招聘需求的时候经常会问三个问题：为什么要招这个人？他独特的贡献是什么？能不能把这个岗位给别人做，给别人加点工资？精简人员对于人均劳效的提升非常有必要，企业管理的行政职位和产出职位要进行分离，要有明确分工，有了分工以后，才能更好地调整工资结构。

透过女排精神，我们可以看到拼尽全力也要冲向目标的决心和勇气；透过华为的人力资源管理方法，我们可以反思在人才选用方面可提升的空间。

每个创维人都有一个创维梦，即通过自身努力去实现自身价值和企业价值；同时，每个创维人也都拥有"中国梦"，顺着中国崛起的浪潮在各自岗位中扮演重要角色。中国崛起和企业崛起相辅相成，相互促进。相信在未来，创维将顺应潮流发展，在各产业升级、人才发展及培养不断突破的环境下，必将走向世界智能家居的领导品牌，夺取世界家电产业的霸主地位！

生命因你而美丽

——在外婆陈吉兰女士追思会上的悼词①

2016年10月23日

> 中国文化中最具有魅力的爱就是母爱，中国的母亲不仅对孩子不计回报地付出，对孩子成年后的小家也是如此。
>
> ——黄宏生

尊敬的各位来宾，各位朋友，各位创维的同仁：

感谢各位在周末前来参加外婆的追思会和告别仪式！很多朋友从北京等全国各地不远万里而来，我再次表示衷心的感谢！

外婆对祖国、对当下的生活充满感恩之心

外婆充满感恩的深切情怀，影响了创维成千上万的骨干员工：

故事一：每天早上，外婆都到创维工业园的五星红旗下"朝拜"。外婆生于1912年，长于灾难深重的旧中国，经历了辛亥革命、军阀混战、日本侵华战争、解放战争、中华人民共和国成立后的三年困难时期，历经死里逃生的苦难日子，至今深深地感激今日的中国。因为有共产党的领导、中华人民共和国的成立、改革开放，她从饥寒交迫到过上小康生活，并见证了创维这样一个民族企业伴随中国的崛起而成为世界级的品牌。所以外婆每天到五星红旗下"朝拜"，是她历经百年人生的前半生苦难后，发自内心地对当今社会的热爱和无限的感恩！事实上，中国在过去的几十年里，无数人实现了脱贫，过上了小康生活，其中3.5亿

---

① 陈吉兰女士生于1912年3月，辞世于2016年10月，享年104岁。

人达到了联合国统计标准的中产阶级,这是对全世界人类文明的巨大成就!

故事二:外婆经常会参加创维在外地的营销大会、客户大会。最后一次参加的活动是坐高铁12小时从深圳前往南京的会议。在高铁上,她一刻都不肯休息地倚靠在窗边,看着窗外迎面而来的景色,发自内心地感到喜悦和感激。在她的年代,总是在逃难,从一个村逃到另外一个村,躲日本人、躲内战、躲轰炸,哪能像今天这样安坐在高速的铁路上,奔驰在和平美好的国土上!

故事三:外婆也常常给我们讲起外公的故事。外公和她很恩爱,可不幸的是,在外婆23岁生下第二个小孩后,外公在日本侵华战争中遇难了……为了谋生,外婆要种地,还要把地里的东西拿到镇上去卖,在那样的年代这是多么困难的事情。外公的遇难加深了旧社会给外婆带来的伤痛,但也激发了她对现在祖国繁荣景象的感动和兴奋,这是她永远不忘提及的故事。

外婆的感恩之心对创维员工有着深深的感染力。虽然我们从事的制造业非常辛苦,夜以继日,竞争惨烈,一不小心就可能会亏本,但是相比外婆经历的战争年代,饥寒交迫、到处逃难,我们现在是多么幸福和富足。所以,不努力地工作、珍惜当下,我们怎么对得起前人呢?

苦难之光,照耀美好前程

外婆的一生经历了太多苦难,但她从未退缩过。

故事一:外婆9岁丧母,15岁作为童养媳送给夫家,22岁生育了第一个女儿(也就是我的母亲),23岁刚刚生下第二个孩子,丈夫就在战争中去世,儿子又夭折。在旧社会的农村,母女俩成了最受欺负和最受排挤的孤女寡妇。但是,不幸的生活没有把外婆吓倒,她不改嫁,而是通过个人的努力抚养女儿,并将她送去上学。正是外婆顽强的意志和淳朴的智慧,让她的女儿考上了医学专科学校,成为当时整个县里唯一接受这么高教育的女性,也是唯一留在省会城市工作的女性。

故事二:十年动乱的灾难再次让我们一家陷入了困顿的生活。在那缺吃少穿的年代,外婆冒着风险在居住地旁边的荒地上养起了猪。在"宁要社会主义的草,不要资本主义的苗"的时代环境下,外婆通过自力更生带着我们渡过了生活的难关。

伟大的爱

在我看来,中国文化中最具有魅力的爱就是母爱,中国的母亲不仅对孩子不计回报地付出,对孩子成年后的小家也是如此。

在中国家庭中,很多年轻的父母因为工作忙,往往把孩子交给外婆和奶奶养育。正是因为上一代女性无私的奉献,中华民族才把勤劳勇敢、无私奉献、艰苦奋斗的作风代代相传。

故事一:1959年,我那当小学老师的父亲被打成右派。因为父亲的原因,我和外婆作为右派的家属也被赶出了居住的学校,外婆被迫带着我开始了流浪。我们流浪到了县城,但是那个年代没有车,从一个村到另外一个村需要长途跋涉,外婆每天背着我走二三十公里,风餐露宿,正是她深沉的爱、求生的欲望和保护后代的天性,支撑着她和孙子度过了极度困难的流浪生活。

故事二:为了躲过风波,外婆带着我投靠她的妹妹,即我的姨婆家。老姨丈是一个贫下中农,成分好,结果我们的"不好出身"给他们一家带来很大的压力。外婆觉得如果继续流浪可能更是凶多吉少,所以为了留下来,她每天听到第一次鸡叫声就起来干活,经常熬地瓜酒送给全村的老乡喝,过年过节就酿豆腐送给全村的老乡,最后通过努力,终于赢得了全村老乡的接受和友善。外婆对我的爱是无私的,感动了上天!也正是这样的爱,在当时的政治氛围中,让外婆为自己和孙子赢得了生存的机会。

故事三:这种慈爱,让外婆对我这个孙子的学习要求非常严格。1973年7月,我高中毕业后有一段时间待在城里,没有工作就无所事事、游手好闲,甚至自暴自弃。外婆每天晚上都严肃地和我讲她如何渡过苦难的故事,让我在迷茫中觉醒。所以,我在上山下乡前的几个月,在"读书无用论"的时代背景下读了很多书,才为后来的继续发展打下了很好的基础,才能在恢复高考后第一年就考上大学。外婆的爱也是严厉的要求，影响了我的一生。

分享外婆长寿的秘诀

外婆从小就做农活和家务，白天在田里干活，晚上回家做家务，凌晨还要起来熬猪食。劳动让人健康。

除了繁重的农活和家务劳动外，外婆也会抽空挑香蕉到二三十公里以外的集市去卖，"榨干"了身体的汗水，每天流汗也是外婆的好习惯之一。

过去因为经济困难，外婆没有很多食物，主要的食物是红薯。吃红薯有益健康。

外婆生活习惯非常有规律，每天6点起来，活动之后冲凉。吃完早餐后，以前是下地干活，现在是每天在工业园"上班"，虽然不拿工资。中午小睡一会儿，晚上也会早睡。规律生活有益健康。

外婆终身追求事业。年轻的时候，她的事业是把自己的女儿养育成人，这个阶段性目标实现以后，她的新"创业"就是让孙子有更好的前途。她同时也分享到了儿孙们事业成长的乐趣。记得20世纪90年代我接她到香港去享福，让她每天到香港的茶楼和老乡喝茶叙旧，结果她才待了一年多就强烈要求到创维的工厂当一名普通的员工，参加创维的生产，陪伴创维成长，分享成长的喜悦。享福不是她的选项，终身的奋斗才是。在奋斗中享受过程，这就是外婆精神富足、健康长寿的秘诀之一。

外婆的心态非常淡定。也许正是因为经历过苦难，经历过风雨，外婆特别地沉着淡定。通过与乡亲们的谈话、身边人的聊天或电视节目，她能感受到社会的变迁。

回忆外婆的恩情、关于外婆的点滴，我有无限的怀念……

最后，再次感谢各位在百忙之中利用周末的假期来参加外婆的告别仪式！真诚地希望外婆安息！也希望各位能得到外婆来自天堂的祝福！祝福你们身体健康，快乐长寿！

中国全球化2.0及中华民族的伟大崛起

——在创维集团2017年新春年会的讲话（摘选）

2017年1月21日

> 我们要敬天爱人，实现企业的创维梦和个人的中国梦。所谓"敬天"，就是有强烈的危机感，战战兢兢，尤其要在产品的适销对路、成本的把控、风险的把控上做到极致，我们才能生存下去；所谓"爱人"，就是以人为本，以奋斗者为本，建立从合伙人制度到企业的分享机制，让每个人都担负起企业的责任，让每个人都为自己的成长和目标释放出所有的能量，实现生命的意义。
>
> ——黄宏生

成功加入WTO是中国进入全球化1.0的重要标志，经过了十多年的发展，中国国际化脚步逐步加快，并且通过"一带一路"倡议，与沿线各国打造新的经济共同体，这标志着中国进入全球化2.0阶段。

近期最振奋人心的是习近平总书记亲自出席达沃斯论坛，在论坛上致辞时掌声不断，这是一个重要的信号，西方主流意识对中国的敌视出现缓和、改变。事实证明，在过去的五年里，中国的外交在全世界产生了前所未有的影响。

同时，马云作为一名企业家，不自觉地成为中国企业走向世界的"代言人"，说明中国政府认同企业（特别是民营企业）在全球化及中华民族的伟大崛起中扮演着不可或缺的角色。

中国上下五千年，只有一个商业文化思想传承了下来——胡雪岩经商之道；而在西方，爱迪生、西门子等人的发明对商业产生了巨大的推进作用，商业思想促进了西方的文明和经济发展。如今，中国的商业思想得到了蓬勃的发展，特别是以华为为首的"以奋斗者为本"的企业文化吹响了五千万中国企业奋发图强的号角。中国的商业思想已经与社会的主流意识捆绑到了一起，这是个了不起的进步。

企业家的百折不挠、持续创新与突围的精神是每个国家最宝贵的精神财富之一。中国一直到今天才真正意识到，弘扬企业家精神，创造和善、清明的商业环境，是国家富强、不被毁灭的法宝，这对中国的未来是一面好的"镜子"。

现如今，"一带一路"倡议对中国国际化进程起到了非常重要的促进作用。一开始我们对"一带一路"不太了解，也没有看到古代的"丝绸之路"为我们带来的商业繁荣。西方崛起的几百年里，多数是通过战争的征服来实现"全球化"。而中国通过援助，在"一带一路"上建高铁、码头、发电站，加强与各国间的国际贸易和产业互动，为中国与世界带来了极其深远的正面影响，造福了很多国家。

中华民族的不断崛起使得中国人找到了自信和归宿。有很多例子可以证明：许多在美国工作的精英寻找各种机会，脱离美国舒适的打工状态，积极回国参加中华民族崛起这一伟大的进程；澳大利亚云集了大量的深圳企业家，他们之中超过一半都回国来做事，闲置了在国外的房子，就是被中国的崛起和走向世界的势头所感染。

中国人的生活在改革开放后的短短三十多年间实现了诸多转变：由"光脚丫"到穿运动鞋和皮鞋；由走路或骑自行车转为拥有自己的私家车；由连收音机都没有转变为拥有智能电视、移动互联网、微信等娱乐、社交媒介；由住茅草房变成住高大上的洋房。在外国人的眼里，中国人是最具变化的、最幸福的民族群体了。我们在感恩的同时，更应珍惜这些来之不易的成就和生活品质的提升，勇敢地迎接新的挑战。

我们要敬天爱人，实现企业的创维梦和个人的中国梦。所谓"敬天"，是因为所有行业都会面临供过于求的危机，加上全球竞争的对抗性加剧，企业倒闭的风险大幅度增加，同洲电子就是一例。我们要有强烈的危机感，战战兢兢，尤其要在产品的适销对路、成本的把控、风险的把控上做到极致，我们才能生存下去。所谓"爱人"，其实就是以人为本，以奋斗者为本，学习华为，建立从合伙人制度到企业的分享机制，让每个人都担负起企业的责任，让每个人都为自己的成长和目标释放出所有的能量，实现生命的意义。

创维 2017 年转型升级的重点工作是"由重经营轻管理，转型为经营与管理并举"。创维集团有十几个产业公司，每个产业公司都是"游击队"，单打独斗，做不大，集团内部没有人才的共享，没有资源的共享。现在，我们通过与华为近距离交流，才真正感受到华为的伟大成就是来自管理的持续创新，特别是"以奋斗者为本"系统管理的支撑，把十七万思想独立的天之骄子汇集成天下无敌的军队！

要想做大，必须像华为那样，在梦想的召唤下和制度的规范下，集中一个焦点，"攻打"世界。新一年的重点工作应集中在科技创新和管理创新上，我们以前过度注重营销创新，但在强大的科技面前，营销的手段苍白无力。创维集团隆重推出《创维集团干部管理办法》，我们以人为本，以奋斗者为本，让我们的精英的才能得到充分的发挥，让他们的生活品质和收入拉开距离，让不合格的人在大浪淘沙中自然淘汰，使创维的创新能力和管理水平能迈上新的高度！

真正的快乐和幸福[①]

——在创维集团2017年经营分析会的讲话（摘选）

2017年2月9日

> 每个月、每个季度、每年，我们的管理在成长，我们的团队人员在进步，我们自己也在不断地成长。
>
> ——黄宏生

中国工薪阶层的工资收入已经高于东盟十国（除新加坡），而我们的视野也不应止步于车、房等物质上的满足，更要追求精神上的快乐和幸福。要实现真正的快乐和幸福就要做到以下十个方面：

（1）享受工作。创维从做遥控器、电视机，到做机顶盒、白电、空调，再到做金融、地产等服务业，产业做得越来越大，而我们也感受到了自己的成长和工作的快乐。

（2）身心健康。在工作之余，我们也要远离不健康的生活习惯，保证好自身的身心健康，这才是让自己快乐和幸福的根本。

（3）拥有刺激性的兴趣和生活方式。处于激烈的竞争环境下本身就是一种富有刺激性的生活方式，我们要愿意成为胜者，不断挑战自我。

（4）拥有一定的时间自由。实际上，我们目前拥有的时间自由要高于公务员，时间的自由让我们面对工作更加积极、更有活力。

（5）选择适合自己的居住环境。不管你从事什么工作，有怎样的活法，用心挑一个适合自己的居住环境，关乎幸福。

[①] 本文原题是"从中国年到世界年"。

（6）具备有效的思维习惯。真正快乐的人是主动性的、有预备性的，会让生活更为坦然、从容、有条理。

（7）能够放眼未来。我们共同展望着企业从传统行业升级到人工智能的领域，我们从中国的单一市场走向世界，从硬件到软件，从"吃硬饭"到"吃软饭"，紧跟时代的脚步。放眼未来，我们能走得更远。

（8）感觉自己正在向目标迈进。每个月、每个季度、每年，我们的管理在成长，我们的团队人员在进步，我们自己也在不断地成长。

（9）朋友和亲情。我们的朋友遍天下，有全世界的合作伙伴，有国内的经销商，有上游的供应链。我们在获得成功时共同感受愉悦，在合作中获得快乐。

（10）给予他人和社会某方面的主导力量。我们在家电行业是主导，我们的同行都为我们的成长而欢呼，创维也要成为整个行业的标杆企业。

我们要落实集团推动的以人为本的《创维集团干部管理办法》，以此为纲领，落实到每一个产业公司、每一个环节，细化到每个干部身上。进行以业绩为导向的绩效考核办法改进，要落实到每一个奋斗者，我们通过自身的学习和改革，希望在2017财年共同奋力向前，取得佳绩！

服务型领导力是凝聚人心、战胜困难的法宝

——在创维集团内部分享会上的讲话

2017年5月16日

"服务型领导力"的回报很明确——员工的高忠诚度、高工作投入度以及优秀业绩。

——黄宏生

"服务型领导力"的回报很明确——员工的高忠诚度、高工作投入度以及优秀业绩。很多人都觉得已经在工作中尽了全力。然而,近日盖洛普公司的民意调查显示,70%的职场人士在工作中要么"故意不努力",要么"不够投入"。也就是说,有数百万劳动力尚有空闲精力,他们的工作效率原本可以更高。

调查显示,由于工作中人们不够努力,每年美国生产力的损失高达4.5亿～5.5亿美元。如果员工只是表面忙碌,实质并不努力,那么企业就很难节约成本,更难推动自下而上的创新。

20世纪中期,罗伯特·格林利夫[①]第一个提出"服务型领导力"概念。它的基本理念是:将团队的需要置于个人之前。罗伯特说,作为上校,我们曾在美国海军陆战队中推广基于服务的领导力。作为军官,我们总是最后吃饭,先保证其他人盘子里装满菜,再装自己的盘子。战场环境又黑又冷的时候,我们一定冲在前线,告诉团队我们会跟大家同甘共苦。因此,不管大家是否吃饱、是否有休息时间、是否牺牲了个人舒适,都可以感受到我们在背后对他们的默默支持。总之,团队在感受到了上层的关心和重视后,就会通过积极主动和认真训练来表达

---

① 即 Robert K. Greenleef,1904—1990年,美国管理学家,"仆人式领导"(Servant-Leadership)管理思想潮流的发起人。

忠诚。结果很明显：大部分团队成员都把海军陆战队的标志纹在身上——这是个人与集体关系紧密的标志，甚至一辈子都想保持这种关系。

进入商界后，我们惊讶地发现，只有极少数的管理者能认识到"服务型领导力"的重要性。不与团队成员讨论职业发展，却一味炫耀职位，强调领导的特权，这等于在告诉员工，管理者并不关心团队的未来。

但是，只是理解"服务型领导力"的概念还不够，管理者若要真正重视员工的需要，就需要突破以下三个障碍：认知、时间和不良竞争。

第一，认知。从根本上说，管理者的工作就是满足员工的需求。积极沟通并表现出同理心，帮助团队成员实现目标……管理者不能将这些都甩给人力资源管理者。管理者一定要在个人层面上了解团队成员，明确每个人的优势、目标以及努力的动力。

第二，时间。工作太忙是最常见的借口，极少有管理者能抽出时间将团队建设付诸实践。但是无论多忙，管理者一定要努力将基于服务的领导方式与日常工作相结合，比如每周抽出1～2小时来增进团队感情。从小处做起，你可以不时地和员工聊聊"最近怎么样"，相邀吃个午饭或者喝杯咖啡等。"服务型领导力"往往可以节省许多时间，因为员工心甘情愿的付出会让工作质量和效率大幅提升。

第三，不良竞争。企业通常会重视优秀的员工，但是很少强调团队凝聚力。这种做法显然有违"服务型领导力"。我们曾与一群管理者合作，他们每个月都要花大量时间来争论谁的贡献最多，每个人该分多少钱。内耗会严重影响合作，而且会导致管理者无暇顾及更重要的工作——关照团队成员。其实，只要理顺团队的薪酬架构，确保多劳多得，全面考虑每个人的贡献，那么争吵自然会消失。这样一来，团队成员也不会那么计较个人利益得失，多为企业和他人着想。

另外，在每次开会前，管理者应先讨论企业相关事项，比如公司文化、员工培养等，再讨论商业层面的问题，比如财务表现、项目进度以及人员分配等。然而,每当讨论如何满足团队成员的需求时,有些管理者的语调和谈话态度就会改变,认为这无关紧要。"将团队放在第一位"的道理看似人人都明白,但是往往因为受到不良工作环境的干扰,影响了管理者真正满足员工的需求。

当"服务型"领导者发现团队在争论谁或者哪个团队更有价值时,马上就会意识到事情的严重性。他们会鼓励员工把企业当作一个整体,打造跨部门合作关系,并积极肯定每个人带来的贡献。

服务型领导方式可以直接影响团队的投入程度与效率。我们发现以下行为可以显著提升员工的忠诚度和投入水平:

(1)高层管理者与一线员工共同进餐;

(2)员工共享带薪病假和带薪假期,当某个人遇到急事,同事可以迅速补位;

(3)非正式和正式的导师项目,所有员工尤其是新员工可以获得工作中的必要帮助;

(4)高层管理者规律性地抽出时间到一线实地交流,保证所有员工都能经常见到管理者,同时管理者也不会对一线工作陌生。

这些做法看似简单,但做起来并不简单。向员工提供服务是长期过程,而不是偶尔表现给别人看。管理者要付出很多时间投入、辛苦和努力,但是回报也很明确——员工的高忠诚度、高工作投入度以及优秀业绩。

不忘初心，实践"制造强国"的梦想

——在创维集团三十周年庆典上的讲话

2018年4月24日

> 希望我们为之服务的人，在家的时候，能享受创维智能家庭系统的便利和快乐；出门在外，有开沃新能源汽车，享受到移动办公、移动娱乐的乐趣。
>
> ——黄宏生

尊敬的各位领导，各位企业界的朋友，创维集团上下游供应链的战略合作伙伴，全体创维员工，大家晚上好！

今天，我分享的主题是"不忘初心，实践'制造强国'的梦想"。

初心是什么

1988年，中国改革开放进入了第十个年头。我们从计划经济转向市场经济。在珠三角地区，特别是深圳，涌现出一大批新型的制造业。根据国际市场和新兴中国市场的需求，整个产业链被培养起来，一潭死水的计划经济转变成了波涛汹涌的市场经济。正是制造业的方兴未艾吸引着我进入了制造业。最开始，我在深圳的华强北路和一帮伙伴们一起创业。当然，创业是非常艰辛的，是摸着石头过河、不断试错的过程。我终于觉醒，人类的工业文明从蒸汽机、电气化，朝着智能化方向迈进。我所熟悉的电视机行业，由没有遥控器变成可以遥控，我就以这个电视机遥控器作为进入制造业的敲门砖，展开了长达三十年的艰苦创业。在这个过程中，我们被中国一浪超过一浪的浪潮所鼓舞，一直在艰难困苦中坚守制造业，并随着国家制造业的发展而不断发展。我坚信，中国制造业一定大有希望。

三十年创业路经历风雨，破茧成蝶

在这三十年的过程中，民营企业有一个从个体零售到制造业顶峰的不断爬行的过程。其中，创维集团最记忆犹新的是"四大难关"的攻克。

第一关是跨越技术障碍。众所周知，以前国家电信部成立了一个国产化办公室，从螺丝钉到线路板，从分立元件到集成电路，跨越技术的障碍是非常艰难的，我们经历过许多失败，也遇到了机会。香港两大电视机集团之一的讯科，因为在海外投资不顺利，导致停牌、清算。讯科的一批经过国际市场洗礼的成熟队伍，在我们股份分享的方案、共同创业的诚意下，加入了当时比较脆弱的小创维公司，从而使我们成功地进入高度竞争的彩电行业。我们开发出了中国第一台国际线路的新型彩电，它适应美国、欧洲的制式，让创维终于在屡败屡战的情况下成功，在彩电业存活下来。所以，技术的研发始终是创维的立足之本。

第二关是取得生产许可证。当时，电视机是要凭票购买的，电视机的生产是要经过国家发改委严格审批的，还没有一家民营企业获得生产许可证。我创业前在电子工业部下属的外贸公司工作多年，在重重困难下，不断地探索、汇报，终于取得了电子工业部下属的中国彩电总公司的生产许可证。通过合资这样的合法"婚姻"，解决了合法身份，推出自主品牌，经过诸多周折后，创维电视机在1993年正式和广大消费者见面。

第三关是在国际海洋的大风浪中航行。大家知道，国际上有各种法规、关税的壁垒，对中国制造业的歧视让我们受尽苦难。过去有很多次我们参加欧洲的展览，进场后就有警察来封杀、干扰、企图拘留我们。经过三十年的奋斗，我们成功地收购了德国纽伦堡一家具有76年历史的电视机奢侈品牌——"美兹"。2005年我们收购了一家印尼的大型工厂，2014年我们收购了南非一家规模巨大的家电企业Sinotec。此外，我们还在全球有好几个研发中心。经过在多次试错中的成长，我们成为在海外有50%的产量和收入的国际企业，为今天的快速发展打下坚实基础。

第四关是打造具有国际竞争力的人才团队。中国是目前创业自由度最高的国家之一，任何员工、任何技术人员都可以随时辞职下海。作为一个企业家，作为一个有远大理想的企业，就要站在更高的高度，有为员工创造梦想、自我实现的情怀，同时完善制度化建设，这些努力使我们成功地留住了人才。一批批学士、硕士、博士来到创维后得到了精心培养，他们和我们一起经历苦难、经受住诱惑。所以，创维国际化的团队在竞争中，也获得了不断的成长。

三十年，铸造五大奇迹

这次三十年庆典活动，我们至少花了几千万，包括搭建硬件、软件，邀请全国乃至世界的战略伙伴，以及全国的优秀员工、骨干，还有供应链战略伙伴参加，让大家能够欢聚一堂。为什么要花这个钱？首先是要总结三十年来创维能够为社会留下什么贡献，为我们的人生留下什么样的结果。更重要的是，我们能够对未来十年、三十年进行思考，我们再出发到哪里？

这三十年，我们的成就有：

（一）实现彩电国产化

20 世纪 80 年代，买一台日本进口的 29 英寸画王彩电要花 15 000 元，那个时候我的工资是 280 元，大约要 50 个月的工资才能买一台电视机。而现在一台 32 英寸电视机也就 1000 多元，普通职工一个月的工资至少能买 10 台。随着中国家电业的崛起，能够为我们 13 亿人民奉上价廉物美的优质产品，改善人民的生活品质，这是我们引以为傲的。

（二）带动产业与科技的持续创新升级

三十年来，创维累计申请了 5710 项国家专利。2017 年 1 月，获得 1 项国家科技进步一等奖。此外，创维曾获 1 项专利技术金奖，15 项广东省科技进步一等奖等省级科学技术奖励，20 项深圳市科技进步一等奖等市级科学技术奖励、科技创新奖励；承担 200 余项国家核高基①重大专项、国家重点研发计划、工业

---

① 指核心电子器件、高端通用芯片及基础软件产品。

转型升级、智能制造、绿色制造系统集成、新一代信息技术等国家及省市科研课题。

另外,在不同阶段,创维制造了很多个"第一":中国第一台国际线路的新型电视机,中国第一批投放市场的 4K 超高清电视机,中国第一台自发光 OLED 电视机,中国第一家自主研发的 AI 画质芯片,中国第一台高清数字电视机顶盒等。

(三) 为社会作出贡献

创维持续解决了 4 万名员工的就业,带动了上下游 30 万人就业;上市 17 年,累计纳税 350 亿元,连续 7 年年均纳税额超过 30 亿人民币,30 年出口创汇累计 100 亿美元。

我们不忘社会责任,比如向四川汶川地震灾区捐款、捐资建设光彩学校、成为中国航天事业合作伙伴、助力援疆小学工程、向红军小学捐赠电教设备、设立栋梁工程助学基金、资助白内障儿童复明工程和赞助中国足球队,等等。截至 2017 年,累计公益投入超过 3 亿元。

(四) 推动创维人践行"中国梦"

我们发现并培养数以千计的优秀人才,促进他们自我实现,形成卓越的企业家群。有很多企业家带着创维文化到各个行业去创业,持续地奋斗,他们和我们的价值观一致。

(五) 在国际舞台做大、做强

创维实施国际化战略,海外销量占比 50%,海外员工超过 2000 人,海外子公司有 23 个。

我们有遍布全球的十一大制造基地,其中在海外的有泰国曼谷、印尼雅加达、印度清奈、德国纽伦堡、南非约翰内斯堡、墨西哥瓜达拉哈拉等六大制造基地,为创维的国际化与精细化战略提供了坚实的基础。

创维有遍布全球的十大研发中心,其中在海外的有印尼雅加达(东芝)、德国纽伦堡(Metz)、英国利兹(Caldero)、荷兰鹿特丹(Strong)等四家,为智能化战略提供了充分保证。

宝贵的商业思想，凝结出三大"相对论"

物理界有爱因斯坦提出的狭义相对论和广义相对论，我也想提出创维的三大相对论。

（一）快乐相对论

人的本能是追求快乐，可是，为什么有的人越是追求舒适和快乐，快乐反而越来越远？当前，中国进入全球化竞争态势，面对各种压力、残酷的竞争，优胜劣汰法则就像炸弹一样在我们身边不停引爆。想舒适、快乐，能这么顺利吗？快乐相对论就是要承认痛苦、面对困难，置之死地而后生，跨越坎坷，快乐便会随之而来。创维的4万名员工中，有的到了60岁、70岁，都不肯退休，因为在创维的工作氛围是快乐的。他们知道制造业是艰辛的，能够把产品卖到全世界，这就是经过痛苦与努力带来的快乐。创维文化就是要把痛苦作为生活的一部分，困难是终生伴随我们的。就是这样的"快乐相对论"让我们更快乐，在风雨飘摇中活得乐呵呵。所以，建立在痛苦之上、实现自我超越的快乐，就是我的"快乐相对论"。我自己的经历是，要不断地寻找痛苦，一旦没有痛苦了，动力就会忽然没有了，就像汽车突然没有电、没有油了。

2011年，我开始第二次创业，做新能源汽车。新能源汽车的投资总量是家电的100倍，100亿元都玩不了汽车。但是，这样的艰难困苦，这样的挑战，让我打起精神，不敢怠慢，每天有规律地生活，几点睡觉、几点起床、几点运动都很有规律，不能乱喝酒，不能追剧。这样的痛苦和压力却让我的抵抗力和健康奇迹般地提升了。十年前，我有严重的肠胃病、胆结石，在进入第二次创业之后，突然都好了。所以，"快乐相对论"是一种财富，就是"难"修能力，"苦"修智慧！

（二）成功相对论

每个人生来都有渴望成功的梦想，希望有大房子，有经济开支的自由。但往往越想成功的人，越不能成功，为什么？因为人性的弱点是懒惰、贪婪、逃避困难和压力、情绪取代理智。只有不断修炼、超越自我才能够踏上成功之路。制造业是一场漫长的马拉松竞赛。20世纪80年代的时候，全世界的电视机厂有1000

家,现在只剩下不到 100 家。一开始,全中国的电视机生产厂家是 350 家,国家正式批准的有 100 多家,后来又应运而生的有 100 多家,但现在存活下来的不超过 10 家了,如创维、TCL、海信、海尔等,为什么?因为短期的投机行为必然失败,只有长期的坚守才能成功。正所谓"越努力,越幸运",耐得住寂寞,经得住风雨,坚持奋斗,成功和财富就会伴随而来。千淘万漉虽辛苦,吹尽狂沙始到金,这就是我的"成功相对论"。

(三)"平庸"与"折腾"的相对论

平庸的生活是无须领头,无须冒险,听天由命。折腾(奋斗)的人生是不满现状,改变命运,心想事成。平庸的群体最恐惧的是一觉醒来不知道今天要干什么,世界发生了什么变化,企业有没有倒闭。因为他们放弃了生命的主动权。

奋斗的人在风险和困难的压力下,不断学习和修炼,以增加胜算。他的生活是痛苦和快乐相互交替,就像交响乐一样,其生命力极其强大,往往能达成自我实现的梦想。

创维人身处艰难困苦的制造业中,总是在"折腾"那世界级的产品与解决方案。正是那种自命不凡、自我超越的精神,创维才于九死一生中活到了三十岁。所以,今天的纪念具有非常的意义。创维人在人类工业文明的进程中享受不断攀登高峰的持续快乐。

再出发,再问道

(1)通过智能化,通过丰富的中国文化,使创维由中国彩电大王成为世界彩电大王。

(2)由家电制造商转型成全球领先的智慧家庭解决方案提供商。

(3)要成为人类智慧生活的开拓者。希望我们为之服务的人,在家的时候,能享受创维智能家庭系统的便利和快乐;出门在外,有开沃新能源汽车,享受到移动办公、移动娱乐的乐趣。

最后,再次感谢全体创维员工的努力,正因为你们三十年如一日的努力,才有了今天创维的局面。我希望,以此为出发点,再造辉煌!

英雄联盟崛起，信仰成就伟大
——在开沃集团"致良知四合院①三小时工作坊"学习会上的演讲
2019年11月16日

> 什么是开沃的新商业文明？是使命、哲学、战略和技术。
>
> ——黄宏生

今天是星期六，开沃集团组织了一次重要学习。

一、引言

开沃集团今年要有一个靓丽的业绩，明年必将登陆科创板，登上上市的平台。我们带着这样的使命、责任、事业寻找高地。这是一个英雄的时代，我们是一个英雄的联盟，要通过信仰成就我们每个人的伟大。

为什么要组织这样大阵仗的学习？有一个世界著名的企业成功定律：只有学习型组织，才能在不确定的环境下生存和发展。因为，人失败的原因是无知、不明与贪婪。我们见过太多失败的企业，为了赚一点小钱，就进入完全陌生的行业投资，最后血本无归，因为无知啊。赚钱这么容易吗？越是实力强，越是要搞联盟，全国各地搞联盟。全国市场已经饱和，你到内蒙古、到安徽去投资，如果不够专业，你想抢别人的地盘，抢不来啊。另外一个失败的原因是贪婪。我认识很多企业家，他们在创业初期冒险、敢干，但从不学习。这些企业除了少数进入地

---

① 致良知四合院，其主体为民办非企业单位"北京怀柔致良知四合院公益文化促进中心"，是以王阳明心学为核心、面向企业家的公益性学习型组织，2014年由创始人白立新博士和50多位企业家共同创办。"三小时工作坊"是该组织开展学习的一种形式。

产行业还能坐享其成之外，其他的基本全部消失。你不学习，世界这么大，变化这么快，只靠经验主义，能知道未来的世界吗？所以，学习型组织才能够生存、发展。我们每个人也一样。

公司创始人与员工之间的信任，建立起来非常不容易。这是大部分企业最大的障碍之一。有的人说，老板要带大家去学习，这是务虚啊。有个词叫作"苦大仇深"，我认为应该叫"苦大情深"。为什么呢？清华大学在南京办了一个企业家论坛，魏杰老师是主讲。我昨天和他吃饭，边吃边聊，聊到领袖。习近平总书记吃过苦，在梁家河当过7年知青，经受过非人的苦难，那个地方没有水，没有吃的，没资源，非常艰苦，后来和贫穷农民建立了深深的感情。所以，吃过苦的人会珍惜人的生命。现在，新能源汽车企业已经倒闭了一半，中国汽车行业出现了历史上的衰退。目前只有两条路，要不就是找到凝聚大家力量的途径，在困难中前行，冲上市，成为世界之先；要不就是整个企业负债累累，崩盘。所以，我说这是"苦大情深"。我觉得我们是有希望的，我们有远大理想。我说过，我们要上市，要做一个伟大的公司，每年分股票给大家，不断地回购，只买不卖，那股份肯定升啊。但是，员工信任老板吗？很多人不信任，觉得汽车这么难做，理想能实现吗？公司赚了钱，能给我们吗？所以，为什么要学习？就是要通过文化，消除愤恨、妒忌、小心眼，形成一个沟通的平台，找到一个解决问题的方案。

王阳明的心学确实很有影响力。每个人内心都有无限的宝藏，但是大多数员工只发挥了不到10%的潜力。以我自己为例。我们知青下乡的时候，一起下乡的大概100个人，我们属于科教系统，来自海南省教育局、卫生厅、科技局、各大医院，大家都有知识，其中有一些高干子弟。但我们那一批考上名校的只有3个人。其他人的想法是"考什么大学？老子英雄儿好汉"，很快回城工作了。结果老爹一退休，就不能坐享其成了，个人也失去靠山了。在漫长的岁月里，如果你去挖掘心中的宝藏，每一个人都能超越黄老板。我在香港失去自由的时候，看了3000本书刊，没有中断过学习。我们学习心学，就会发现每个人心中都有无限的潜力。当你们奋斗成长以后，可以送子女去最好的学校，去世界各地旅游，还可以买几套房子，实现财富自由。这是我们学习的目的之一。

为什么我对学习有这么大的热情？开沃的"天花板"在哪里？就在董事长本人身上！我还是有个人英雄主义，还没有摆脱救世主心态。怎么样发挥团队的作用？老板应该在山脚下鼓励大家去冲锋，为大家颁奖，而不是每一个大订单都亲自跑，否则企业肯定维持不长。万一老板出车祸了、心脏病发作"走"了，公司怎么能够持续？因此，我也要解决我的瓶颈。只有董事长本人以身作则、刻苦学习、不断地反省和自我批判，不要搞一股独大，才能有成百上千的开沃英雄。通过学习进行自我革命，推动开沃持续发展，才不会耽误这么多优秀人才的美好前程。所以，我要解决自己的短板。

二、惊醒

中国的大多数企业其实是在改革开放后才逐步诞生的，当时的许多企业与欧美、日本强大的企业相比，可以说是又小又弱。随着中国进一步地改革开放，制造业全面放开，引入竞争机制，大多数企业都受到了很大的冲击和压力。

除了原来就有的压力，近两年，美国挑起的贸易战，引发的人才大战、金融大战、科技大战，本质上是要灭掉像华为、中兴这样的中国代表性企业。所以，中美贸易战是一场没有硝烟的战争，把我们行业领先的企业全部摧毁，才是美国的真实意图。

我在深圳的一些企业家朋友"见好就收"，坐着私人飞机环游世界、享受人生。他们让我也去，我哪有时间，连两个小时都没有。许多人说我，在创维已经有享受不尽的财富和经济自由，怎么还不满足，去搞汽车，不要"晚节不保"哦。我不搞什么环游世界，因为我的内心感觉到恐惧和焦虑，所以带着这个焦虑去寻求解决方案，去学习新的信仰！

三、渴望

我突然想起以色列国与犹太教。1948年以色列建国时受到周边国家大面积的军事围攻；同时沙漠无水、寸草不生……但是经历71年的岁月，以色列不仅没被灭掉，还成为世界的科技强国和军事强国，绿洲遍地。以色列的农产品大量出口至欧洲，占据了欧洲40%的蔬果市场。例如西红柿，欧洲家庭餐桌上的西红柿大多是以色列产的，好吃、爽口；麦当劳、肯德基的薯片，都是从以色列购进的。为什么呢？这源于犹太教和犹太人战无不胜的信念和超强能力。以色列什么都没有，但他们心中有信仰，有宝藏。所以，信仰、哲学和文化是一个国家攻破难关的法宝。

那么，开沃是否能找到这样的法宝呢？

众所周知，中国的农耕社会产生的君主制救不了中国。康有为失败了，孙中山的三民主义也梦破南京紫金山。然而，中国共产党引进了马克思列宁主义——新的哲学和文化，给灾难中的中国带来一股无比强大的东风，毛泽东领导的共产党无钱、无枪、无炮、无飞机，竟然打败了有800万美式武装军队的国民党。国民党有取之不尽的银两，宋美龄到美国国会去演讲，大量的美元就来了，但是共产党一无所有，就是用马列主义哲学，打败了国民党，完成了几百年来的民族梦想——中国统一。这让我们有所启示，一个国家、企业、个人要成功，最关键的不是技术和资金，而是信仰的力量。

企业面临困顿的时候，有没有这样的宝藏呢？

带着这样的焦虑和渴望，我和创维、开沃各公司的带头人，一起走进了北京雁栖湖的致良知四合院。经过七天不间断的学习，终于感受到内心的迷惑云开雾散，对于开沃转型升级的力量突然凝聚在心，迷茫中突然找到了力量和方向。

精神的力量这么伟大，它的道理在哪里呢？

（一）反思一

企业要想长青，一定是靠"使命、哲学、战略、技术"牵引的。但是，理解容易，实践很难。我知道心灵的作用，但比较零碎。连续十年，我每天早上发"心灵鸡汤"，想打造心智，但这仅仅是无数的小渠道，很碎片化，没有成系统，并未汇成长江。而这次的"致良知四合院"给我们传递的，是"一江春水向东流"的长江力量！

（二）反思二

开沃和其他企业一样，受惠于改革开放，我们正在"事"和"术"上发力，如何进行绩效考核、如何让研发贴合市场、如何合理分钱……但是缺乏有高度、面向未来的信仰，这正是中国企业比较缺失的真空地带。这也是为什么四千名企业家在最繁忙的第四季度，放下所有的工作来到这里，手机都被收掉了，每天学到半夜12点，因为大家都感觉到学习树立信仰的重要性。

当然，我们对中国的传统文化很亲近，但我们又生性自疑，觉得它解决不了中国的问题。因为国外的科技主导世界两三百年，使得我们对自己的文化不够自信，而我们对西方的信仰又不够了解，所以出现了"真空"。开沃和中国大部分的企业一样，企业小、弱而随时有倒闭的风险，很大的原因是缺乏信仰。

（三）反思三

为什么致良知四合院的《文化自信与民族复兴》让我们眼前一亮呢？它与其他孔子学院、国学机构有什么不一样呢？因为致良知四合院链接了三大能量场：

第一，认清中华民族的伟大崛起，我们相信2049年中国的经济总量一定全球第一。这样的话，企业家就有事做了。我们企业家的强项就是为祖国的宏伟目标奋斗并贡献力量！

第二，继承中国五千年优秀文化，特别是王阳明心学：

（1）每个人的内心都有无限的宝藏，努力开发，庸人也能变成圣人。如果不重视开发内心的宝藏，圣人也会变成庸人。当时，我们有位非常优秀的校友，一毕业，中科院电子研究所马上把他抢走了，连提几级，提拔为助理教授。但他害怕别人超过他,一个人做,不带团队。后来,其他团队开发了好几个产品,他的技术彻底没用了,他就泯然众人了。所以,如果不提升心灵的品质,不愿意和大家分享,没有帮他人成长的利他之心,你就是孤立王国,是出不了成绩的。

(2)内心强大的四部曲:心—道—德—事。心是道的源泉,道是德的根本,德是事的根源,厚德才能载物。这方面,《文化自信与民族复兴》这本书里讲了很多。

(3)行为的作用和反作用:如果企业和个人信仰利他主义,把爱献给客户和员工,就会得到爱和成功。如果组织或个人不择手段,把"恶"散布在客户和员工身上,就会得到惨败的结局,这就是因果定律。

(4)明心净心,造就伟大的人生。明心,就是要认识自己的短板,去除无知和贪婪,我们就产生了新的源泉;净心,就是要反思,通过深刻的反省、自我批评,就能链接大地,像参天大树一样,通过阳光、土壤、水分,由小种子长成参天大树,年复一年硕果累累。有些人讲面子,总说所有的问题都是别人的,所有的功劳都是自己的。创维有个合作伙伴,把所有的事故都推给别人,所有的功劳都归自己,结果最后搞砸了。他离开的时候曾说,你看吧,十年之后,我一定超过你。结果不到两年就失败了。傲慢的人,不能自我反思的人,一定不能成功。

第三,致良知四合院还链接着全球科技的文明与优秀文化。

(四)反思四

对于圣贤的追随和崇拜,最初我的内心是抗拒的,因为我们以前对领袖的个人崇拜而产生的灾难还历历在目。然而对圣贤思想的追随与对某个领袖的崇拜完全是两码事。圣贤的思想实际是一个民族生生不息的生存之道。

致良知四合院的创办人白立新很厉害,博士毕业之后,从事咨询业,担任IBM战略咨询顾问,干了七年之久。他深深地感受到,一个企业的战略咨询要成功,一定是全员参与,人心所向;光靠老板一个人,这个企业的战略一定是不长的。所以，他后来辞去了IBM的工作，创办了公益性的致良知四合院。对于每一件事情，他都会落实圣贤思想，落到现代企业文明上。擅长理论联系实际是他最厉害的地方。他是值得我们尊敬的榜样，是真正的老师。

任正非有一句名言：人最大的运气，不是捡钱，也不是中奖，而是有一天遇到一个人，打破原有的思维，提高你的眼界，带你走向更高的平台。致良知四合院就是这样一个牵引。

通过在致良知四合院的学习，我看到了问题所在，从而对开沃美好的未来有无比向往，也让我和团队对心灵的成长产生强烈的渴望。

四、呼唤

刚刚结束的中华人民共和国成立70周年大庆，确实是一场提升全国人民对祖国伟大成就的认知的盛典，唤起了我们对中华民族的伟大崛起的强烈自信。这一自信体现在几个方面。

一是，中华人民共和国成立70年来，特别是改革开放40多年来，中国的发展相当于很多国家一两百年的发展。我在二十世纪八九十年代去过泰国，那时泰国是亚洲的小虎啊，而现在泰国跟中国不能比了。在泰国，2000元月薪的工作，人们打破头来抢。再说印尼，创维有个厂在那里，所以我知道印尼人就业都很难。我们能参与祖国这样伟大的建设，见证伟大的崛起，突然在迷茫中找到了自身的力量。

二是，中国人的勤劳品质及对幸福生活的无限向往。中国人每年的工作时间要超过2000小时，而欧洲人只有1000小时。如果中国持续政治稳定，那中国未来的财富不可限量。中国的持续奋斗会推动复兴的持续前进，没有任何力量能够阻挡14亿中国人对美好生活的追求和实现伟大崛起的决心。

三是，中国的科技、金融、军事、服务等，已经在改革开放后建立了一定的基础。尤其是作为基础中的基础的制造业已经完备，家电业、IT产业、芯片以及新能源汽车产业，相当程度上已经具备世界级的优势。我们坚信，凭借制造业立足于世界强国之林，中国已具备一定实力。

为什么我对这个"伟大崛起"有这么大的共鸣？在童年，我没有一天是吃饱饭的，也没有鞋穿；知青时代，没有收音机、电视机、书籍，几乎处于一个原始社会、封闭无援的状态，我下乡处的山脚下生活着的黎族人，还处在刀耕火种的阶段；1977年恢复高考，1978年改革开放，挽救了上千万的知青，农民分田到户、右派全部平反，中国大地发生了天翻地覆的变化；改革开放短短40年，中国解决了十几亿人口的吃饭问题，即将全面建成小康社会，人均寿命达到77岁。中国由一个落后的农业国成为全球的制造大国。魏杰老师说，他到美国市场去调研，发现智利做的服装没穿几天，线就掉了，袒胸露背了。所以，中国制造更受欢迎。

我们77级不少学霸毕业之后立即到北美留学，在那里入职、就业。有一个在硅谷当公司副总裁，有一个在福特，还有一个在芝加哥银行，还有几个在加拿大多伦多。40年后一比较，我们留在国内的同学，无论是心灵的自由、快乐的源泉、生活的品质都比他们好；尤其是那25%创业的同学，比他们好太多了。关键是，华人在外国是二等公民，这是最痛苦的；不像我们，只要能干，就能当CEO。当然，他们受到的教育很好，这是我们和他们的差距。

我1988年去香港创业。当时香港是自由港，面向世界。但在1993年，我就觉得香港不适合做制造业了，它适合做地产、金融，而我是理科生，于是我回到了深圳。当时香港做电视机的有8家，后来全部消失了，只有创维、TCL还在，所以我是看清了祖国上升的势头，才有创维的今天。因此，能赶上这个势头，你就风生水起；远离祖国的势头，财富就会缩水。这是我的亲身体会，也是实践出真知。

新能源汽车（+太阳能）等战略性新兴产业已经成为21世纪中国影响世界的最大贡献之一。这几年我们做汽车是做对了。为什么？太阳能是未来改变世界能源的主要角色，我们最近也在研究太阳能产业。如果能高效利用太阳能，汽车充电成本会变得很低，我们所有的汽车车顶就有可能装上太阳能板，上班时把车停在太阳下，下班后太阳能板就充满了电。如果电便宜了，那么中国的制造成本就降低了，在全球的供应链就有优势了。

开沃汽车集团经过 9 年的奋斗，已经形成相对完善的产业布局：大型客车、轻型客车、乘用车、卡车、专用车、三电核心零部件，中央研究院也已经建立起来了。投资换市场的战略为未来打下基础。南京高淳区、江宁区、徐州、深圳、武汉、西安、渭南、呼和浩特等地都有我们的生产基地。

开沃有机会成为中国乃至世界新能源汽车的卓越贡献者，甚至代表中国领先世界的产业力量。有这么大的机会，我们要通过学习，让开沃人发力，成为世界一流企业。

五、使命

开沃的使命：全心全意打造新能源汽车产业，致力于解决环境污染的世界难题，造福于人类社会健康安全的幸福生活。

我作为创始人的使命：

一是通过生命唤醒生命，帮助开沃人的心灵品质提升到行为的主宰，让生命焕然一新，实现个人的幸福和家庭的幸福；

二是通过心灵品质的提升，为中华民族的伟大复兴作出卓越的贡献。

因此，在这种明心净心的修炼下，主动接受各种批评和意见，助力企业的突围和发展，既可以消解无能为力的愁闷，也能够在顺利的时候，去除自负和小我的满足。

每个开沃人的使命：挖掘心中无尽的宝藏，让我们的生命绽放光芒，照亮客户和伙伴，照亮员工和家人，造福企业、祖国与世界。

中篇：内部讲话、书信集

六、源泉

当前，中国比历史上任何时期更接近中华民族伟大复兴的目标。党和国家不断地改革、突破，不断地为企业家创造更好的营商环境和创新环境，这是我们持续奋斗的力量源泉。现在，国家对民营企业的关心和扶持越来越给力，营商环境越来越好。

五千年的优秀中华文化——修身、齐家、治国、平天下，告诉我们要帮助员工，造福国家，成就英雄。特别是王阳明心学认为每个人的内心都有无限的宝藏，努力开发心灵品质，庸人也能变成圣人，人人都有可能成为尧舜，成为社会上拥有无限力量的生命体。

七、英雄

这是一个放手一搏的时代！伟大的时代一定会造就英雄辈出的景象！改革开放前，中国一贫如洗。改革开放后，中国实现了人类社会的文明进步，让人们能种瓜得瓜、种豆得豆，能者多劳、多劳多得。中国已经进入了呼唤英雄的时代，所以同一代的人在漫长的人生岁月里会产生巨大的差异，胜者一定是那些心灵品质提升的人。

真正的英雄通过建设心灵品质，开发心灵宝藏、主宰行为。英雄的重要价值是成就他人。所以，我们所有的主管以上领导都要帮助他人成长。

真正的英雄要为客户创造价值，为他人创造福祉，并能够听到客户无声的呼唤，从而像一盏灯一样照亮他人。英雄并不完美，要不断地自我完善、自我革新、自我提高、自我观照、自我反省、自我引导。

八、价值

我们都是平凡之人，但是建设心灵品质之后，我们内心产生的能量可以增长

10倍以上。这就是平凡可以造就伟大！

我们应吸纳圣人的智慧，提升心灵的品质。如此，我们不但实现了美好的生活，也助力构造人类命运共同体，给世界带来机会，而不是动荡和威胁。这一点很重要，因为我们有大量的产品出口到世界，我们要传递中华文化。

环境是不确定的，但人是确定的。只要能提升心灵的品质，通过"心—道—德—事"四部曲，我们就能在磨难中迸发生命的火花，砥砺前行！

什么是开沃的新商业文明？是使命、哲学、战略和技术。

- 使命：全心全意打造新能源汽车产业，致力于解决环境污染的世界难题，造福于人类社会健康安全的幸福生活。
- 哲学：以利于他人、利于员工/客户为宗旨；从互联网的链接客户到心连心直达客户；打造人人都可以成为英雄的伟大企业，让每个人都能实现个人的奋斗自由、财富自由和家庭幸福。
- 战略：打造新能源汽车生态圈，协同促进发展；直达C端，成就B端，激活A端；实现国际化。
- 技术：云集国内外一流人才，赶超特斯拉，让中国的企业成为世界规则的制定者。

"人口红利"已经结束，"人心红利"正在到来；流量红利已经结束，精神红利正在到来。

提升心灵的品质就是要"忠诚、干净、担当"，这就是3.0企业对创业者和企业家的要求。通过生命唤醒生命，从解决个人问题到解决社会难题，从个人成长到整个团队，甚至民族素质的提升；从"小我"到"大我"，报效祖国！

九、展望

中国的汽车产业正处于大风大浪"颠覆与革命"的时期。50%的企业已经消失，剩下的企业大部分还在"事"与"术"上用功，没有实质的进步，又将有一批企业随时死亡。而开沃集团率先在"心"上用功,力求通过几千名甚至上万名全体员工的自我超越,让人人都变成"圣人",打造出令人惊艳的汽车;让亿万客户深深感受到开沃人的真诚和大爱,让开沃汽车跻身中国乃至世界的新能源汽车企业第一阵营。

我们相约2049年,即中华人民共和国成立100周年,期待看看开沃人拿什么奉献给你,我亲爱的祖国!

下篇
访谈集

把人生的苦酒变成佳酿[①]

看一个人能否成就事业，我唯一的评判标准是：他是否能以健康的心态去感受生存和事业的痛苦，因为痛苦是思想者的标签。

——黄宏生

一部当代的中国商战史，"广货"写下了最为壮观的篇章。而今，在政策倾斜、地利之便的优势渐渐消退之时，"广货"要再造新优势，只能靠人和，靠这块土地上的企业家超越自我。再寄望于政策拉动，是不现实也不明智的。

其实，就在我们身边，已经有不少可歌可泣、令人心动的商战奇迹在出现。20世纪90年代的广东，一批商界新风云人物正在崛起。他们的创业经历证明：机会永远有，但不是人人有；成功永远在，成功在于探索的勇气、创新的冲动、踏实的管理和对消费者的真正承诺。

成功无捷径，但成功有方法。通过分享成功者的经验，我们就能获得一笔宝贵的无形资产。

几个月来，通过对广东各地数十家民营企业的调查，我们筛选出八位民企风云人物作为报道对象[②]。我们的评选标准是：①所处行业的全国领导性品牌之一；②净资产亿元以上；③企业家素质优秀；④管理及作风比较科学，追求"阳光下的利润"。从这些标准看，他们都是经得起考验的。他们代表了广东民营企

---

① 本文原载于：秦朔. 把人生的苦酒变成佳酿［J］. 南风窗，1998（10）. 内容有删改。

② 这八位企业家分别是深圳华为技术有限公司总裁任正非，步步高集团董事长段永平，爱多企业集团董事长、总裁胡志标，创维集团董事长黄宏生，联邦家私董事长、总裁杜泽桦，格兰仕集团董事长梁庆德，佳都国际创始人刘伟，奥园地产集团创始人郭梓文。

下篇：访谈集

业的风貌与水平。

作为企业最稀缺的一种资源——企业家——不仅给社会创造税收、产品与就业机会，而且为社会提供他们的经验、知识、智慧，提供企业家文化。我们谨此向他们表示诚挚的谢意！

哲人说：苦难是所永远读不完的人生大学。可是，有多少人愿意长期在苦难中就读呢？

哲人又说：世上没有绝望的处境，只有对处境绝望的人。可是，连逆境都很少人愿意尝试，又有谁愿意品味绝境呢？

我相信黄宏生也不愿意。但是对一颗敏于感受的心灵来说，它对痛苦的记忆与体验一定比常人深得多；而对一个弃官从商、半路下海的人来讲，他对风险和压力的感受也一定比常人多得多。

于是，如何对待痛苦，就成为黄宏生人生中最重要的风向标。站起来，就是一面旗帜；倒下去，就是一片无人光顾的废墟。对此，黄宏生的回答是："看一个人能否成就事业，我唯一的评判标准是：他是否能以健康的心态去感受生存和事业的痛苦，因为痛苦是思想者的标签。"

在一次演讲中，作为创维集团董事长的黄宏生这样讲述了自己年轻时的一段历程：

"1973年，我中学毕业，在上山下乡的浪潮中，16岁的我到了海南岛五指山区黎母山林场。刚去的第二天就要上山参加思想改造，任务是砍伐有几人粗的树木，然后运到山下，整个过程全是人工。我们当时身上流满鲜血，大家都搞不懂，原来山里的蚂蟥像蚊子一样多，不知不觉爬上你的身体。在山里，我们住的是四壁透风的茅草房，一场台风可以将屋顶全掀光，几个月闻不到肉味，我们就去捕捉山老鼠做一顿难得的'山珍'。雨季来临时，两个月的大风大雨，60天的时间里，满身全是泥浆，见不到太阳，吃的全是发霉的大米、自己腌制的萝卜干和臭气熏天的咸鱼。即使这么艰苦，我们仍然互相关心和鼓励，在煤油灯下交换当时很少看到的几本《十万个为什么》《青春之歌》。写知青日记是我每日必修的一课。

"上山下乡给我以后的人生带来什么启发？那就是在与世隔绝、愚昧与落后的环境中也不应放弃希望，不应随波逐流。我们在繁重的劳动中，并没有自暴自弃，没有放弃学习、选择早早结婚生子。在煤油灯下的交流、苦读使我们在机遇到来时以优异的成绩考上了大学。在任何艰难困苦的时候，只要你有顽强的毅力，有生存的意识和信心，希望永远在你身边。"

1978年，黄宏生考入华南工学院无线电系。当他穿着有一个洞的解放鞋走进校门时曾被人讥笑，但在他看来，能进大学校园已是天大的福分。于是他玩命地投入到学习之中。

1982年大学毕业后，黄宏生被分配到华南进出口公司。面对"这些大学生命真好，我们托了好多关系，他们却一下子分进来""这些书呆子什么都不懂"的冷言冷语，面对单位里的领导内耗，他在冷板凳上一坐就是一年，思想上非常苦恼。但最终，他没有消极气馁，看到当时电脑刚刚兴起，就写了封自荐书，建议成立电脑事业部。经过一年的辛苦，电脑事业部成为华南进出口公司重要的盈利来源，占整个公司盈利的70%。他本人也先后被提拔为电脑事业部部长、公司副总经理，直到常务副总经理，享受副厅级待遇。

促使黄宏生离开华南进出口公司、弃官下海的最深刻原因是，在七八年的工作中，他深深感到：中国的电子产品水平与国外有很大差距，作为一个进出口公司，天天收到许多国外订单而交不了货；因国内产品的质量、规格达不到国际水准，巧妇难为无米之炊，电子外贸需要国家的大额补贴才能平衡。在美国的跳蚤市场，一美元可以买一打中国电子产品，中国缺的不是外贸人才，缺的是国际化的有一定水平的企业家。他常想："我这辈子可以就这样每天看看报纸，上传下达，碌碌无为。但是我觉得我们这一代应该在激烈的国际竞争中为国家做点事情，为国家去冲锋陷阵。"

1988年,黄宏生辞职下海,去了香港,在一家贸易公司代理电子产品出口业务,打算先"贸易立足"再创办实业。但因种种原因,黄宏生先后经历了三次重大失败,甚至一度质疑自己是不是搞企业的料。直至1991年,创维开发出第三代彩电,才走上快速发展的道路。

似乎是黄宏生的苦还没有受够。由于管理人才不足,1994年企业停顿不前,许多老客户把订单转到别的彩电企业,创维又一次面临危机。黄宏生通过各种猎头公司和网络寻求人才,有的是产品数字化人才,有的是机电一体化的设计人才,总共请来了五六组重要人才。经过半年的调整,产品质量得到大幅攀升,在国内推出了第一台丽音全球通多媒体彩电。沉下去的创维又浮了起来。

今天的创维已经不再是昔日那个弱不禁风的创维,1997年销售额达到25亿元,1998年进入彩电行业四强,仅次于长虹、康佳、TCL。

也许是成功熬得太慢、来得太晚,也许是早过了那种容易兴奋的年龄,今天的黄宏生对创维的成功并没有太多的欣喜。但在内心里,他已经做好了超越的计划。黄宏生说:"笑到最后的人,往往是泪水最多、痛苦最深的人。"

乘上数字高速列车,塑造全球著名品牌[1]
——创维集团黄宏生董事长访谈录

人才是根本,而苦干是关键。

——黄宏生

创维集团1999年彩电新品展示会于3月上旬在海口举行。作为我国彩电数字化比较早、技术相对领先、产品批量进入欧美市场的创维集团,其新品展示会引起了全国商家和新闻媒体的关注。记者接报社的委派,专程赴海口观摩创维1999年新品展示,并采访了创维集团黄宏生董事长。

记者:黄董事长,近几年来,创维集团得到飞速发展,首先向您表示祝贺。今天参观了正在布置中的新品展示馆,给我留下了深刻的印象。创维在技术和新品开发上确实有独到之处。听说您年初赴美国拉斯维加斯参加全球电子展,我想问一下,在目前市场竞争日益激烈、亚洲金融风暴尚未平息、国际市场开拓困难增大的情况下,创维是怎样保持着高速增长的,您对全球数字浪潮又有什么看法?

黄宏生:好。我先谈谈这次参加美国拉斯维加斯全球电子展一些亲身遇到的事。到美国后,有一种新的高科技电子产品,数字电视HDTV和SDTV[2],我想买些样机带回来研究,但是不知道到哪儿买。于是我去找我当年的教授(他在美国),开车转了几圈找不到,路不熟。怎么办?启动卫星定位仪,立刻在汽车的显示屏上出现了教授家的方位,并详细说明了从汽车目前的位置到教授家走几号

---

[1] 本文原载于:王祥明. 乘上数字高速列车 塑造全球著名品牌——创维集团黄宏生董事长访谈录[J]. 东南亚研究, 1999 (03): 63-65.

[2] SDTV, standard definition television, 即标准数字电视。

公路，要在什么地方转弯，其中要转 16 个弯，要经过哪几号公路，整个行车路程像一个网络般清清楚楚。当时汽车沿电子定位仪指定的路线行驶，车速很快。为了保证驾驶安全，干脆不看显示屏，由电子定位仪播放声音，给予指路提示，安全快捷地到了教授家。我在教授家立刻上网，在网上查询 SDTV 和 HDTV 的售卖店。结果出来了，在旧金山只有一个专卖店有索尼公司出的 HDTV，而且只有两台。我当天晚上开车去找，并买了回来。如果没有电子定位仪，没有网上查询，那肯定没有这么高的办事效率，这就是科技领先带来的美国生活。

在美国约了几位当年的同学，有博士、硕士，不少是搞研究的。好多年不见，但大家相聚，见面后互相问的却是你新开发了几个产品？给人感觉就是科技的天下。有个同学新开发的数字 ADSL（非对称数字用户环路）使电路频带加宽，电话线路的上网速度上百倍地提高，而且可以传送图像。这次同学聚会，见面谈科技，这已经成为一种非常正常的现象。

记者：听了您刚才的介绍，也使我感受到科技确实是第一生产力，是推动社会进步的动力。黄董事长，您是否能谈谈推动科技进步我们要抓哪些关键？

黄宏生：科技的发展给社会创造财富。在硅谷有一间公司研制开发出了调制调解器，那是一个由 4 个人组成的小公司。由于产品领先，一年多后以 1200 万美元的价格被跨国大公司收购，平均下来每人都成了几百万元的富翁。当然，科技进步，新品研制出成果，是一件很艰苦的工作。比如世界上领先的互联网电话，打 24 个小时都不要钱，但这个技术是经过多年苦战、投资超过 600 万美金才研发出来的。一个科研成果是令人欢欣鼓舞，但它又是大量的人才和资金堆积而成的。多次去美国硅谷考察，我有一个很深的体会，硅谷是靠 200 万科学家、工程师拼出来的，而不是吹出来的。每去一次，就给我一次新的鼓舞：不抓科技怎么能进步？！

抓科技，首先要抓人才。越优秀的人才越被优秀的公司所垂青，猎头公司千方百计地挖优秀人才，同时也促使人才更拼命地工作。在美国硅谷，我觉得到处都在积蓄力量,好像每时每刻都会有新的故事发生,有新的科技产品出来。在一次同学聚会上,一位同学拿出一个很小的随身听,在美国售价约 100 美元,这种新产品一月份还没有,二月份却全面上市了,其速度之快令人感慨。我买回来一个,这种产品如果出口很有市场,而且市场一定很大。微型的数字随身听可以随时录音,需要记录的事,拿出来讲上几句,永远不会遗忘。美国日新月异的科技发展,每天每时都在影响着人的生活。人才是根本,而苦干是关键。在美国硅谷,云集着大约 200 万名优秀的科学家和工程技术人员。这些人日复一日、年复一年埋头苦干,创造着科学奇迹,创造着人类的新生活。1984 年我第一次去美国硅谷的时候,这里的科研水平相对来说还不高,以后每去一次,就会发现有新变化。十几年后,这次去发现硅谷仅人口就已经有 300 多万人了,比我第一次来的时候翻了一番还多。由于硅谷的带动,电脑这个产品,十几年来由大型电脑发展到小型电脑,再发展到随身便携式电脑,功能还不断增多,同时创造了网上产业。硅谷通过自身的发展,给美国创造了大量的产品、大量的就业和税收。现在的硅谷,给人的感觉气势如虹,新的科学技术和新的产业大量产生。对我们中国的企业发展来说,那就是一定要抓"科教兴国",只有科技发达,我们才可能不断有新的经济增长点出现。

记者: 黄董事长,您对硅谷的介绍使人思路开阔很多,那么您认为我们的电子工业,或者具体到创维集团,面临什么问题?怎样才可以发展得更快一些?

黄宏生: 这里首先我想强调的是,我们实行市场经济体制的时间比较短,这只是个时间问题。在硅谷,我发现几乎没有一个公司里没有中国人!目前在硅谷,都有一个共识,那就是印度人在软件开发上有优势,中国人在集成电路开发上有优势,这些都是核心技术,是国际上公认的。

对创维集团来说,既有挑战,又有机遇。对我国的电子工业来说,同样如此。中国改革开放以来,我认为最成功的工业发展是电视工业。我们的电视工业从空白发展到今天,在成本上、开发水平上都具有很强的国际竞争能力,这应该是引以为豪的。目前，国内电视机的价格在世界范围内是最低的。科技进步同样提高了中国老百姓的生活质量。

电视机的发展已经上升到一个数字平台，创维也已经研制出模拟信号和数字信号兼容接收的数码彩电，而且成本增加也不大。彩电数字化发展，既给我们提供了一个机遇，也是一种挑战。对我们来说其实只有一种选择，那就是到数字化王国中去，这样才真正有出路。

中国的电子工业要发展，我们还必须正视一个国际化问题。我国是一个人口大国，当新的机遇到来的时候，一定要走向国际市场，参与国际竞争，提高企业的国际竞争能力。创维集团今年对打入国际市场做了重大的战略调整，就是将创维电视前十年的主打发展中国家市场，转向主打欧美经济发达地区市场。这块经济发达国家市场消费力强劲，产品要求档次高。这种战略转变，对创维来说，一是能迫使我们依靠科技创新提高产品档次，走精品路线；二是扩大出口创汇竞争能力，争取更好效益。处在数字化时代，这个机遇我们抓不住，就会不进则退。所以我们要用数字化彩电来扩大在经济发达国家和地区的市场占有份额。年初在拉斯维加斯全球电子展上，我们取得了较好的成效。产品（主要为数码彩电）出口签下订单 50 万台，创汇额超 7000 万美元。当然，发达国家和地区对产品的要求肯定高，这要求我们从产品开发、生产、销售、服务全方位做好工作，尤其在科技创新上要跟上世界先进水平。在这一点上有无穷的发展潜力可挖。譬如我这次在美国，了解到有一个公司做集成电路芯片，每个芯片的价格原来是 1.5 万美元，他们经过三年的努力，不断进行技术创新，使这种芯片的体积从柜子那么大缩小到电子表那么小，价格下降到原来的十分之一。这种发展速度真是难以想象。所以说，在科技进步上我们还有许多的工作要做。

记者：听了您的介绍，很感谢。祝创维集团取得更大的成功。

对话《中国经营报》①

一个企业、一个民族的品牌,一定要冲到国际市场上再竞争,这样才能在国际竞争中提高自己的档次,包括市场的观念、服务的观念,这样又会反过来提升自己在中国市场中的地位。

——黄宏生

【原编者按:中国改革开放的 40 年,也是中国企业和中国商业重生、复兴的 40 年。《中国经营报》作为诞生于 1985 年的一家商业纸媒,几乎全程伴生于中国企业和中国商业的这一伟大复兴历程。"与老板对话"栏目从创办以来,一直是《中国经营报》的拳头栏目,它生动记录了各个历史时期企业家的睿智、困惑和期望。我们在此节选了 1997 年至 2003 年之间的该栏目文章,以"对话 1998""营销英雄""千禧商战"三个主题,力图为读者再现刚刚跨进市场经济时中国企业的生存状态和成长脉络。我们发现,20 年前中国企业家们提出的许多问题,到现在仍在寻找答案。我们希望这些原生态的困惑和疑问,能够为今天的企业家和市场研究者提供饮水之源。我们更希望以这组历史性的对话,开启我们纪念改革开放 40 周年的宏大篇章。】

1999 年,由于产能过剩,国产彩电市场又陷入"降价鏖战",长虹首当其冲,先行大幅度降价,高路华、康佳随后跟进,创维也不出意外,宣布"全球降价 18%"。这一场"价格大战",其实折射出当时国产彩电业的转型阵痛——中国 3000 万台电视生产能力究竟该何去何从?降价之余,创维显得从容不迫,黄

---

① 本文最初发表于 1999 年《中国经营报》"与老板对话"栏目,2018 年为纪念改革开放 40 周年,再次发表于《中国经营报》及中国经营网(见文中"原编者按"),内容有删改。资料来源:张忠. 如果一个企业不能实行有效管理,降价就意味着死亡——访创维集团董事长黄宏生 [EB/OL]. (2018-01-25) [2020-12-31]. http://www.cb.com.cn/laoban/2018_0125/1221854_3.html.

宏生葫芦里卖的是什么药？在《中国经营报》的这篇专访中，他给出了答案。

主持人为《中国经营报》记者张忠。

全球降价18%

主持人：现在彩电新一轮的价格战引人关注。在这场价格战中，掌旗者长虹的思路是"自来水"政策，本意是长虹的产品要永远像自来水那样既便宜而又是老百姓切实需要的；康佳的提法是"全面应战"；而创维"全球降价18%"的做法虽然让人感到颇有气势，但也让人怀疑这个行业曾经的利润是否合理。创维是私营企业，相信不会做亏本的买卖。

黄宏生：虽然我们全球降价18%，但总体来说不会没有利润。创维有的产品是不赚钱的，比如少数旧机型，但创维是一个依靠科技获取"价值的天空"的企业，我们的利润取自一些科技含量较高的新产品，我们具有科技的优势。

所谓降价，其实质是旧的产品低价出售，新的产品排山倒海地出现。

降价不仅是对企业科技实力的一个考验，而且是对企业管理水平的一个考验。创维为什么能够降价？因为我们这两年在零库存和零缺陷两个方面取得了管理效益，这都是我们从日本先进的企业那里学来的。如果一个企业不能实行有效的管理，那么降价对它来说就意味着死亡。

主持人：长虹此番降价给行业造成的压力很大，部分中小企业已经全线停产。创维此番大幅降价是不是也感到了这种压力？

黄宏生：我们这次降价，主要的出发点是前两年的《中美联合声明》[①]。中国加入WTO对我们企业界来说，可以说是盼望已久，我们一直在焦急地等待。原因主要有以下几个方面：

一是创维做了10年的出口，历尽了千辛万苦。开始时价格、知名度、品牌

---

① 原文注：1997年，时任中华人民共和国主席江泽民应邀访问美国，两国领导人就对话、贸易、能源、环境、军事、人权、法律合作等方面达成协议，发表《中美联合声明》。

都不行,各个国家都对我们设置了重重的贸易壁垒。为什么?就因为我们不是"圈内人士",别人不带你玩。长达 10 年的出口历程让我们深刻地体会到,只有加入世贸组织,创维才可能有良好的国际经营环境。

二是中国的彩电工业可以说是中国改革开放 20 年来最为成功的产业之一。中国彩电工业的零配件成本可以成为世界最低。加入 WTO 以后,中国能够实现最大规模出口的很可能就是彩电工业。目前的整机零售价已经低于美国的产品零售价。降价竞争促进了民族工业的发展,加入 WTO 之际,彩电业跟国际价格接轨可以说是非常重要。

三是中国产品进入世界市场不可跨越地要经历三个阶段。首先就是低价格的阶段。这个阶段是价格便宜、质量稳定,如同当年韩国的汽车进入美国市场。其次是价廉物美,进入中档产品市场,建立品牌的信誉度。第三个阶段才是在某个国家或某个地区站稳市场,成为高档产品。

从这几个方面来说,我们全球降价 18%,主要还是从增强产品的国际竞争力来考虑的。降价是必需的准备。

当然,降价 18% 还是"大出血"啦,已经降到了谷底。我们做过调查,如此降价之后,每个人都有购买彩电的冲动。应该说,此番降价之后,彩电价格还会慢慢地回升,如同 1996 年降价后的反应一样。今年降价是正常的,电子行业有一个相对固定的发展周期,一般为 3～5 年。每隔 3～5 年,技术上就会有一次大规模的更新换代。从 1996 年到今年,正好是 3 年,这就如同大海的波涛一样。

WTO 与中国彩电业

主持人:说到 WTO 的问题,我们注意到此次降价,长虹也有一个类似的说法。从你的角度看,中国加入世贸组织,对中国的彩电业到底会有怎样的影响?

黄宏生:从整体来看,中国还没有一个属于自己的跨国企业,其产品能够渗入世界的每一个角落。能实现大规模出口的中国产品可以说还是零。在国内你争我斗，是成不了世界知名企业的；加入WTO，参与世界范围内的竞争，很有可能带动中国跨国企业集团的兴起。

刚才我也谈到中国彩电业是中国改革开放20年来最成功的产业之一。在彩电行业，我们可以做到缩小同国际产品在质量、规模、成本和价格上的差距，中国很有可能成为世界上价廉物美的彩电制造中心。

目前，全球已经进入数字化电视时代，中国在这一技术领域与世界水平的差距也不大。加入WTO，有利于中国进入国际高新技术市场。

主持人：从世界范围来看，1998年和1999年，彩电业都是一个热门的话题。业界有这样一个数字，在发达国家，彩电整机的年消费量大约是人口的十分之一，在彩电由模拟走向数字化的过程中，彩电业很有可能迎接又一个春天。

黄宏生：1999年，电视机的确是全世界的热门话题。去年数字广播的宣传和今年"维纳斯"计划①，均宣告电视机将成为世界上一个重要的产品，是实现网络经济的一个重要途径。为此，创维也做了许多必要的准备，并研制了8个型号的产品准备投放市场。

网络经济要求未来的电视至少应具备两个要素：一是画面清晰；二是要能够上网。除此以外，还要能兼容模拟和数字信号，创维电视已经实现这种功能，所以我们在欧美市场的销售情况非常好。

主持人：加入WTO尽管对中国企业来说是一个契机，但同时也会是一个门槛，你认为中国企业首先需要解决什么问题？

黄宏生：问题主要是两个。一是新技术更新换代时，中国有没有人力资本储备；二是中国产品能不能真正做到成本与国际接轨。这两个问题不解决，可以说

---

① 原文注：1999年，美国微软公司宣布计划向中国广大消费者提供一种廉价的个人电脑替代品，就是使用名叫"维纳斯"的嵌入式Windows CE操作系统简化版本的顶置盒或VCD机，售价只要个人电脑的五分之一左右，以充分利用当时中国达到3.2亿的电视机资源，让中国并不富裕的消费者领略互联网世界。这个计划后来以失败告终。

中国无法参与国际竞争。

《中美联合声明》发表之后，许多企业其实都在讨论到底该怎样做。这一次即使长虹不降价，很多企业也会降价，只不过长虹降价的愿望更迫切一些。

品牌全球化，市场多元化

主持人：我们注意到，创维有一个"品牌全球化，市场多元化"的提法，这和其他大的彩电企业正在实行的产品多样化延伸的提法不同，请问你们是怎样考虑的？

黄宏生：1999年，对于彩电行业来说可谓是至关重要的一年。在不少彩电企业纷纷涉足电脑业、通信产业和其他家电产品的同时，一些传统的白色家电企业也开始把另一只脚迈进了彩电生产的行列。今年业内估计国内彩电生产总量将达到创纪录的4000万台以上，而市场容量最多能达到2500万～3000万台，市场严重供过于求，预示着今年彩电厂家将面临一场恶战。

"品牌全球化，市场多元化"正是基于上述情况的一种解决办法。创维一直致力于国际市场的开拓，今年我们的方向就是要全力主攻欧美市场。年初，在美国拉斯维加斯消费电子展上，创维接到7000万美元的订单，这对我们鼓舞很大。为打破北美自由贸易区对中国彩电设置的重重障碍，创维将在墨西哥设立一个生产厂，首期年产30万台彩电，二期将达到年产60万台。与此同时，在横跨亚欧的土耳其也将有一个创维的生产厂，以充分适应国际市场的需求。此外，美国硅谷的创维实验室已经开始运作，我们将沿着"开发在美国，生产在深圳，营销面向全球"的发展模式去运营。

目前，创维已在香港设有多媒体研究中心及数字视频研究中心，今年还将在深圳市中心斥资5000万元人民币建立数字视频研究中心，组建市场技术部，专门研究与市场快速接轨的产品。集团还将大幅增加研究与开发经费，提高其与整个销售收入的比值。

我们认为今后最有竞争力的产品有三种，一是高清晰度的电视，二是网络产品，三是手提电脑。创维在这三样中占了两样，所以，我们打出的是"市场多元化"的旗号，而不是产品多元化。今后，创维还是要走产品专业化的路子。

全球策略与"农村包围城市"

主持人：今年创维的主攻方向是欧美市场，你们把这个计划叫作"农村包围城市"。这个思路和海尔的由金字塔的塔尖向下辐射的思路正好相反。

黄宏生：1999年创维转攻发达的欧美市场，这一思路并非突然。其实，创维一直在实施"农村包围城市"的战略，先突破发展中国家市场，如东欧和中南美洲市场，再向发达国家市场逼近。

在历经了10年的努力之后，创维已拥有85个国家的3000多个全球经销商。在国际销售网络的建立上，我们最早开发了东欧市场，这里有俄罗斯、波兰、匈牙利等；在保持德国、意大利、荷兰、瑞士、法国等西欧市场稳定的同时，我们又开拓了中南美洲市场。后来，创维又进入了中东市场，因为中东地区没有电视机厂，全部依靠外来品牌，渐渐地创维在这些地区有了一席之地。

随着世界消费格局的悄然变化，欧美经过近10年的调整，现在已加大了高新技术的投入，掌握了高新技术的控制权。因此创维决定转攻欧美市场：在墨西哥设立生产基地，产品进入美国的连锁店；在欧洲设立生产基地，便于向欧洲腹地出口彩电，以此适应世界经济的大幅调整。数字化给企业带来了新的商机。在这些经济发达的国家，消费力强劲，产品要求档次高，这可以使创维依靠高科技提高产品档次，走精品路线，同时也可以增强出口创汇竞争力，争取更好的效益。展望1999年，把全球战略眼光转移到欧美，也因为那里有5000万台的市场容量。

主持人：中国市场是世界市场的一个重要组成部分，记得业界有一位企业家说："中国即是世界市场"，意思是说赢得了中国即赢得了世界市场。创维为什么那样看重全球市场？

黄宏生：目前是全球经济，一个企业、一个民族的品牌，一定要冲到国际市场上再竞争，这样才能在国际竞争中提高自己的档次，包括市场的观念、服务的观念，这样又会反过来提升自己在中国市场中的地位。

市场多元化是一个企业增长的重要环节，由此可以降低风险，更多地与最新科技接轨，创维制订发展全球市场战略的缘由正在于此。同时，未来世界范围内掀起的消费类电子产品数字化，使彩电在全球有了新的机遇。中国企业的机遇绝不仅仅限于中国市场，对此创维有充分的信心。正如台湾著名的电脑企业ACER在施振荣的带领下，用了20年的时间，成为世界七大PC品牌之一。

我们产品本身在价格上具有竞争力，创维出口的电视95%以上的元件是国产的，使我们的产品具有成本优势。近10年的成长，使创维已具有了国际市场的作战经验，有数字技术研究开发的实力。这些都有利于创维角逐国际市场。

主持人：角逐欧美市场与过去竞争东南亚、中东、东欧等国外市场以及国内市场竞争有何不同？对于企业来说最大的挑战是什么？

黄宏生：在国际市场上竞争将有更大的风险，例如金融危机的影响。创维在1998年就失去了马来西亚和俄罗斯的40万台彩电的订单，这样就不得不另找订单大户。目前虽然创维品牌的彩电已在美国沃尔玛超市全面铺开，但却要遵循其无条件退货的原则。这就要求企业将产品的品质放在至高无上的地位。为此，创维已决定聘请富有经验的日本彩电海外基地管理人员为创维生产基地的规范性管理提供经验。

电视产业必须寻求数码突围

主持人：一年前，国务院发展研究中心一位研究人员发表了一篇文章，名为《中国3000万彩电何去何从》，这篇文章引起了很大的震动。如今，中国彩电的生产能力已经不止3000万台，而达到了4000万台，这里面还有没有何去何从的问题？

黄宏生：中国现在已成为世界上的彩电大国，当然也是成本强国之一，我们的国产化率已达到了90%；在国际市场上的地位，仅次于日本、欧洲、美国、韩国，名列第五，大大超过了中国台湾、泰国、马来西亚等早期彩电生产强国和地区。在近10年间，全球掀起了气势宏大的信息产业革命。围绕着彩电业的高新技术发展，日本率先推出16∶9制式HDTV电视，欧洲也新推出PAL/PALS电视，全世界产业科学家对电视这个家家都有的消费产品做了前赴后继的努力。近两年，以美国MPEG软件为主导，确定了HDTV电视的标准，把这种争论和一系列技术的更新归纳到一个标准之上，就是信号的发射、传输和接收均以软件为主体，成为一个全新的系统。既兼顾了现代模拟电视，又实现了高清晰度的目标，从而战胜了日本的HDTV模式，使得世界数字电视的发展有了清晰的方向。

中国的数码电视的路怎么走？如何起步？这里有多种论调。一是遥远论，认为要几年甚至几十年才能实现。二是悲观论，认为中国不可能做到设备的更新和生产。三是等待论，等一步，看一步。值得一提的是，中国音响行业在10年前因为没有引导上激光视盘（CD），错过了这一产业升级的机会。如今，放眼国内音响市场，全部是索尼、爱华、健伍等洋品牌的天下，沉痛的教训使我们看到彩电升级的重大意义。

数码电视的开发与生产并不简单，难点在于它需要大量软件指令支持，不像以前选几套IC、排几种电路板、有图像有声音就可以生产；另外的难点是频率由模拟的16K提升到32K或38K后，干扰难以处理，控制起来非常困难。从事彩电业的人不仅要懂彩电，还要熟悉电脑，彩电是电脑的终端产品，它对人的素质要求大大提高，这又涉及人员培训。如果彩电业不转向高科技，电视企业只有死路一条。

我们认为，发展高科技要从彩电业的数码化开始，这是一场突围，彩电作为中国最成熟的工业应排在第一个。我们现在确实面临巨大的压力，人员需要精简，价格不断下滑，销售增加却不见效益。即使我们做得再好，如果没有高新科技平台的支持，中国彩电业也仅有规模，没有实力。

走向世界企业之林[1]
——创维集团董事长黄宏生访谈

> 纵观20世纪全球经济的发展历程,可以看到,公司已经成为经济建设中的核心力量,最大限度地为社会创造了巨额财富。而领导这些优秀公司的企业家,更是经济领域创造力和变革力量的象征。中国改革开放的前20年产生了许多杰出的创业者,下一个十年将产生大量优秀的CEO。
>
> ——黄宏生

中国彩电业的发展历程生动地反映了中国工业化的进程。而在彩电业摔打的一批优秀企业家,可以说是第一批真正意义上的工业家,黄宏生无疑是当中的代表人物之一。正是因为包括创维在内的一批优秀的工业企业迅速崛起,成为深圳产业结构的重要支柱,深圳才能够顺利地转型为具有强大制造业基础的高科技城市。黄宏生这一代企业家是中国市场经济条件下工业化的见证人和参与者。同时,他们又走出了工业家的阶段,成为面向全球高科技产业与资本竞争的企业领袖。

中国参与全球经济竞争已经成为不可逆转的潮流,中国的制造业在加入WTO后也面临着产业升级的挑战。在新世纪的巨大挑战和机遇面前,中国企业家的使命是什么?他们有怎样的思考?不久前,记者采访了创维集团董事长黄宏生。

记者:黄总,创维从一个小厂发展到今天的规模与实力,是一个奇迹。你在

---

[1] 本文原载于:邹伟强. 走向世界企业之林——创维集团董事长黄宏生访谈[J]. 开放导报,2001(Z1):35-36.

业界以科技创新的精神著称。同时，业界也发现，你谈科技创新并不是空中楼阁、无米之炊，而是着重推进人才战略。创维这十几年间引进了大批优秀的人才，包括已经很成功的企业家，你是怎样看待企业的创新和人才战略之间的关系的？

黄宏生：创维是从一个小工厂发展起来的，要超越自己，不断地推进产业升级，没有人才队伍是不行的。新的事业必须要有新的人才来做。我们早年从香港讯科集团引进了大批港岛一流的彩电科研人员，用技术入股的方式，让他们和创维形成长期的战略合作关系。同时邀请北京著名电子专家刘晓榕先生加盟。创维形成自己的核心研发队伍以后，又聘请了日本著名的工业设计专家大久保先生。正是由于各方面优秀人才的加入，创维的彩电业务才得以从单个品种发展到多个品种，从小屏幕发展到大屏幕，从模拟彩电发展到数码电视、数字电视。现在，我们正在进行背投电视的研发，仍然需要优秀的人才来推动科技创新。所以说，科技创新和人才战略是相辅相成的。没有优秀的人才队伍，谈何科技创新？

记者：但是，从年初创维引进一批硅谷精英以来，业界发现创维的人才战略似乎有了新的变化，已经从引进科研开发专家到引进具有良好研发、经营管理及市场业绩的高级经理人才。包括微软资深经理人王涛，ESS 中国公司信息家电事业部经理汪显滨，原熊猫集团董事长陈祥兴，原德生科技集团公司董事长刘俊峰，原蓝色火焰广告公司总经理赵辉等。可以说，现在创维旗下是一个企业家队伍。这和创维的战略转型以及整个中国彩电业的升级有何联系？

黄宏生：创维的确是在整个电视行业的产业升级这个背景下来部署自己的战略的。传统的电视产业是典型的传统经济：大规模的工业化运作，庞大的生产系统，庞大的销售系统。但是，中国产业界的资本积累，在竞争性行业中，电视业算是最大的一块蛋糕了。彩电业的老大长虹集团在业绩最好时，曾一度成为中国的股王，目前仍有上百亿的资产。在市场经济条件下，彩电业通过市场竞争，形成一批规模较大的大型企业，为中国产业界积累了庞大的资本。下一步该怎么发展？非常乐观的是，随着中国市场的进一步放开，以及即将加入 WTO 的大好形势，未来十年的商业机会将远远大于改革开放的前二十年。作为从事消费类电子产业近十年的创维集团，我们未来的发展方向是立志成为中国领先的数字电视、信息家电和互联网接入设备供应商。这是创维的产业升级，可能在中国消费类电子产业也有一定的代表性。对传统电视行业的人士来说，这些新兴的产业是一个新的挑战。所以，创维要推进产业升级，必须组建新的产业领导者团队。

记者：是不是可以这样说，创维已经打造了进行产业升级的企业家团队？

黄宏生：对！现在是一个企业家制胜的时代。新经济时代的产业竞争是全球范围的竞争，包括全球的市场、全球的科研、全球的营销。这是全球范围内整合资源的竞争，哪个企业整合资源能力最强，哪个企业就最具竞争力。在全球范围内整合资源，我们需要的是企业家的素质。比如说，我们的宽频技术项目，除了国内的运营机构外，在国外还有 Broadcom（美国博通公司）作为合作伙伴，在美国硅谷的研究室，以及和国际投资基金的战略合作。这些全球范围内的组织运作与资源的调配，是需要具有企业家素质的人才参与的。全球经济的时代，就是一个企业家制胜的时代。

记者：我赞同你讲的"全球经济时代，就是一个企业家制胜的时代"，那么，从中国企业目前面临的挑战与机遇来看，企业家制胜究竟体现在哪些方面？

黄宏生：首先，从国际情况来看，近十年企业界的重大工程之一是通用电气的重组。通用从一个历史悠久而官僚主义严重、劳动密集型的企业巨人转变为一台运转灵活迅速、结构简洁精干的高产机器，成为美国最具竞争力的企业之一。这一过程是在被称为本世纪全美最杰出的 CEO 韦尔奇的领导下进行的。可以这样说，如果没有韦尔奇，就没有今天极具竞争力的通用电气。这就是一个杰出的企业家的重要作用。

就中国企业来说，联想集团在柳总领导下的重组是比较成功的，长虹的重组也在新人的领导下进行着。就创维来说，企业家制胜的历史使命体现在以下方面。

创维的传统彩电业务要不断提升竞争力，就必须在产品技术、营销模式、人力资源方面迈上新台阶。最近，我们聘请了杨东文教授出任创维销售公司的董事、总经理，也是为了适应新的市场形势、顺应市场游戏规则的变化而采取的措施。目前彩电业流行的营销模式已经面临挑战，最根本的问题是成本过高，而且这种营销模式是以成本的不断上升为代价来增加销售额的，制造业利润率的下降又无法长期支持这样的销售成本压力。所以，创维必须在保有现在营销体制优越性的前提下，勇于变革，找到一个适合中国市场的营销模式。这个历史使命由杨东文教授带领的创维销售公司优秀的管理团队来完成。创维是一个国内市场比较知名的电子品牌，但是离世界名牌这一理想还差很远，所以创维邀请在中国广告业非常成功的专业人士——蓝色火焰广告公司总经理赵辉加盟，出任创维集团品牌总监。做一个中国人自己的世界名牌是中国企业界人士的梦想，也是创维的梦想，这样一个雄伟的事业，必须邀请国内一流的人士来做才能成功。

对于创维的新兴业务，像信息家电、宽频技术、移动通信，都是全球竞争的业务，必须是既具有传统产业经验，同时又了解国内外市场和产业发展的企业家才能担当重任。加入创维的刘俊峰原先是德生科技集团的董事长，对中国电子工业的发展历程有很深的体验，同时，又有网络经济的实际操作经验，只有这样的背景才能统领整个创维集团的信息产业。领导创维移动通信业务的原熊猫集团董事长陈祥兴则是中国电子工业领域著名人物，曾领导熊猫成功实施股份化改造。只有这样顶尖的企业家团队，才能领导创维的新兴产业走向成功。

记者：美国新经济浪潮产生了一批优秀的CEO，中国产业经济的发展会出现同样的现象吗？

黄宏生：中国肯定会经历同样的过程。纵观20世纪全球经济的发展历程，可以看到，公司已经成为经济建设中的核心力量，最大限度地为社会创造了巨额财富。而领导这些优秀公司的企业家，更是经济领域创造力和变革力量的象征。中国改革开放的前20年产生了许多杰出的创业者，下一个10年将产生大量优秀的CEO。

爱也经理人，恨也经理人[①]

这个时代的到来，或者说知识经济时代的到来，它的新特点就是新的价值观、理想主义者、团队精神。理论和实践都有的人，才能领导企业逾越微利时代，继续前进。

——黄宏生

主持人：上一次采访黄宏生先生，标题是《创维全球梦》，谈的是理想，与以往《中国经营报·与老板对话》风格一样，更多是谈企业家的成功经验。这一次，我们将把更多目光集中到对问题的思考上。我想这也有价值，应该是殊途同归。

前些时间因为陆强华的出走，创维成为媒体注意的焦点。我们想，其中有一些报道是事实，或者说是有事实根据的。但是我们认为，职业经理人与企业发生冲突在中国目前是正常的。

另外，根据《中国经营报》的一贯风格，我们不会拿这些事情作为"炒料"，赚取读者的注意力，而是要挖掘这一现象产生的背景及对国内其他企业的现实意义。黄宏生先生自己也在反思，寻找问题的解决方案。在这一点上，我们《中国经营报》与黄宏生先生是一致的。

与许多著名的经济管理学家都对职业经理人的问题高度重视一样，我们认为，解决好黄宏生先生的困惑，对中国企业界将是一笔财富。因为，黄宏生先生

[①] 本文原载于 2001 年 9 月 14 日《中国经营报》，后被收录于：刘元煌. 与 100 名老板对话 精选本·六 [M]. 北京：经济管理出版社，2001：125-134.

所面临的问题,是现今中国企业界的一个普遍问题。

职业经理人制度,2001年的重点?

主持人:今天,在经济体制改革研究会主办的"中国职业经理人制度安排"高级研讨会上,听到黄宏生先生作为一名企业家的发言"老板对'经理人'的思考"。我们认为,结合创维的一些实际情况,这些思考是深入且有价值的。听了以厉以宁教授为首的专家们的意见,你觉得找到解决这些困惑的方法了吗?

黄宏生:这仅仅是一个开始。中国改革开放20年来,市场经济建设有了很大的成就,现在面临着迎接WTO的挑战、加强企业的竞争能力等深层次的问题,目前职业经理人制度的建设也是一个亟待攻克的新堡垒。我认为十五大以来,继产权改革之后,职业经理人问题应是2001年的一个重点。

我本人是在实践上遇到了问题,便想从理论上求得回答。很高兴看到专家们都有深刻的见解,都对这个问题很重视。但从酝酿到反馈会有一个过程,如果问题都能迎刃而解,那办企业也就太容易了。对于中国企业来说,面临这么多的压力和挑战,如果没有一个好的外部环境,企业永远也长不大。我想,提出这个问题是代表了企业家的心声。

为什么是创维?

主持人:不知道黄宏生先生想过没有,为什么这些问题会首先出现在创维集团呢?

黄宏生:以前在创维迅速成长的过程中,我想的都是要多一些激励,让大家和我朝着一个共同的目标去奋斗,但没有想过如果出现了一些矛盾和争议,该用些什么样的方法来解决。今天许多专家阐明了在市场经济条件下,通过法制和制度的建设,需要从企业的内部和外部双管齐下。总的目的,就是使得企业和经理人之间形成制衡,让企业高效发展。中国企业成长的过程往往是先经营、后管理，创维也不例外，管理已成为中国企业成长的一个瓶颈。一个企业健康成长是多么不简单的事情，绝不仅仅是有多少的销售收入和利润那么单纯。这里有企业内部和整个社会环境多方面的问题，一句话是"创业易，守业难"。

主持人：创维的高层流动是家电业中相对比较频繁的，你认为这种变化的合理性或者原因是什么？是否带有民营企业的特点？有人将创维划分为黄学政时代—褚秀菊时代—陆强华时代，如今似乎又到了杨东文时代，是什么样的历史原因形成了这几个时代？

黄宏生：以为创维在民企里人才流动最大是一个误区。民营企业的人才流动都比较大，有的IT企业一个系统集成部就走几百人，某家电企业营销系统180个经理全部走掉，这些情况人所共知。每一个企业的人员流动都有一定的比例。造成创维人才流动大的原因，可能是创维的危机公关处理弱，让新闻界得到的负面消息多一些。今天一些专家也指出了新闻界往往会同情弱者，认为是企业店大欺客。有些媒体认为企业内一定比例的人才流动代表了社会的动荡，甚至说是什么企业内部朝代的改变。其实，今天有专家讲到，人才流动率最高的是美国，其次是欧洲；我们以前比较推崇不流动的日本模式，仿佛进入企业就进入了保险箱，而对美国模式有些担心。现在知道了，原来美国模式更健康。

为什么是营销领域？

主持人：创维的人员流动主要集中在营销领域。在业内公开的秘密是，营销系统暗箱操作现象比较突出，尤其对民营企业而言，这种资产流失又得不到足够的法律保护。就像一位专家所说的，换下了A，B来了还是一样。创维这么多的人从营销系统出走，是不是也证明了这种说法？企业是否必须通过这种方式来降低资产流失的风险？

黄宏生：创维的人才流动基本是在营销模式内。创维的成功也是在于敢于创新，比如说我们现在是在探索营销的第三种模式。现在经营企业，不变是不行的。我认为创维进行营销改革的时候,有些人把自己和企业的矛盾人为地扩大化了。

主持人:你刚才说企业真正的问题不在营销领域,而是在生产及管理方面,但这方面媒体关注的又比较少,对此,你能具体展开阐述一下吗?

黄宏生:现在的企业竞争应该说是决胜千里之外。千里之外的竞争包括企业开发的竞争、品质质量控制的竞争、企业品牌提升和营销分销的竞争,创维是一个团队。下半年创维的销售业绩回升,给人以"发力"的感觉,这是几百名研发人员组成的科研队伍研究三年的心血结晶,是一个品牌的塑造和分销结合的成功。过分地强调营销的重要性,是不够全面的。

一个企业的失败,也并不是营销的失败,往往是质量出现了问题。

为什么是杨东文这样的学院派?

主持人:杨东文这样的学院派是你心目中理想的模式吗?

黄宏生:创维每一次碰上问题,都会进行改革。对此我有一个深刻的体会:现在彩电进入了微利时代,如果我们每一个营销人员都以自己的眼前利益为主要奋斗目标,这个企业如何生存下去?为什么我们现在找了杨东文这样具有学院风范的职业经理人呢?有一次我到美国一家公司进行访问,发现无论是营销、开发还是搞资本市场的全是教授。我一开始担心教授不懂搞企业,但现在进入了知识时代、物质不太匮乏的时代,追求理想、建立一种共同的事业理念是现代企业的新要求。因此,这个时代的到来,或者说知识经济时代的到来,它的新特点就是新的价值观、理想主义者、团队精神。理论和实践都有的人,才能领导企业逾越微利时代,继续前进。再举个例子,以前创维是游击队,注重实践经验,不需要有企业的战略,搞内销时在广东找几个大客户,只要品质好就行了。现在不同了,陆海空的作战需要战略,光是实践型人才是不够的。整个竞争就像高难度的现代化战争,企业需要高瞻远瞩的人才。

主持人：这实际上回答了创维选择职业经理人标准的问题。但任何一个经理人初入企业，无论是学院派还是实践派，都面临着经理人的个性与企业原本的文化是否适应的问题。作为企业的老板，你会给经理人一个充分的个性空间，还是希望经理人无条件地服从企业的文化？

黄宏生：所以我们也学习了美国通用电气的经验，所有关键岗位，绝不再搞空降部队。杨东文在创维有两年半的时间了，帮助企业在香港主板上市。真金也要经过火炼。经过一段时间的培养和磨合，然后再到更关键的岗位上去。杨东文的例子，可以说是创维初尝甜头。以前我们喜欢用空降部队，现在发现风险确实比较大。

另外，个人英雄主义的人在创维逐步得不到提拔了。因为竞争太激烈了，企业需要成群结队的团体来打天下，并且向员工灌输"一个人的成功本身要有痛苦的积累"。我经常说，要做痛苦的人，不做快乐的猪。现在做制造业不容易，而年轻人都比较浮躁。我自己的经验是，只有怀着痛苦心态的人才能在竞争中获得成功。这种思想教育不是空的。

先痛苦后快乐

主持人：有报道说你工作非常认真辛苦，你做企业是一种什么样的心态？

黄宏生：做企业实际上是做人。别人常说，"你的企业经常面临重大的危机，但你却能一躺下就睡得很香，坐上车也是这样。"其实这是一种心态，对我来讲，每一天起床就是坏消息，谁走了，货被骗了。我有一段时间胃不好，非常痛苦，感觉自己好像入错行了，何必呢？于是寻求一种精神支柱和哲学解脱。说大一些，人要在为社会作贡献中寻找和实现自我；讲得通俗一点儿，你必须有吃苦和面对痛苦的准备。只有这样，你才能在错综复杂的形势和不断的打击下保持平常心，就像你每天出门都要预计到可能下雨一样。

我非常敬佩彭德怀元帅，据说彭元帅在打仗的时候，不是先研究如何进行冲

下篇：访谈集

锋，而是先考虑形势不利的时候如何撤退。

我的手机号是向全部的员工开放的，我的电子邮件信箱也是开放的。员工可以随时随地与我沟通。

主持人：我们知道，现在创维已实现了决策层与经营层的分离，作为集团的董事长，你只关注一些决策层面的问题。你刚刚又说，你的手机向全体员工开放，每天醒来都有一大堆的麻烦，是不是有种事必躬亲的感觉？那创维又怎么实现真正的放权，给经营层以足够的信任？

黄宏生：我不是去干预下面人的运作，而是生活在群众之中。我如果不与一线保持亲密接触，又怎样保证我的决策足够准确呢？

搞企业的快乐哲学

主持人：我们注意到，黄宏生先生身上可能有一种矛盾性格，即越是敬业和成功，就越是痛苦。成功后还不能享受成功的快乐，是不是黄宏生这样的民营企业家在目前的条件下无奈的选择？而这其中，人的个性的因素占到多大的比例？不走上企业家这条路，黄宏生先生仍然会是成功而且快乐的。但走上这条路以后，却是成功与幸福成反比了？

黄宏生：你说的矛盾的心理其实不是那么回事。搞企业是我的自主选择，是一种兴趣。以前我们下乡当知青的时候，没有什么选择，能当个拖拉机手是最大的幸福，但是还没有当上。而现在的机会很多，允许年轻人按照自己的兴趣进行选择。我是理工科出身，选择做企业，既发挥了自己的优势和兴趣，又是快乐的。

为什么我能睡得香？就是因为能够把所有可能的恶劣情况放在自己的考虑之中。人为什么不快乐？因为你并不知道未来会有什么突发事件，你面对时会束手无策。就像有些女孩子谈恋爱失败了就要自杀，因为她感觉世界末日到了，其实她本来就应该想到可能是不成功的，大不了独身。当年海南房地产出现泡沫的时候，大家都带着钱到海南炒地皮，后来房地产一落千丈，有些人破产自杀了，有些人疯了。之所以这样，就是因为他们没有学习过苏格拉底的哲学。做一个痛苦的人，先痛苦后快乐，这就是我的快乐哲学。

老板的反思：不再事必躬亲

主持人：今天有专家说，中国合格的职业经理人少，同时，合格的老板更少。在你的反思与思考中，我们没有看到你对自己的一些做法的评价。

黄宏生：应该说人无完人，企业在理念管理和创新方面都会有一些缺陷。我本人也是通过每一件事情进行深深的反思。对于企业的高级人才，我们学会了引进和培养相结合的办法，但在引进的过程中我们想到的好的方面多了一些，想到的出现矛盾和问题的方面少了一些。合同方面很重要，许多合同如果坚持通过律师来做，就不会出现现在的问题。现在，新的重要岗位已在逐渐完善合约，包括竞争性条款、知识产权条款、商业机密条款，创维六大公司的 CEO 等关键的岗位已经开始这项工作。

另外，创维现在请了独立董事，任何事情都要经过独立董事同意。因为企业的职业经理人可能与董事会有不同的看法，如果能够通过独立董事进行调节，会起到足够的中和作用。

通用电气的模式是任何人都要先经过公司的考察后才能委以重任。很多公司包括创维在高速发展的过程中往往比较急躁，喜欢用空降部队，而空降部队往往与企业文化有冲突，大家在相互容忍一段时间后会出现不协调的问题。通用电气提拔人才的方法是先让他到企业里来工作，进行融合，然后再进行提拔；选择接班人时，需要观察两年时间，而且这个人都不知道自己是被观察对象，平常该如何就如何。

主持人：你自己是不是没有注意发挥董事会的功能？你本人是创维的创始人，在心态上是否感觉企业与自己的一致性比较强，即老板观念比较浓？而创维是一家已经上市的公司，人们会把它作为一家公众公司来理解。

黄宏生：企业小的时候难免凡事亲力亲为，因为资金有限，不可能找太多的人，人力是要成本的。上市后企业有了独立董事、董事会等一整套监督机制，要学会充分地授权，改变以前事必躬亲的作风，无为而治。这次给我的一个最大的体会，是要学会与国际接轨、运用董事会和独立董事的作用，可以说创维充分授权的时代到来了。这是中国企业要做大所必须面对的一个世纪挑战，或者说是对人的认识极限的挑战。

在逐步放权的过程中，我们创维有六大产业公司，每一家都有自己的CEO，我想得更多的是如何加强他们的竞争力，包括在人才、产品和管理等各方面。我自己将不再出任创维集团的总裁，而只保留董事长的职务。对于这个模式，创维内部的员工都高度认同了。

主持人：今天非常感谢黄宏生先生接受《中国经营报》的独家采访，我们有幸分享黄宏生先生做企业的酸甜苦辣。我们认为，黄宏生先生"先痛苦后快乐"的做企业的心态，对中国企业、对中国的企业家都是非常宝贵的，也是当今中国企业家奋斗精神的一种代表。

创维呐喊：活着是为了将来[1]

——中国企业借鉴韩国足球的取胜之道

世界已经全面进入全球化时代，足球全球化，经济全球化，经营也在全球化。"适者生存，优胜劣汰"的规律将在全球范围内发挥作用，中国企业只要充分发挥自己的比较优势，锲而不舍，同样能够后来居上，成为举足轻重的经济力量。

——黄宏生

韩国足球在第 17 届世界杯上取得了历史性的突破，不仅震惊了中国足坛，也震撼了中国企业界。本刊记者采访了刚刚从韩国三星电子访问回来的创维集团董事长黄宏生。他向记者坦言，他认为韩国足球的成功并不是偶然的，就像目前发展势头迅猛的韩国企业一样，韩国足球体现了韩国独特的民族精神，值得中国各界反思和借鉴。

黄宏生认为，韩国足球之所以能取胜，主要有四个方面的因素：一是强烈的爱国热忱和民族自尊心，这是韩国人勇往直前、奋不顾身的强大精神动力；二是民族利益和集团利益高于个人利益的团队拼搏精神；三是知己知彼，扬长避短，充分发挥自己的比较优势；四是锲而不舍的战斗精神，凭着顽强的毅力和不屈不挠的信念，无论是在领先还是落后的情况下，韩国人自始至终积极拼抢，这种认真的态度弥补技术等其他方面的不足，抑制了对手的长处，使一些欧洲强队也无可奈何。

---

[1] 本文原载于：泓弘. 创维呐喊：活着为了将来——中国企业反思韩国足球的取胜之道——创维集团董事长黄宏生访谈 [J]. 重庆与世界，2002（03）：50-51.

作为企业家，黄宏生认为，韩国的足球精神同样体现在韩国的产业领域，创维高层刚刚访问过的三星电子公司就是一家杰出的韩国企业。几十年来，三星电子以电子产品起家，已经成长为全球 IT 百强的领导性企业。三星电子也曾经历过发展的低潮，如 1997—1999 年亚洲金融危机期间，公司的业绩大幅下滑，但集团领导层适时果断地进行了战略组织创新，以不屈不挠的韧劲，不但成功度过了危机，而且进一步焕发了活力。中国加入 WTO 对整个国家来说是件大好事，可是对于部分企业，肯定不是个好消息，为了占领中国广阔的市场，一场国际大恶战即将开始。在科技行业，我们的对手是谁呢？强大的跨国公司！它们有雄厚的资金、知名的品牌，掌握了竞争的主动权。而我们民营起家的科技产业，势单力薄，一上战场，硬碰硬，结果可想而知。

黄宏生说道，经过了 13 年的艰苦奋斗，创维在国内算是有点名气，在世界市场上也占了 4% 的市场份额。但是客观地说，在总体的力量对比上，同国际大公司还有相当大的差距。

彩电行业在过去的年月里，由于混战，许多企业"死"在大的国有企业手里，"死"在大的跨国公司的手里，现在剩下的几家彩电企业，属于民营起家的已不多了。黄宏生坦言，很幸运我们"活"了下来，不过，我们一直抱着一种信念，即活着才有希望，为了将来必须活着。

黄宏生向记者表示，中国企业可以从韩国足球和韩国企业身上得到很多启示。世界已经全面进入全球化时代，足球全球化，经济全球化，经营也在全球化。"适者生存，优胜劣汰"的规律将在全球范围内发挥作用，中国企业只要充分发挥自己的比较优势，锲而不舍，同样能够后来居上，成为举足轻重的经济力量。创维就有一种"咬定青山不放松"的精神，在高度专业的基础上再谋求适当的多元化。2001 年，创维彩电及 DVD（播放机）的出口量比前年增长了 50%，达到了 150 万台，居中国彩电业第一；2001 年，创维彩电销量 13 年来首次突破 550 万台，比去年增长了 40% 以上，在增长率上居同行第一；创维在技术开发上依然处于国内领先地位,最近在国内推出了与全球技术同步的十大产品:平面电视、数码逐行健康电视、高清晰度电视、液晶电视、等离子电视、互动电视、高清晰度背投、逐行DVD、可录DVD、数字有线电视系统。创维正在努力实现同行业技术第一的目标。

黄宏生最后对记者说:"中国加入WTO,给我们极大的压力,同时也给我们无限的鼓舞。我们既然在艰难的环境中活了下来,也想很好地活下去,运用我们的长处同国际大公司进行竞争。对于未来,我们充满信心,创维的下一个奋斗目标就是做中国数码显示的NO.1。"

下篇：访谈集

我们的理想是创建一个中国籍的世界名牌①

我经常到各大学演讲，鼓励当代大学生要"勇当企业家"。只有一批企业家成长起来了，企业才有希望，中国企业才有希望。

——黄宏生

下乡

记者：每个人的成长都可以分为几个阶段，你认为哪一个阶段或哪一个方面对你是最重要的？

黄宏生：第一个阶段应该是下乡阶段；第二个阶段是大学阶段；第三个阶段是社会成长阶段；第四阶段是创业阶段；第五个阶段是企业遇到了发展瓶颈和困难时，学会面对困难、危机，勇于突破，最后不断地达到成功。

上山下乡给我以后的人生带来什么启发？那就是在与世隔绝、愚昧与落后的环境中也不应放弃希望，不应随波逐流。我们在繁重的劳动中，并没有自暴自弃，没有去早恋，去结婚生子，去偷周边山民的鸡鹅。在煤油灯下的交流、苦读使我们在机遇到来时以优异的成绩考上了大学。在任何艰难困苦的时候，只要你有顽强的毅力，有生存的意识和信心，希望就永远在你身边。

下乡阶段主要是我当知青的时期。这一时期要分两方面去看：一方面，下乡对知青的成长来说是灾难性的，另一方面也是一种磨炼。那个时候不能到学校学

---

① 本文是2002年8月1日创维集团董事局主席黄宏生接受记者采访的记录，原题是《对话黄宏生》，此处作了选摘。原文见：陈春花，段传敏. 中国家电巨子访谈录 [M]. 广州：广东经济出版社，2002：66-118.

习,也没有任何学习工具,生计又困难,精神上又困乏,连收音机都没有。一到晚上黑蒙蒙的,点着煤油灯——灯还要省着油来用……就是这样一种局面。

我下乡有四年半的时间,但像其他很多知青一样,在艰苦逆境下,我并未放弃对未来的理想与憧憬。当时主要是坚持写日记,后来因劳动量太大就坚持写周记,一直写到上大学。写日记能够使你思考问题,碰到一些苦恼、一些问题就主动去思考,这是学习精神的体现。我们当时有许多知青与当地人结婚生子,能够考上大学的是那些坚持学习、有学习精神的少数人——大部分都"倒下"了。

所以我不主张小孩子看太多电视,因为这样他就没有思考的时间了。

记者:当时在那么恶劣的环境下,你为什么能够坚持学习呢?是不是受了别人的影响?

黄宏生:没有社会环境的影响,主要靠自己。我并不是听了谁的话就开始写日记,不是这样的。现在回过头来看,知青生活对我们是种艰苦的磨炼,这种经历反而成为一笔财富——但并没有多少人把它转换成财富。通过写日记把它记录下来的过程让我们对人生充满了思考,因而脑海里充满了对未来的思考与憧憬,这些梦想取代了孤单、贫穷、荒凉的现实一面。它实际上是内心深处一种对世界的追求和扩展。

大学

记者:为什么华工出了这么多优秀企业家?在华工学习的经历对你的影响有多大?

黄宏生:我们华工的无线电系出了不少成功企业家,像德生收音机的创立人梁伟,他目前做到了中国业内销量第一,出口量也很大,他是个很出色的人。

在华工,我们这批人受冯秉铨老师的影响还是很大的。第一个原因,是他的学识渊博。冯老师是从哈佛大学回来的,他讲课非常生动,使我们学生对这个领域充满了一种憧憬和兴趣。第二,当时冯秉铨老师旗下的确是人才济济,像徐秉铮老师、欧阳景正老师（欧阳景正现在六十几岁了，还是美国硅谷一家公司的总工程师）。我们那时最怕上欧阳的课，他的课难得要命，都是把一些最新的课题拿给我们做，但也很有料。那时无线电系非常强大，有十几二十个教授，师资力量雄厚，在教学、科研等方面在校内都是佼佼者。这些对我们都很有影响，因为无线电系不是靠一个人，而是一批人。

那时学校学习风气很浓。我记得当时学校有个院长叫张进，以及团总支书记陈昌盛，他们都鼓励学生德、智、体全面发展。在学校的这段经历对我们的发展有正面的影响，对我们后来在企业界的锻炼也很大。比如说，我们班曾获得全校拔河比赛亚军，在学校运动会里也夺得很多奖项，获得运动会冠军；又比如在学校有一整套社会活动，我们都在学校的指导下积极参加，这些都对我们在组织能力与团队精神方面的培养有很大的作用。

那时的同学都是来自全国的尖子生，同学的年龄参差不齐。最小的是16岁的应届生，最大的有30多岁，是66届的"老油条"，很不好管理与组织。我当时是班长，每次搞活动都煞费脑筋。但我们班后来能坚持每天早上6点半做早操，4年如一日，这很不容易，它对我们的团结、团队意识以及意志力的培养起了很大作用。我们班出了很多企业家，很多大的企业家，其原因就在这里，这是大学的影响。其实大家的智力差不多，分数也差不了多少，差异主要表现在意志力和激情上，我们班是出企业家最多的班。

在校期间，我们得到了很多锻炼。我的很多同学后来到国外留学了。其中有个叫孙钢的在美国，他见了我就说："是你影响了我，我后来到各个大学都竞选学生会主席，因为这种沟通能力——这种整合应用社会资源和让大家跟你做共同的事情的能力——是很重要的，是成功最重要的因素！"

记者：请谈一谈华工对你的影响。

黄宏生：第一，优秀的导师、教授对学生的影响是深远、终生的。冯秉铨教授是位出色的教育家、科学家，他在全球无线电领域的知识启发了我们对未来的幻想。他能凝聚一大批教授和专家，使得无线电系红盛一时，是使我们这一代人都对社会贡献很大的原因。一个影响力强的学校或院系的师资必须是全球化的、世界视角的，能凝聚一大批中青年教师的。

第二，那个年代，学校重视学生在德育方面的发展。理工科学生一般是"两耳不闻窗外事，一心只读圣贤书"的，但当时学校党委书记"抓"我们去参加各种社会活动，使我们得到了锻炼。比如我们班是唯一从开学第一天到毕业坚持每天做早操的，这种坚持对企业家的成长有很大帮助，让我们学会容忍、忍耐。我们班同学的年龄层次、文化背景差异大，注重德育的培养对我们的成长有很大的帮助。

第三，学术气氛很浓，老师愿意参与学生讨论。很多的问题我们都是在课中课后争先提问，这种无形的互动教学培养了我们执着追求、"打破沙锅问到底"的精神，对我们的未来企业精神都是有指导意义的。

第四，公正。那时候大学毕业生是分配工作的。学校能公平、公正地根据学生志愿分配，真正为学生着想，大家对最终分配结果还是比较满意的。

屡败屡战

记者：创维在发展的过程中，经历了不少的坎坷，甚至可以说历尽磨难，那时是怎么渡过难关的呢？

黄宏生：创维的成功，或者说能够"活"到现在，主要是基于我们对人才的极大关注和热情，以及对人的投入。产品力看起来是"物"的问题，实际上它背后是一批人的战斗力、一批人的智慧。我开始做彩电时，从国内请了一批科技人员。这些人被挖过来以后，费了九牛二虎之力也没有成功，因为这些技术人员是跟踪型、消化型的，创新的东西比较少。但即将淘汰的东西你做得再好也是没有用的，就是这样，一开始就失败了。

1995年，我们的产品出现很大困难，原因是从小屏幕改做大屏幕的技术不过关，而且产品的电源、声音有很多问题。当时我们又成功邀请康力集团董事总经理李鸿安加盟，同时引进一批技术水平高、懂管理的人员，才使创维的产品质量有了新的进步，企业化险为夷。

随着竞争强度越来越大，我们又引进了一批财务专家，如中南财经政法大学的经济系教授李成章先生（后来成为创维集团的 CFO，执行董事）做我们的首席经济顾问，他后来又推荐了一批财务专家如杨东文副教授。此举使创维 1999 年成功地引进了 3000 万美金的风险投资基金；并帮助创维在 2000 年 4 月成功在香港上市，集资 10 亿元，创下了当年国内企业融资的最高纪录。

到 2000 年，创维有一大批营销人员出走（即"陆强华事件"），创维又遇到空前的困难，2001 年亏损 6000 多万，出现创维历史上第一次亏损。我们怎么办？进行企业创新啊，同时大举引进人才，企业经过整顿后竞争力迅速上升。在企业的成长过程中，就要积极地面对矛盾、解决问题，讲得再多也没有用，关键是去执行，去解决问题。

所以总结起来，创维成长过程的第一阶段是以产品、科技为拉动力的成长阶段。第二阶段是财务管理安全防范、监督、制约和上市资本运行阶段。第三个阶段是从今年开始，创维进入了一个以人力资源为拉动力、提升力的高速增长阶段。

在这个过程中，我们还非常注重企业内部人员的培养。不像其他企业走两个极端，要么依赖"空降"，要么全部内部提拔，这都不好。我们强调内部人才的上升力，自己培养的人才占 70%，现在有大量的优秀基层人员获得迅速提升。此外，创维每年从全国高校引进几百名大学生，我们对人才进行系统的培养。今年我们还准备组建"创维大学"①，所有人员都可以进入"创维大学"参加培训和获得提升。

---

① 2006 年，创维集团成立创维学院。

产品为先　市场导向

记者：在印象中，我们觉得创维好像一直是比较注重产品的，那么产品在创维的发展中扮演了一个什么角色？

黄宏生：产品是我们企业生命的源泉。可能很多人没有意识到它的厉害。我们经历了第一次失败后才意识到，我们其实是一个产品公司。我相信报刊也是一样，要想成为世界级的杂志，有好的文章很重要，牌子反而不是很重要。

1995年，我们公司遇到了困境，原因就是彩电从小屏幕升级到大屏幕后的质量不过关，产品无法实现升级，25英寸的还可以，29英寸的就不行了。眼看我们企业就要撑不下去了，关键时刻我们又是引进了一些人才，开发出宽电源产品，解决了产品问题。当时国内的供电有时不稳定，电视忽明忽暗，很容易烧掉，欧洲的机器来到中国常常是"死路一条"，原因是电压有问题。1995—1998年，彩电供过于求的问题严重得不得了，当时我们及时推出了数码彩电数字化处理技术，使图像干扰减少了，伴音质量也提高了，又有一定的进步。去年（2001年）的销售数量增长了42%，原因就是推出了数码纯平电视。因此，就是这些新产品的相继及时推出才使创维能够闯过难关，走到今天。市场不断有新的需求，企业必须根据市场需求推出相应的产品，必须有这个能力。

记者：是不是可以说创维是一家以产品为导向的企业呢？

黄宏生：不是，创维还是一个以市场为导向的企业，因为只有以市场为导向，以客户的需求为导向，才会有适合市场的好产品出来。创维非常注重科技的突破，每次在危难的时候，都是靠科技和产品的创新突破化险为夷，而不是靠损耗和仿造，更不是靠政府支持或靠某一个广告，我们都是靠产品。在自由市场竞争中，王安电脑的失败就是产品的失败，它在当时是华人的骄傲，但当PC涌现时，它的产品没能及时更新，公司五年就倒闭了。

从1991年起，创维不再做遥控器而进军彩电。当时我们把彩电看得很简单，

下篇：访谈集

认为只要把产品做出来就行了，但由于它的性能和指标没有差异性，所以销量不好，那次就夭折了。后来我们成功引进了一些重要技术人员，推出了第三代彩电——一种拥有国际线路的世界制式的彩电，这种彩电产品到任何一个国家都可以自动识别制式。比如说我们的货发到东北公司，他们把产品一拿到俄罗斯就可自动识别。好消息传千里，我们的销量开始增加了，一举就成功了。所以我们突然能够生存下来，而且在众多彩电企业的激烈竞争中杀出一条血路，靠的就是产品力。

记者：创维能够不断地在产品创新方面取得成果，是不是因为企业里有什么制度上的保证呢？

黄宏生：我们有鼓励创新的企业文化和一整套管理制度。我们在企业里力求建立人人关注科技进步的文化，创造出一种柔和快乐的气氛。首先，企业要重视科技，让所有人都去讲创新，企业要有这种气氛。其次，人才的考核是困难的，销售人员的考核相对容易，因为有激励机制，但评估科研人员的业绩比较难，因为好的产品要上百人的合作，企业的秘诀就是合作。再次是培训，如何不断地培训员工，并进行员工之间的交流，要有一整套的制度。

记者：我们从企业架构上看，创维的总裁是直接抓生产，副总裁是抓营销的，是吗？

黄宏生：总裁是管全面的，我们不分抓生产、抓科研，而是抓整个链条。

记者：那么，你们这种架构，怎么保证产品按照市场导向去生产呢？

黄宏生：我们在企业内部建立了一种机制。首先，我们生产什么，并不由厂长、总裁决定，而是由市场下订单来决定，并据此建立了一套以市场为导向的系统，一切围绕市场的需求。比如说现在市场是供过于求的，同质化的情况非常严重，企业就要去寻找差异化的产品。科技创新要建立一整套的体系，包括怎么样建立差异化，怎么样瞄准世界市场的进度，等等。然后由市场方面提出一个模型、评价体系和市场建设报告，反馈到开发中心，对模型进行产品化设计，产品出来后再进入市场进行测试。就这样不断反复，最后再进行批量生产。这个过程是很复杂的。

记者：那么如果设计的产品与市场需求有矛盾，你选择产品还是市场呢？

黄宏生：我们原来的文化确实是销售人员不管产品、科研人员不理市场需求，出现了"我们要的东西你们没有，不符合市场需求；你提供的产品价格太贵，我们根本卖不了"的问题，部门之间老是这样来回扯皮、闹矛盾，因此以前创维进步比较缓慢。后来我们把销售体系和生产科研整合在一起，成立彩电事业部，由企业家出身的张学斌出任总裁。他很有办法，建立了"产、供、销"一体化运作体系以及绩效考核体系，把它们融合在一起。这是一种很大的组织创新与制度创新。要解决一个企业的问题不是靠一两句话的，要靠组织来解决。之后，总裁必须有相当多的时间去考察市场，而不是关在厂里不走出去，这样一来效率就大大提高了。

多元化之痛

记者：我们谈一下多元化问题，1999年创维居全国彩电业第四位，出现了所谓创维淡出彩电业的传闻，当时你们是怎么考虑的？

黄宏生：这是误传。我们一直在进行多元化的尝试，但屡战屡败，到目前还没有决定性的胜利。放眼望去，中国企业其实是"血流成河"的，很多企业都会经历失败，包括所有电子领域的企业。因此中国企业多元化成功的例子有，但不是很多。

我们在多元化方面做了一整套尝试，开始时投了几千万做互联网终端，没有成功；做电脑，也没有成功。但我们还有坚持到底的，比如说DVD，连续亏了4年，现在开始赚钱了。机顶盒项目今年也有望盈利。在通信产品方面，准备进入手机行业。

要做多元化，整个公司的组织就要进行改造。现在我们把每个核心产品分成一个事业单位，实施"产、供、销"一条龙运作。这一系列的改革从2000年下半年开始运作，到2001年尝到甜头。现在创维的每个产业公司都有自己的CEO，有一套很好的监督考核激励机制。

经过了这5年的试验，我总结了几点经验教训：①企业组织要有适应多元化的文化。②要有人才储备，特别是新型产业的CEO，无论是内部提拔还是外部引进的，他一定要有世界级的水平。以往我们的失败是因为低估了行业对人才的要求，因为在每一个行业领域的竞争都是世界范围内的大战。③要有技术上的准备和清晰的发展战略，以及战略合作伙伴。当然，事前的财务评估也很重要。

记者：多元化可能涉及一个最根本的问题，就是核心竞争力在主营业务可否转移的问题。像你现在讲的家电，即使产品技术领先、效率高、成本低、有外国专家的联盟，但转到第二个行业，也很可能转不过去，转不过去就做不成。这也是一个关键点，成功的多元化必须能在经济方面平行转移。

黄宏生：现在我们讨论的就是中国产业投资资本密集型的特点。比如说房地产，虽然目前有点过热，但比工业的风险要低得多，工业企业如果以一两个亿，去做十几、二十个亿的项目，就容易失败。房地产业我们也在考虑，因为它需要的人很少，一个大的项目，十几个人就搞掂，这就是为什么万科的王石可以打高尔夫、每年花三分之一的时间爬山了。我们都很羡慕他。

2000之劫

记者：2000年时，创维可以说是遇到了一个前所未有的关口，当时的情况是怎样的？

黄宏生：2000年我们可以说是碰到了外忧内患。从外部来讲，市场空间没有了。模拟电视的全面数字传播没有完全展开，彩电的更新换代比较缓慢。家家都有电视，最多是小屏幕换成大屏幕，所以市场的空间越来越小，毛利比较低，这是一个外患。十几年来创维一直是盈利的，但到了2000年上半年，我们亏了

1.2亿元——我们的财政年度是4月至9月,这是创维成立以来出现的首次亏损。

从企业内部来讲,创维也出现了高速增长以后的一些矛盾。在推行干部与组织创新的过程中,我们企业中有个搞销售的人员跳槽到江门去了,然后部分媒体很高调地炒作了一番,闹得沸沸扬扬。他走了以后,抢走了我们一些客户、渠道,挖走了我们一些人员——中国的销售最容易在销售网络上出事——种种因素导致我们在香港刚上市的企业股价暴跌,从最初的三块多跌到了三毛钱,最近才涨回去一些。

另一个内患是创维上市后,有的人觉得,过去奋斗得那么艰苦,不想辛苦一辈子了。个别领导人员在上市后选择了套现,形成了犹如当年太平天国后期的内部危机。企业最容易从内部乱起来,造成人心涣散。当时一些人离职,企业开始危机四起。

民营企业一旦出现这种问题,就很容易倒闭。爱多当年也属于这种情况:人员出走,货款收不回来,供应商蜂拥到厂里抢货,产品的质量也出现问题,产品的质量很不稳定⋯⋯这些问题随时可能出现。

创维当时可谓内外交困。在股价跌得比较低的时候,很多外国公司、洋品牌来谈,希望创维放弃控股权,卖出优质资产。当时我的第一个念头也是不想干了,干脆把股份放出去,也好过倒闭!但后来,经过一段时间的思考,还是没有这样做。我认为即使是跟外国企业"联姻",和好的外企五五分成这种好方法,也不能在困难的时候做!父母不能在穷困潦倒的时候把儿女卖出去,应该把儿女栽培好后再进行联姻,这才是企业间合作比较好的方式和时机!很多企业家在困难的时候卖掉自己的企业,最后消失了。我们并不反对合作,但不能在最困难的时候仓皇地什么人都"嫁"。

记者: 在产权结构调整的时候,企业应该做多大的事,这里面还是有很大的技巧问题。如果顶端的领导人决定放弃,这个企业就没得挽救了。工业企业的领袖要面临的挑战太多了!

黄宏生：我很欣赏韩国足球队的精神，就是永不言败！企业界也应该是这样。有困难、有挑战，跌倒了再起来。我当时就面临着一大批挑战我的人，他们就想把创维干掉。而在这种环境下，我们永不言败。

自我超越

记者：当年你们是怎么渡过难关的？做了哪些工作？

黄宏生：2000年，我们从企业内部着手，做了五个方面的内部改革。

一是大力推进组织创新。将创维分成六个产业公司，把大公司当作小公司来经营管理。"大企业病"是名企的一种通病，会使企业出现危机，人浮于事，优秀的人才出走，最终没有利润。所以我们第一步是搞组织创新，每个企业有一个总裁，配两个副总裁，一个管市场，一个管开发，此举使企业上下开始为自己的荣誉、经济效益而奋斗。

二是董事长的角色更换。以前我是从小做到大，事无巨细，管得比较多，甚至对定价多少、降价多少、要有什么市场反应措施等，都要考虑并具体去做，扮演的角色比较多。现在我只当董事长，不再兼任总裁。2000年我们推进安排接班人的计划，从彩电产业分出一个以国际市场为龙头的创维多媒体国际事业部，由原董事局副主席刘辉阳先生带领其属下的国际部升级成一个产业公司。把我们中国的彩电事业部加强，提拔了企业内的优秀人员。有一件事做得很成功，就是把中国区域财务总监杨东文先生提拔为彩电事业部副总裁兼中国区域营销总部总经理。我们用一年多的时间把接班人的工作做到位了，彻底完成了核心产业接班人的交接。这是一件重大的事情。

三是进行股份化改造。2000年，创维有800名优秀职工在股价最低的时候享受到股票分配的权利。这也给员工带来一种主人翁的精神，使创维的文化从过去的"打工"文化转变为人人当家做主的文化。这种转变也是不容易的。

四是进行产品的再创新。当时我们提出一种思想："做好一个产品就好过一切"。我们认为，还是要实实在在地把产品做好，不要搞什么花言巧语、什么概念。产品创新制度与效益挂钩的一整套改革的确有了成效，后来创维产品的竞争力在很多方面超越了竞争对手。真真正正让人感觉到产品质量好了，你的销售力就加强了，然后企业的规模效益才会改变，这是个根本问题。

五是我们推进了创维的文化再造。在一次职工大会上，我们提出了"再造创维"的口号，副标题是"我们一定能够做得更好"，来激励我们的员工。这里面包含"做一个痛苦的人，不做快乐的猪"等九个理念。

一系列的措施实施以后，创维开始出现了转机。2001年很多企业出现了问题，在环境艰难的情况下，我们依然实现了盈利和较大的增长。海内外的销售比例开始均衡，从营业额上看，以前外销比例是10%，现在达到30%。同时，全球著名的大公司开始与创维结为长期的战略伙伴，其中三菱每年给我们100万台的订单；还有日本三洋、法国汤姆森集团（包括它拥有的美国GE的品牌）、韩国的LG等。我们已经变成了一个世界性的电视机产业基地，未来我们大概能够做到彩电两千万台的全球销量，而且这些都是低风险的。

说实话，中国目前的技术水平还比较低，虽然我们创维好不容易掌握了彩电技术，但现在彩屏显示技术又有了革命性的变化：等离子、背投、液晶显示、LCOS① 等这些都是很高新的技术，投资很大。尽管如此，创维现在依然表现出一种强大的生命力，很令人欣慰。如果现在有人问我怕不怕松下、索尼的竞争？我的体会是，跨国企业在管理上也有其缺陷，也会出现闪失，这也是中国民营企业可以抓住机会并迅速成长的原因。跨国企业也有大公司病，它们的成本高，所以我们无惧它们。

记者：如果没有当年的危机，你还会愿意这样放弃自己的一部分权力吗？

黄宏生：如果没有当年的危机，就不会这样"被迫"放弃。所以说，竞争

---

① LCOS, liquid crystal on silicon, 即液晶附硅，亦称硅基液晶，是一种基于反射模式、尺寸非常小的矩阵液晶显示装置。

这东西是很被迫的。接班人的事情完成后，现在我这个董事长的角色是定战略、培养人才、推行新的企业理念文化。

记者：就是说你现在再重新回到董事长的角色？

黄宏生：是的，以前我是一肩挑，现在是靠一个团队，而这个团队是经历了十五年的考验和磨合的。创维云集了中国彩电制造业优秀的企业家，这一点是我们引以为豪的。比如丁凯女士，在创维的贡献很大，她也是一个经历过痛苦的人。我们的理念和理想相同，就是要创建一个中国籍的世界名牌。我们的团队包括上面提到的核心骨干，也是抱着这样的理想。

成功之道

记者：你觉得创维走到今天，能够在彩电业的风风雨雨当中屹立不倒，除了产品创新之外，成功的经验还有什么呢？

黄宏生：创维能在困难中前进，我想首先就是在创维内部建立了一种上进和充满朝气的企业文化。我们的目标是建立一个中国籍的世界名牌，要做中国乃至世界显示多媒体终端的"NO.1"，所以我们建立了不断发展的企业文化理念，还有我们独特的"九大理念"等思想。

过去世界靠战争来解决资源的争夺问题，现在进入和平年代后，发现用和平的方式也能解决经济增长的问题。和平年代最主要的矛盾就是供过于求。生产力不断地爆发，生产效率不断提高，使得物质市场严重供过于求，那企业唯一可靠的就是开发——每个月、每一天都要推出新的产品，不断进行大的改动、小的创新。这是有难度的。就好像一个运动员跑100米原来需要12秒，几天后只需11.9秒，一年后只需10.9秒，进步的难度会越来越大，而且是有一定极限的。

另外，从事制造业的投资也很大。制造业需要庞大的人员队伍，消耗很大。同时，从事制造业是最辛苦的，想很舒服是不可能的！我们很早就在企业里灌输这样一种痛苦的理念，因此大家就觉得苦才是常态。当然，我们也很快乐啦，当我们克服了痛苦之后，不断有所收获，也会感觉很快乐，这是企业充满活力的源泉。只不过，我们一早就知道它首先是一种痛苦的过程。

其次，就是核心领导层队伍的建设，这是非常重要的。创维这两年来有人进也有人出，这在企业是正常的。创维最早是做出口业务的，因此领导群是以中国香港、亚洲其他国家人才为主体的。后来中国内地逐渐成为家电中心，我们就逐步建立了以内地人才、企业家、技术专家为主的领导层。我一直是把建立企业领导层作为首要任务的。通过不懈努力，创维已建立起一个强大的、跨世纪的、有创意的、有责任心的领导班子。我给这个领导班子的成员赠送了很多股票，搞股票期权制度，从而形成核心团队里面人人持股的企业机制。在这个方面我们或许还没有像通用电气的CEO韦尔奇做得那么出色，人家毕竟是百年公司，但我认为，领导层的建设确实是一个企业发展的关键。

再次，我们注重全球市场的发展，因此创维的出口量很大，即使在中国彩电市场火爆的时候也一直没放弃海外市场。今年我们的盈利中，来自出口盈利的贡献就达40%，而国内营业额贡献只有20%。

最后，就是重视对基层管理者的培养。1997年开始，创维每年引进300位高校学生，对他们进行一整套的培训。虽然有的人受不了苦溜走了，但留下来的都有很大潜力，岗位也很重要，企业中人才辈出。我经常到各大学演讲，鼓励当代大学生要"勇当企业家"。只有一批企业家成长起来了，企业才有希望，中国企业才有希望。

记者：在印象中，创维一直是以重技术的形象出现在世人面前，那么技术在创维扮演一个什么样的角色？

黄宏生：每个企业的成长有不同的类型，比如说海尔是品牌型的，而创维是技术导向型、科技驱动型的，我们并不是以品牌和服务为主，但技术代表了我们的特点，也为我们赢得了利润。

记者：创维在技术上投入的比例是多少？

黄宏生：技术投入比例每年在3%左右。我们去年有70亿元的营业额，但盈利仅6000万元，不到1%，盈利是很薄的。

记者：这种情况下，怎么才能支撑企业的长远持续发展？

黄宏生：我们每年的科技投入在2亿元以上，宁愿亏本也要投入。中国企业成败的关键也是技术。

记者：如果内部投入不足，怎么解决制约彩电发展的问题呢？

黄宏生：还是要加大投入，我们在美国建立了研究中心，在北京、华中科技大学、南京理工大学都设有不同的研究机构，跟进研究新技术的突破和发展；另外我们还与大量日本公司合作……这种全方位的技术合作能实现一部分的技术积累。创维已成功地从日本引进一些人才，已经是名符其实的跨国企业了。我们正在通过这些关键人才的引进来缩小与国外企业的差距，不久的将来我们会有新的突破。

记者：如果让你回过头来重新反思，你认为有没有失误的地方？

黄宏生：说起失误就很多了。每个人在一生中都会犯很多错误，但是犯错误是人生最大的财富，不犯错误的人一生是很悲惨的。我们勇于犯错误，然后不断地醒悟，不断地进步，所以我们的企业还活着。很多企业就是犯错误太少，所以一垮就不可收拾。

传统文化之痒

记者：加入WTO对于中国的家电企业而言意味着什么？

黄宏生：无论加入与否，目前中国家电企业都面临这样的困难和挑战：①全世界的跨国公司都进入了中国，这将是一场有着巨大差距的面对面竞争，体现在人才、技术、品牌、资金、企业经验等各个层面。我尤其关注技术方面的问题。②整个世界都已进入了微利的时代，就是不能够赚很多钱的时代。以前西方以战争掠夺的方式取得资本已经过时了，现在只能通过技术创新来获取较高的利润，因此市场给我们的机会很窄，不跑到前十名就很难活下去。③文化方面的问题。中国的传统观念里面存在一些问题，比如"宁当鸡头，不当凤尾"。但如果12亿中国人都去当鸡头，世界将会变成什么样子？

中国传统文化在管理方面的一些观点也有问题，像"疑人不用，用人不疑"在管理上是极受限制的，在现代管理上是有缺陷的，创维现在取代它的是"团队、授权、监督、制约"。

当然我们的文化中也有好的地方，如勤奋，相对马来西亚、泰国、菲律宾来讲中国人是很勤奋的，这是优点。

中国要发展，在文化方面必须要提升，要进步。

个人之最

记者：你的人生中对你影响最深的一本书是什么？

黄宏生：有很多书，像《钢铁是怎样炼成的》《青春之歌》等，我们受的红色教育是有正面意义的。很多人虽然聪明，但很消极、很悲观，我很欣赏韩国足球队的"永不言败"精神。

记者：业余的时候有没有喜欢做的运动？

黄宏生：有。我就喜欢散步、跑步，天天如此，这是人生的一部分。

记者：你梦想的生活是什么？

黄宏生：先苦后甜，把工作作为一种乐趣。

记者：你最欣赏什么样的下属？

黄宏生：有若干标准，但品德最重要。品德包括：①有理想。②有社会责任感。③IQ（智商）比较高——光能吃苦不行，解决问题的能力要强，要务实，不能夸夸其谈。智商低的人表现为没有目标，说话、做事情很散，没有主见。我认为，会说只是智商的一小部分，智商还表现在对未来自己、企业的定位，能坚定不移、独立自主地去解决一些问题，而不是一切听领导，唯唯诺诺，我不喜欢这样的人。

期望与忠告

记者：你对现在的学生有什么期望呢？

黄宏生：①要有理想。现在很多人都会选择一些高薪、轻松的职业，希望生活得舒服一点，这是可以理解的。但另一方面，其实舒服就不容易成功。也就是所谓的"先苦才有后甜"。②要勤于问"为什么"。不是做的题越多、读的书越多就越好，书是读不完的。我们当时在学校里的表现让老师都害怕，一下课就缠着老师问，一问就问到中午一两点钟，弄得老师吃不了饭，他下午还要开会，哈哈！尤其是我们理工科学生，很容易掉进一个专业"窄带"里面，而不停地发问可以培养我们对科学、对产品挖掘的精神。③实践与理论要相结合。当时我们学校实验的条件不太好，我们就创造条件去实践，做维修工作、组织一些社会活动等。我看很多出色的人才都是过去在学校里做了一些活动，这些人比较容易成功。④学会新时代的沟通。"沟通"这个词讲起来容易做起来难。现在科技进步很快，资源太丰富，但如何使之变成一种生产力、产品，除了需要专业知识以外，还要有一种资源应用能力。通过沟通，可以不断提高你的学习能力和转换能力。

记者：你对创业者有哪些忠告？

黄宏生：我觉得对所有创业者来说，第一，要有一个理想。因为创业过程中，会碰到很多意想不到的困难，而且失败的人多，成功的人少。只有具有理想，才能忍受各种困难和痛苦。这好比跑马拉松，刚开始时你很快乐，那么多人一起跑，但是跑到最后精疲力竭时，就要靠你的毅力和你的理想去支持了。

第二，要问自己，我的核心价值在哪里？我发现一些创业者没有认清自己的优势，或者说没有自知之明。日本有一个说法，一个人成功要有三个宝：宝剑、钻石和镜子。宝剑就是说要有强大的技术，钻石就是说要有资金，镜子就是说要有自知之明。许多人高估了自己的能力和优势，或者把问题想得太简单，所以一出海就出事。因此，每一个人生活在社会上，都要以自己最优秀的东西来和社会交换。

第三，你要问自己准备好了没有？很多人创业并没有认真准备。包括思想的准备、应对困难的准备、资金人员的准备等各方面的准备。

第四，成功是痛苦和汗水叠加起来的。失败多的人才能成功。回想起来，我经历了五次大的失败。刚开始时，想短平快，做贸易，结果亏了。后来搞产业，做丽音解码器，这个技术太新了，很多消费者对新东西的接受有个过程，所以也是投资了几百万元全亏掉了……我失败了很多次，最后才成功，有惊无险的事情更是每个星期都发生。

宁做痛苦的人,不做快乐的猪[1]

> 做一个痛苦的人,先痛苦后快乐。痛苦更多的是一种心理准备,而人就是要追求痛苦之后的快乐。这就是我快乐的痛苦哲学。
>
> ——黄宏生

有位哲学家说:这个世界上有两种人,一种是快乐的"猪",一种是痛苦的人[2]。创维集团总裁黄宏生选择了后者,这就注定了他命运的波折和磨难。但是,"痛苦的人"并不是脸上痛苦,他的脸上其实总写着快乐,还伴随着阵阵爽朗笑声。这是怎样的一个人,能够一次次从失败中站起?能够创造中国彩电出口第一的成绩?能够在成功后仍然选择痛苦?请看——

2000年:内忧外患

说起2000年,创维集团董事长黄宏生用了四个字来形容——内忧外患。

在世界彩电业经历了30多年的发展,中国彩电业也走过20余年之后,在大中城市里彩电的覆盖率已经达到了105%。激烈的价格战在中国市场上形成了混战的局面,使得市场上占绝大多数的平面直角模拟彩电的利润几乎没有了。一些大的彩电军团接连破产或者严重亏损,整个彩电业的头顶上一片愁云惨淡。

这时在创维内部,同样危机重重,从上到下,各级员工士气低落,一种"船到码头车到站"的心态在蔓延。加之当时出现的高级员工流失事件,被各大媒体

---

[1] 本文原载于:黄晖.黄宏生:宁做痛苦的人,不做快乐的猪[J].中国民营科技与经济,2002(09):50-51.

[2] 这一说法出自英国著名哲学家约翰·S.穆勒(Jonhn S. Mill,1806—1873年),他曾把"痛苦的苏格拉底"和"快乐的猪"作比较。

炒得沸沸扬扬，一时间股价下滑，投资人信心锐减，销售大幅下滑。2000年创维亏损了6000多万元。

2000年6月的一个夜晚，天气无比闷热，窗外乌云翻腾，眼看着是山雨欲来的架势。屋内一片黑暗，只见一个烟头一明一暗地亮着。从不抽烟的黄宏生此时此刻也不禁点燃了一根烟，想要驱散连日来的愁绪。出路不是没有，摆在面前的就有三条：其一，一些洋品牌已经磨刀霍霍，开始准备低价接手创维的摊子；其二，一些同行也看中了创维的壳资源，抛出了试探的橄榄枝；最后，还有一条路，就是走多元化的道路，转型做房地产，或者其他什么赚钱的项目。

可是，自己一手创办起来的彩电王国就这么或拱手让给他人，或毁在自己手中，实在是不甘心！

2001年：再造创维

回想起过去战胜困难的一次次经历，黄宏生又重新获取了力量。他干脆抛下眼前的烦恼，开始走出去四处拜访合作者、竞争对手，边工作，边思考。

黄宏生看到，经过10年的发展之后，创维的管理层存在着骄傲自满的情绪，也没有了最初创业时的激情，加之外部环境的影响，造成了当前的困境。不过，既然当年能够孤岛求生，那么现在也一定能够走出低谷。一个新的概念在他心中逐渐成形，这就是——再造创维。

他开始了大刀阔斧的再造工程。第一，进行组织创新。只保留生产销售部门，提高组织效率，将开发中心从香港迁到了深圳。第二，建设新的领导团队。通过外引内提，焕发领导层的活力。第三，走科技创新之路，开发数字纯平彩电。数字纯平彩电在创维突围的过程中起到了关键作用，2001年利润的一半以上都来自纯平彩电，并占到了该品种全国市场份额的35%以上。产品的重要性又一次得到体现。第四，对内部企业文化进行新的塑造，倡导"一定能做得更好"。第五，董事长角色转化，从事无巨细的事务性工作中解脱出来，开始关注战略的问题。第六，创建了后来被市场证明极其有效的第三营销模式，启用了杨

下篇：访谈集

东文这样具有学院风范的职业经理人。

改革的效果是明显的，专门处理订单的海外市场部最先感受到这种变化，订单开始像雪片一样飞来。因为组织创新的效果明显，大大提高了效率，接到订单后，最快可以做到一天内交货，最迟不过两天。加之从1992年产品出口德国掘到第一桶金开始，创维10多年来一直苦心营造的出口通路顺畅，厚积薄发在2001年创维的腾飞中起到了关键作用。创维集团日前公布的2001/2002年度业绩显示，全年总销售额约70亿元，较2000/2001年度增加26%，其中国内销售增长29%，海外销售增长73%，净盈利上升202%，至6600万元。值得一提的是，电视机和视听器材的出口量分别大幅增加74%和430%，出口销售对集团的总销售贡献由15%增至19%，对利润的贡献率高达40%。

人们容易看到成功人士眼前的鲜花美酒，却往往忽略他走过的艰难曲折。其实哪一个成功的人走到今天，不是伤痕累累？在最困难的时候，人往往会真正地思考，寻求精神支柱和哲学的解脱。黄宏生找到的是哲学家的一句话：这个世界上有两种人，一种是快乐的"猪"，一种是痛苦的人。这种说法好像有悖于我们的常理：人，不应该寻找快乐吗？

"我从来不把安逸和享受当作生活的目标"，黄宏生作为民营企业的老板，工作上非常认真辛苦；生活中也对自己要求很苛刻，出差办事，经常吃大排档。这是不是他自己悟出的一种痛苦精神呢？他对记者解释："说大一些，人要在为社会作贡献中寻找和实现自我。讲得通俗一点儿，你必须有吃苦和痛苦的准备。只有这样你才能在错综复杂的形势和不断的打击下保持平常心。这说起来好像就是一种阿Q精神，但人就应该有点阿Q精神。"

跟做人一样，做企业也是需要痛苦精神的。这种思路按照我们现在的理解就应该是一种危机意识，一种对危机随时保持警惕和防范的精神吧。"做一个痛苦的人，先痛苦后快乐。痛苦更多的是一种心理准备，而人就是要追求痛苦之后的快乐。这就是我快乐的痛苦哲学。"黄宏生说完这句有点拗口的话后，又爆发出一阵爽朗的笑声。

"我们会得富贵病"

——访创维集团董事局主席黄宏生

如果企业是战车的话，政府行为就像是为这战车提供更好的道路，好的交通管制、交通疏导，在国与国贸易规则上做到各方面的平衡，建立一个好的外部环境。

——黄宏生

1997年创维亲历了在印尼和菲律宾发生的金融危机，黄宏生称创维在这两个国家"血本无归""汇率不稳定，对国家的打击很大"；2002年日元升值，创维抓住机会终于如愿以偿进入日本市场。

但是现在陷于升值漩涡中心的是人民币。

在采访中，黄宏生说："汇率是我们的一条血脉线，我天天在关注。"创维30%的收入来自海外。与很多受访者不同，黄宏生给了我们很多确切的、毫不含糊的判断。对于人民币升值可能带给制造业、彩电业及创维本身的影响，黄宏生显然十分担忧。

"3%的利润率如何调节10%的升值压力"

记者：你怎样看待人民币升值的压力？

黄宏生：大多数国外企业并不希望中国接到那么多的订单。他们认为这样你的竞争力就对他们构成威胁了。实际上国内产品的价格优势建立于多方面，比如

---

① 本文原载于：周一. "我们会得富贵病"——访创维集团董事局主席黄宏生 [J]. 中国企业家, 2003 (08): 105-107.

人力资源廉价等。这正说明我们目前的经济水平、竞争力还没有到升值那一步。

记者：还没有到升值那一步，你认为应从哪些方面来衡量呢？

黄宏生：我觉得主要是企业的利润率。美国制造企业平均利润率是10%～15%，日本企业在10%左右。在制造业发达的我国台湾，企业税后利润率在7%～8%。而中国大陆呢，制造企业有2/3亏损，1/3盈利。好一些的利润在5%左右，像联想这样的公司，利润还不到3%。加上一些财政贴息，可以说中国企业盈利水平平均不到3%。美、日施加升值压力的根本目的就是打压中国制造业，这种方式是致命的。

这么低的利润率还要升值，中国制造业将依靠什么生存？如果人民币升值10%的话，就等于出口价格提升了10%，3%的利润率怎么可能调节10%的升值压力？接下来肯定会出现大面积亏损。

记者：目前创维的海外收入和国内市场收入的比例是多少呢？

黄宏生：海外大概是30%，其他70%是在国内。

记者：您能具体讲一下升值对创维的影响吗？

黄宏生：很严重的打击。现在我们在美国市场很难有大的提升，很大原因是其他世界工厂产品的价格跟我们一样低。比如来自墨西哥的彩电、土耳其的产品很便宜，我们提价1美元都不可能。我们今年希望在美国市场销售额能提高3000万美元，但是如果人民币升值了，这个计划就流产了。

记者：订单会大量流失吗？

黄宏生：本来现在已经不具有价格优势，再升值还能卖给谁呢？中国产品技术不具备优势，没有高附加值的东西，只有依靠价格。

"人民币升值，我们就会得富贵病"

记者：创维进入日本市场正是因为日元升值吧？

黄宏生：我们去年才开始进入日本市场，在过去相当长的时期内都没办法进入，但恰恰是在日元升值幅度较大之后，我们进去了。日元升值为我们打开了市场大门。

记者：你觉得同样的情形会发生在中国吗？很多人谈到人民币升值，就会提到日本在1985年签订"广场协议"导致日元升值，使日本企业竞争力减弱。您觉得呢？

黄宏生：中国的情况比这更严峻，中国和20世纪80年代中期的日本不同。我们看到，中国制造业目前主要集中于低端产品加工环节，只获得世界贸易总额低端加工增值的那一部分。大量关键元器件都采用进口，比如电脑芯片、纺织高端布料、汽车发动机和新型钢材。中国企业其实都是两头在外的买卖。这和日本不同，日本在整个世界贸易产业链里参与范围很广、比重很大。可以说它的企业对日元升值的调节力远比我们对人民币升值的调节力强。人民币如果升值的话，我们会得"富贵病"。

记者：富贵病怎么讲啊？

黄宏生：这种病就是你感觉你的地位提高了，但是升值之后又会有各种新的问题。制造业的竞争力将在全球逐步丧失。我们所谓的制造工厂，大多制造的是目前技术含量低的产品，比如日用品。大的高增值的工业、高科技产品很少。升值直接会使中国产生更大的忧患，即就业问题。

记者：过去有没有因为对汇率关注不够而失去利润的情况？

黄宏生：有。因为每年美元相对欧元、日元贬值，我们定价主要是跟着美元的，汇率变动导致价格波动对我们影响很大。从1992年开始，当年出口创汇是2800万美元左右，现在增长到2亿元左右。目前竞争加剧，所谓的世界工厂不止是在中国，还包括土耳其、印度、马来西亚、墨西哥等，我们和他们价格差不多。如果人民币升值的话，我们和他们的价格差距就彻底没有了。可以说我们涨价是相当困难的，一台彩电涨1美元几乎都不可能，汇率升值部分只能由我们自己吃进去了。这么薄的利润，我们怎么消化得了呢？

记者：人民币升值以后，肯定也会使上游原材料的采购变得便宜一些，这样会不会形成一种弥补作用？因为你50%的原材料采购自海外，同时30%的销售收入也来自海外。

黄宏生：这个可能会有一些影响，但是情况不会很乐观。因为采购成本在整个成本结构中是较小的一块。比如国际的远洋验收、各种测试文件报告等各种费用非常多，包括运费。我估计汇率提升10%的话，产品价格可能会提升8.9%。这对彩电业是毁灭性打击，彩电业其实很难承受汇率的这种波动。

企业声音不能再被忽视

记者：如果一两年后人民币汇率调整的话，你希望是逐步调整汇率，还是一步到位，实行自由兑换？

黄宏生：我相信根本不具备这种放开的可能，否则我们会发生与印尼或者菲律宾相同的事件。

记者：这两个市场的金融混乱对你们的生意有什么影响？

黄宏生：我们在一两年内由一两千万美元减少到零，根本就是血本无归。汇率不稳定，对国家的打击是很大的。

记者：你们公司目前有没有把人民币汇率这个问题放到公司层面上，做一些相关准备？比如对今年生意的规划，包括今年一些保值的手段，比如说突然之间人民币升值了怎么办？

黄宏生：我们讨论过，但是还没有讨论出一些具体的应对策略。企业就是这样的，每天都会遇到不同的事情，什么发生了我们去对付什么。发生了变化，我们出一些策略去应对这种变化。还没有发生的话，一般来讲不会花太多的时间去准备应对。

记者：在过去，你们有没有专门应付汇率问题的部门？

黄宏生：没有。我们认为，这个汇率在一两年内肯定是稳定的，暂时还不会构成多大威胁。现在还没有遇到这样严重的事情，所以没有做太多准备。一两年后的事情，谁能说得准呢？什么都会发生嘛。

记者：您觉得在政府的各种决策中，产业界的利益有没有被重视起来？

黄宏生：这个问题很多啊，在 WTO 谈判中被忽视暂且不论，现在还有反倾销的问题。我们希望中国政府能够参与到这件事情中去，中国政府和美国政府能去除成见地谈，而力量薄弱的民间组织就不行。从政治层面讲，企业力量还是很微弱。

希望政府与企业之间的分工更清楚些。如果说企业是战车的话，政府行为就像是为这战车提供更好的道路，好的交通管制、交通疏导，在国与国贸易规则上做到各方面的平衡，建立一个好的外部环境。我们看到大家都有这样的愿望，就是保持人民币的汇率稳定。我们企业也愿意配合政府提供相关的数据，让政府看到人民币升值对中国经济的危害。

做客搜狐财经"总裁在线"实录

2003年9月13日

> 做企业的乐趣在哪里？首先是能够结交全世界的朋友，在经营企业过程当中结交朋友是一种乐趣，也是无形的财富。做企业也会遇到很多新的挑战，如人才挑战、市场挑战等，克服之后，有无限的乐趣。而且做企业遇到的问题一般是不重复的，解决了新问题也是一种乐趣。这些乐趣使我感觉到做企业才是真正符合自己的兴趣的。
>
> ——黄宏生

2003年9月13日，创维董事局主席黄宏生走进搜狐聊天室与网友畅谈创维"国际化之路"等热点话题。

主持人方刚：各位网友大家好，我们的聊天马上开始，欢迎大家踊跃提问。

黄宏生：非常高兴首次上搜狐财经的"总裁在线"栏目。

主持人方刚：尽管今天是周末，但是从昨天晚上11点钟搜狐网聊天的预告挂出来之后，现在搜狐网上的提问有60多个，可见您的个人魅力和号召力。

黄宏生：网友如此关心我们创维，非常感谢！

主持人方刚：大家很关心创维集团最近有一些什么样的动态以及您本人最近的工作，能给我们做一下简单介绍吗？

黄宏生：创维集团这个月比较忙的事情是要和全世界的投资者做一个解释，为什么股价涨了3倍。我们在5月SARS事件即将结束的时候，股价在5毛多。最近全世界的投资者看好，股价涨到1.73元。为什么创维能够被看好？主要有几个原因。首先，是中国成为世界的制造工厂，被全球认同，因此有关制造业的企业投资的比例都加大了。其次，电视行业又出现了新的革命，就是数字电视的革命。大家知道，北京开始了数字电视的有线广播，全国都跟着开始了。

另外，地面的广播也有很多试点在扩大，这意味着全中国大概有 3 亿 8 千万台电视要换代。SARS 以后，创维的销售业务增长了 40%，在行业里面算是增长最多的一个。创维的目标是希望能够在这场从模拟到数字的变革中成为中国数字电视的领先品牌。这是回答投资者的一些问题。

主持人方刚：刚刚您提到数字电视，很多网友非常感兴趣，提了很多问题。总结起来有两个，第一个问题，您认为数字电视会带来新的泡沫吗？

黄宏生：带来的肯定不是泡沫，因为消费类电子是以一个终端产品进入千家万户，消费者更相信他们的眼睛，而不是一些故事。

高清晰度电视在商场上已经大量热卖，在北京一个周末能卖 200 多台，价格又不比普通电视机高很多。消费者为什么买？因为相信自己的眼睛，这是实实在在可以在商场看得到的。看得到，而且又有消费支持，这就不是泡沫了。另外，安装了机顶盒，家里能看到的电视台比原来多了数倍。这么薄的等离子电视、这么薄的液晶电视、线数这么高的高清电视在市场上买得到，证明不是泡沫，而是实实在在的变化，就在我们的家庭，就在我们的社会里。

主持人方刚：第二个问题，有人提到最近创维机顶盒的海外出口形势非常好，这对中国市场预示着什么？

黄宏生：机顶盒的销售确实比去年增长了近 10 倍。全球都在推行和实施数字电视的广播，数字电视的广播需要机顶盒。创维的机顶盒在很多国家都供不应求。韩国、欧洲这些地方原来也生产机顶盒，但创维掌握了核心技术，能够为卫星直播电视设计盒子以及接入条件。另外，地面广播和有线广播都需要装数字盒子，订单由韩国转移到中国，这样使得我们的订单数量增长比较多，也是我们整个海外战略转移的结果。原来我们主要出口中低端的产品，现在向高端进军，向市场价值比较高的领域转化，以追求在增加出口的同时创造新的经济效益。

主持人方刚：聊天室现在有 463 个问题，大家谈的比较多的是人力资源问题。您提到过创维倡导健康的人力资源，能不能比较详细地阐述一下？

黄宏生：创维健康的人力资源体现在几个方面，第一，由创业者的个人英雄主义转化为团队的文化。这里面有一系列的措施，我们的团队和员工都能感受到。第二，创维在近几年都有企业的销售和产业增长，有30%以上的增长。企业在良性增长的过程中，创造出很多领导职位和重要岗位的职位，给我们努力工作的一线员工和骨干提供升迁的机会，这些升迁机会是基于业绩和对公司的贡献，不是靠以前和某个领导关系好才获得的。这样一种绩效考核和人才培养过程，也使得我们处于一种健康的发展状态。以前，我们在早期发展阶段，在中层和高层方面往往有很多真空，这些真空让企业在发展中遇到很多瓶颈。现在阶梯性的培养，使得我们处于一种健康的良性状态。为什么说健康？企业在迅速发展的过程中会有很多新的问题出现，高速度会导致风险的增加，我们努力通过人才的培养和塑造，使得企业在高速发展中处于良性的健康状态。

主持人方刚：关于人力资源，还有一个大家普遍关心的问题，您谈过很多次职业经理人和"空降部队"的问题。关于创维彩电事业部的杨东文事件，是不是他另有重任，还是自己辞职？针对这个事件，您能不能重新诠释一下关于职业经理人和"空降部队"的人力资源概念？

黄宏生：关于杨东文的问题，杨东文从创维的财务总监，一直干到创维集团彩电事业部副总裁兼营销部的总经理，在杨总的带领下，我们彩电事业部的营销形成了强大的网络。但是，企业在发展的过程中，包括各事业部的领导层都要有一种新的职业生涯设计。销售固然很重要，但是企业的多元化战略需要集合销售、财务、人力管理、产业流程等各方面的人才，才能够带领创维在新的业务领域行业中有所增长。我们一直在彩电行业中，产品类型非常单一，产业链不是很宽。我们把杨东文先生抽出来，主要是结合他本人的兴趣和爱好，希望他能够带领精干的队伍，参与一些国有企业的改造、收购、合并，实现我们产品链的扩大，实现企业的利润目标。这属于企业调动，也是健康的状态。

主持人方刚：关于职业经理人，有没有对关键岗位和经营班子的约束方法？

黄宏生：我留意到现在的提法不叫"职业经理人"，叫作"事业经理人"。事业经理人，除了在某些岗位、部门、产业公司中身居要职以外，也分享企业的股权、期权，还分享了企业的分红。整个企业的成长跟个人事业有一个很好的结合，而且是一种不可分离的结合。因此，事业经理人这个概念被广泛接受和认同，也体现了包括民营企业在内的中国企业投资者和管理者，进入具有知识产权和管理能力的新阶段，参与国际竞争，朝着健康的方向发展。

网友：创维这个名字是谁取的？为什么叫创维？

黄宏生：在创办初期，我们一直为名字所苦恼。我从中国电子技术总公司华南分公司出来，原本想起名为"中电"。但公司名字涉及公司的使命，不断在创造中成长，不断创新思维，后来就起了"创维"这个名字。

网友：我是一个非常关心创维的投资者，您和您的公司怎么把握数字电视及CEPA①带来的市场机会？

黄宏生：CEPA给中国内地和香港提供了非常好的机遇。首先，大量的基金参与风险投资，我们要好好利用资本的工具，进行竞争力投资。如何抓住数字电视的机会？在组织结构上，创维三年前已经为数字电视做了一些准备。我们把数字电视的前端和机顶盒以及电视机的显示这一块，独立出来，成为一个产业的企业公司。

新的业务有生命力、有营业收入以后，就把它独立出来进行大公司小公司化的管理。另外，我们最近推出的高清晰度背投电视在市场的反应很强烈，我们会加大技术的投入和产品的供应来满足市场急剧增长的需求。

为配合数字电视，新的技术出现了，简称"微电子显示"，这个技术需要有一个强大的引擎。我们最近研制出了引擎，叫作"数字光电引擎"，由来自日本

---

① CEPA，Closer Economic Partnership Arrangement，即《内地与香港关于建立更紧密经贸关系的安排》，为2003—2018年中国内地与香港特别行政区签订的一系列协议的总称。

的技术团队在日本研发，继续在中国强化，已经开始投放到我们的产品里面。未来整个系列推出来，相信在数字电视的传输、显示方面，我们会成为这个行业中比较活跃、增长性很高的企业。

网友：五年之后创维会是什么样的状况？总利润是多少？会不会涉及新的行业、人员、规模等？

黄宏生：做预测肯定要很谨慎。作为上市公司来讲，如果轻易做预测会误导大家。我们本身有一个五年目标，希望销售额能够达到300亿元；我们当然也期望税后纯利在国内做到一流，理想的状态是要达到5%；另外技术和市场占有率做到行业内的前三强，特别是在技术方面做到第一。这是我们努力的方向。

网友：创维在今后国际化的部署中，最核心的战略是什么？

黄宏生：国际化的战略方面，目前我们的状态是实行跟一些跨国企业进行强强联合的战略。比如说，我们跟很多跨国公司，包括三洋、日立、三菱等，进行OEM的供应合作、产业链的供应合作。我们现在也开始在欧美寻找一些西方流行的品牌，把我们的高端产品推向欧美市场，特别是像液晶电视、微电子显示的产品、机顶盒等。这是头五年的目标，第二个五年希望构建全球性的品牌，这一点分两步走。

网友：黄总，您曾经提到过接班人问题，能否详细谈谈？

黄宏生：接班人问题确实是我们企业最大的问题。我们把原来彩电的整体、各个业务部门的整体分成6个公司，每个公司都有一个总裁，有的兼任公司董事长，这也是培养接班人计划的一个组织结构安排。我们必须学习通用电气的方法，接班人一定来自产业公司，让业绩持续增长。优秀的总裁必须有一个平台，给我们杰出的人才展现才华，带领大家在一个领域里面奋战。实际上我们已经开始了这个工作。接班人问题，通用电气做了11年，这是一个重大问题。我们现在开始不断学习，希望打造一个历经几代CEO的发展的企业。

网友：家电现在是一个微利时代，创维为什么还投巨资在家电方面做研发？

为什么不考虑做 IT 或其他领域，比如资金密集型的房地产行业？

黄宏生：家电有一个五年周期，它的换代周期大概在五年。有的时候会进入低谷，低谷之后会反弹。电视行业在 2000 年是低谷，2001 年从低谷开始抬头，2002 年复苏，2003 年、2004 年处在上升的轨迹已经开始展现，我们有信心，即使在微利时代，这个行业本身也会有周期性的成长。

我们为什么不转做其他行业？是因为从全球的竞争来看，在一个行业里能不能够取胜，要看你有没有核心竞争力。我肯定不敢贸然投资到搜狐这样的门户网站业务，我想搜狐也不会轻易做电视机。我们各自都是"单打冠军"。我们还是扎扎实实把整个消费类电子产业做好。

主持人方刚：创维会不会考虑进手机领域？怎么进？

黄宏生：我们现在还没有进入。现在新的趋势是三网合一，即通信网、互联网、电视网互通互联，所以会促使 PC、手机、电视机合一。我们在欧洲一个著名的展览会上看到展现三网合一的产品，液晶电视不需要任何连线，就能够收到来自无线的传播。无线传播中有的来自互联网，也可以选择接收 2.5G 和 3G 的无线网里的影视信号、视频信号、互联网信号。这样的产品在市场上出现，让我相信创维会把电视的功能、网络的功能进行很好地结合，满足新的市场需求和细分的需要。

主持人方刚：在全球经济一体化的情况下，您怎么应对国际化的问题？比如 DVD 专利风波，包括欧美对中国彩电的倾销诉讼，对创维业务有没有影响？创维对今后类似的情况有没有系统、长远的考虑和应对之策？

黄宏生：有一定的影响。DVD 专利方面，我们参加了由 10 个大企业组成的中国市场协会。我们一定要建立共同的标准，比如说 DVD 新的技术标准，能够与国外的专利进行等价交换，从而能够跟全球市场进行畅通的产品进出口。这是我们正在做的一件事情。另外一件事情，现在我们也确实加强了整个集团的专利注册工作，在以前我们没有将其作为指令性的计划，现在列入指令性计划。把专利从无做起，从小做起。我想，经过一段时间的爬坡，我们也可以拿一些专利，跟任何我们需要结合的技术和各国大公司进行交换。很多日本、韩国和我国台湾公司在这方面做得比较成功。

网友： 创维目前账面上有7亿多的港币现金，创维有这么多钱会不会参与国有企业资产重组？

黄宏生： 我们为什么要请杨东文？如果产业从零做起，一定是效率低下的。我们希望能够有一个团队参与国有企业的分析和沟通。国有企业中有一些优秀的团队，只是因为种种限制，他们巨大的创造力没有被充分发挥出来。还有跟政府沟通，需要对各方面的风险因素进行分析，包括很多政策法规。这一点我们有很大的兴趣，而且也在积极参与。能否有好的发展呢？要看我们未来的表现如何。

网友： 您如何比较张瑞敏、李东生和周厚健？

黄宏生： 他们几个都是我学习的榜样，都是杰出的企业家。我比较熟悉周厚健，他也是1977年参加高考的，是我的同龄人。李东生是我的大学同学。他们做得比我出色，贡献、思想境界都很高，他们还要带领国企这么多的员工迈向新的世纪，这种责任和使命很大。当然，他们各自的风格体现了我们这代人的智慧和力量，他们各自建立的企业有独特的中国风格。做企业家很不容易，压力极大，他们能够面对内外压力，我非常佩服。

网友： 创维在海外的销售情况和竞争优势是什么？

黄宏生： 第一个竞争优势，我们进入市场比较早。我们1991年已经进入了海外的市场，如欧洲、亚洲、南美洲等，去年出口做了2亿美元，在行业里面位于前两名。

第二个优势，我们建立了一支国际化的精干队伍，能够熟悉各国法律，DVD专利一个接一个。如果对法规法律不熟悉，不知道到哪个国家就被扣住了。我们国际化的队伍是经过多年考验的。

第三个优势，在这么多年的出口业务中，创维始终是盈利的。去年盈利3000

多万美元，虽然盈利不多，但是我们看重未来长远的回报，而不是眼前赚这点儿钱就灰心丧气了。作为工业循环，中国还是需要一些企业像索尼、松下一样，在世界各地能够展现中国的产品，这一点我们愿意付出努力。

网友：您是怎么和最低层的销售人员沟通的？怎么处理当地大小经销商之间的矛盾？

黄宏生：我经常到一线的城市和销售网点去巡视。我每到一个地方开会，都要召集我们所有的业务员进行会谈，直接倾听一线的反馈，个别人如果有一些问题不大方便说，也可以直接向我报告。

再就是跟经销商开会。每到一个地方我也都会找经销商开会。这么多年来，创维的经销商都有不错的营销利率，绝大多数都赚了钱，成长起来，越做越大，但是在这个过程当中还是会有一些服务的矛盾，有一些技术支持的需求等。今年创维主动给经销商提供更进一步的培训，希望把创维的理念和经验跟经销商分享，这样进一步拉近和伙伴的关系，效果非常明显。

网友：您认为中国大企业的通病是什么？

黄宏生：企业大了一定有"病"。第一，企业大了以后，各自为政的问题在很多企业里面展现出来。昨天我碰到一个做酒的企业，他们有三个酒厂，互相在打架，要请人帮忙解决这个问题。这就是各自为政的结果。第二，在优秀人才的成长和培养方面力度减少，以至于很多人才很优秀，但是机构庞大之后，难以捕捉到他们的细节、思想的变化，导致其持久的成长会流失。第三，效率低下。除了个别垄断行业的国有企业之外，大公司往往效益都不是很好，这是一个普遍的病，大但是不强。中国企业由计划经济走向市场经济的历程仅有20多年，我想还是要在WTO的竞争中学习，在战争中学习战争。我相信很多大企业由于改制的进行和被迫参与竞争，会有成长，克服大企业的病。

网友：在创维，一个大学生进来两三年就可以做到片区总经理，是不是有这个现象？

黄宏生：我们每年有两三百名大学生进入创维，我亲自跟他们进行对话，并且进行小范围的谈话。我给大学生一些建议，大家一定要沉下心来，现在很多人可能比较急，希望个人能够有很大的进步，职位和技术进步很快，希望立即能够买楼买车。这点我们需要学习德国文化，我去考察德国企业时深受启发。德国为什么能做世界精良的产品？因为任何大学生、中专生到一个企业，都先在基层锻炼三年，学机械的从钳工做起，学电子的从电源板的烙铁做起，学软件的从流程的基础做起。我们现在很多人恨不得一年跳一次槽，这样不利于个人成长。

网友：一个企业要做成国际化，企业老总是否首先应该具有国际化的水平？比如专业知识、英语水平、管理水平。您对高层管理人员（尤其是负责国际化的高层管理人员）的招聘或者任用，有什么要求？

黄宏生：首先是要有国际化的学习能力，这一点是领导者很重要的素质。我们领导者的英语不是很灵光，但是李嘉诚英语说得不怎么样，国际化生意却做得很好。我们经常需要参与一些国际的谈判，参与国际的贸易活动、技术项目的合作；我们每年派很多人参加无数展览会，派很多工程师、管理人员到国外参与联合项目的开发，然后进行技术、经营和质量的互访和交流。我们要交一些国外的朋友，和他们唇枪舌剑，会对我们国际化的业务和成长有更深的理解。

网友：彩电行业曾经作为家电企业的支柱产业，发展其他与IT相关的产品也会很有市场，创维的市场策略是什么？

黄宏生：创维的市场策略是建立有差异性的市场策略。过去的三年来，我们在差异化建立品牌方面取得一定的成绩，"不闪的才是健康的"这样一个市场策略被亿万的消费者认同。现在，人们在电视前的时间越来越长，传统的50赫兹电视闪烁比较明显，导致很多人出现眼睛疲劳，小孩子近视程度增加。创维首先从技术上研究逐行扫描的电视，采用一种新的不闪烁的数字技术，消除了图像的闪烁。新产品经过了中华卫生医学组织的鉴定，确实能减轻眼睛的疲劳，减缓近视的进程，因此深受市场欢迎。创维的健康电视为什么能够成长？除了我们技术本身的差异化以外，市场的定位也满足了人们对于健康的要求。这一点被证明是成功的。

网友：您以前曾经从政，现在又是很成功的商人。您觉得是从政好还是从商好？您作为知名企业家，主要压力来自哪些方面？

黄宏生：中国现在是经济大国，但是我们离经济强国还有差距，离小康还有差距。因此需要大量的企业家。我有一次在北大演讲，主题叫作"挑历史重担，勇当企业家"。如果没有人带领大家去进行艰苦的工厂劳动，我们的外汇从哪里来？奖金工资从哪里来？社保从哪里来？社会安定从哪里来？艰苦的生活有成长的一面，苦中有乐，这一点才是重要的。

网友：您以前是副厅级干部，现在商业做得很成功，今后会不会再回去从政？

黄宏生：不会，在从商做企业中我找到了一种感觉和乐趣，这种感觉很好。一个人的乐趣、兴趣很重要，如果你让我天天拉小提琴，我会很痛苦，因为我对音乐的兴趣不大。做企业的乐趣在哪里？首先是能够结交全世界的朋友，我在美国有很多朋友，在德国、日本、韩国也有朋友，在国内，从北京到其他各个省份，从西部到东部都有很多朋友，在经营企业过程当中结交朋友是一种乐趣，也是无形的财富。有人觉得打麻将有很多乐趣，我觉得打麻将基本就是输赢，但是做企业会遇到很多新的挑战，如人才挑战、市场挑战等，克服困难之后，就好像王石登上高山一样，有无限的乐趣。而且做企业遇到的问题一般是不重复的，解决了新问题也是一种乐趣。这些乐趣使我感觉到做企业才是真正符合自己的兴趣的。

网友：黄总做过电子贸易、解码器、彩电，多次创业都失败，后来终于取得令人瞩目的成绩。您创业过程当中最大的收获和经验是什么？

黄宏生：做人要有信心和信仰，我的信仰不是一天形成的。我曾经上山下乡4年多，在艰苦岁月里看不到什么前途，生活很暗淡。但是恢复高考以后我上了大学,后来赶上改革开放的浪潮,比 20 年前的环境大大改善。我相信只要各方面都努力,成功机会就会多一些,因为我们的信仰是基于中国目前这样一种政治稳定、经济全球化的环境,这对所有的年轻人都是一个机会。我们相信国家的经济会持久发展,相信我们的劳动会被社会承认,这就是信仰。

在我们周围有很多成功人士,他们有信心在失败中成长,在挫折中获得成功的成果。如果遇到了困难,我觉得还是要有不屈不挠的精神。我们看到很多人比较容易放弃,但往往再坚持一下天就亮了。我们需要有一种宽容的心态,遇到了困难以平常心对待,即使失败了,我们调整心态再战江湖。如此,中国一定会出现大量的企业家。

网友:中国企业要实现国际化的成功是不是要引入国外顶级人才?创维在引进国外顶级人才方面有没有具体的措施可以给我们透露一下?

黄宏生:我一直在努力建造一个国际化的团队,真正实现跨国公司的结构。创维在 1997 年首先实现资本国际化,把 15% 的股权出售给四个投资者,有美国的高登风险基金、法国银行,还有高科技基金如荷兰 ING 基金等。

其次是市场多元化。创维在 1991 年已经进军欧洲市场,目前发展到全球 20 多个国家。现在已经实现了人才的国际化,但这只是迈出的第一步。我们成功邀请史内红照先生出任我们的执行董事兼董事长兼总裁。史内红照先生原来在日本松下干了 30 年的总经理,他热爱中国,并看到中国的潜力。我去年年初说我要给你发人民币,他说人民币好啊,可能要升值啊。他很有远见,一年之后全世界都在说人民币要升值。史内红照先生来到创维,开发了光电引擎,填补了我们在微电子显示方面的技术空白。中国企业一定要邀请、吸纳世界级的企业家和技术专才参加,不仅仅是留学生,这样我们会在技术、文化、市场、品质管理方面超越自我。我现在天天起床考虑的问题都是如何超越自我。企业超越自我,个人超越自我,这样才能够成长起来。我们有一个成功的开始,但是我们在这方面还会加大努力。

网友：您对资本并购对象有什么要求？

黄宏生：我们首先会考虑对方所属的行业是不是符合我们创维的管理的延伸、技术的延伸和人才的延伸，如果是完全不相干的，比如要我搞娱乐产业，我肯定不去，食品恐怕也不行，还是要跟IT有关的，这样我们的核心竞争力才能得到互补。我有信心，但从来不狂妄。因为我的能力有限，创维人的能力储备有限，并不是说做什么都能成功，要围绕自身的核心竞争力，这是第一点。第二点，我们要看到这个企业是不是还存在一些优秀的人才，如果光有一个空壳，没有广阔的土地，那我们的兴趣也不是很大。第三点，还要看风险因素，包括负债是不是过大。这些方面对我们来讲是新的学科，我们要做好。

主持人方刚：您说过，创维是首家也是唯一一家存活下来的生产彩电的民营企业，在向新民企过渡。创维过渡的情况怎么样？新民企未来的前途怎么样？

黄宏生：我们正在过渡，已经初步收到效果。新民企，第一点是具备国际化的人才和文化。第二点，新民企有新的使命感，从创维本身来讲就是上下一条心，认定要成为世界级的名牌企业，在消费类电子领域中服务大众。如果赚了点钱就打打高尔夫球，去旅游胜地游玩，这不叫使命。第三点，新民企在新的技术突破方面有卓越的表现。这个年代是技术辈出的时代，如果要打现代化战争就是拼武器的时代，我们在这个领域里要加大投入。这三点是新民企的新时代特征，我们正在往这个方向努力。

主持人方刚：由于时间有限，今天的讨论就到这里。非常感谢黄总到搜狐做客"总裁在线"，我们预祝创维发展得越来越好，您个人的事业越来越成功。

黄宏生：非常感谢搜狐网安排我和网友直接对话，请大家留意，国庆前创维会推出全面的高新战略，把产品展现在全国的终端上。现在数字电视产品处于高增长阶段，我们愿意与高素质的搜狐网友一起分享使用数字电视的新体验。

要像战争年代重视将领一样培养中国企业家[①]

> 面对如今这个没有刀枪的战争，如果能把在战争年代培训将领的体系运用到现在培养企业家上，运用到经济建设上，中国经济发展将不得了。
>
> ——黄宏生

"中国对企业家的保护还不够，无论是对国有企业的企业家，还是对民营企业的企业家。"昨日上午，正在北京参加全国政协十届三次会议的全国政协委员、创维数码控股（0751.hk）前董事局主席黄宏生，在驻地北京燕翔饭店接受本报记者的独家专访，他一身西装，戴眼镜，气色不错。他没有正面回应本报记者有关香港官司的提问，但在回答应该如何保护在海外上市的企业家时，他说，国家应该"跟海外的机构，通过协调机制来解决问题"。

黄宏生介绍说，此次参与全国政协十届三次会议准备提交两个提案，分别为《关于开展国家级科技产业大会战的提案》和《关于营造中国企业家成长环境，打造民族企业家团队的提案》。在接受记者采访时，他认为，在市场经济情况下，由于制度仍在完善期，一些摸着石头过河的人难免会"踩地雷"。如果不是人为因素造成，"对社会任何单元都没有造成损失，而是因为企业内部矛盾、纠纷造成的'出事'"，国家应予以保护。

在其提案中所列举的企业家"出事"的类型中，包括"海外上市的'陷阱'"这一类型。他的看法是，越来越多的中国内地企业到香港和海外上市，由于香港的文化和法律与内地差异很大，不少企业家遭遇严重起诉。在回答本报记

[①] 本文是黄宏生作为全国政协委员于 2005 年 3 月在北京参加"两会"期间接受《南方都市报》采访的实录，原载于：黄宏生：对企业家保护还不够，应设立邓小平勋章 [N]. 南方都市报，2005 - 03 - 07.

者该如何保护这种"出事"情况的企业家时,他说可以通过与海外机构的协调来达到解决问题的目的。

"应区别对待'出事'企业家",企业家不在经济建设一线

记者:在今年全国"两会",您准备了一份《关于营造中国企业家成长环境,打造民族企业家团队的提案》,明确提出应对中国企业家予以保护。主要是出于什么考虑?

黄宏生:原因是多方面的。一是从目前看,中国企业和发达国家相比还有明显差距。这其实也是企业家之间的差距。中国企业家群体的整体质量与美国的企业家群体质量相比,就有一个明显差距;二是中国改革开放二十多年,实际上是把经济建设发展的重任落在党政主要领导身上,企业家并没有被推上一线。

温家宝总理的工作报告也讲了,中国整体经济增长不错,但产业水平是很低的。实际上,具有国际竞争力的企业,需要国家对企业家群体的系统培养、爱护,以提升他们的创新能力。我认为,整合企业家资源应该提上日程了。

另外一个原因,很多人认为,赚了一些钱的企业家都是挥金如土,像暴发户一样。但真正成功的企业家还是少数。尤其是从事制造业的企业家,失败率是相当高的。培养一个企业家是很不容易的。

国家对企业家的保障有待完善

记者:您认为中国目前对企业家的保护不够吗?

黄宏生:还不够,无论是对国企还是对民企。人们对做大做强的企业家羡慕也好,嫉妒也好,但大多数失败的企业家却并不为人所知。经过多年的改进,中国已对公务员、教师等职业的培训、福利、退休等社会保障,都有了明确的改进,但对企业家的保障却并不多。

解决问题的根本在于要培养更多国际型企业家,能在全球范围内适应竞争,

使得我国经济能够参与世界竞争。所以国家必须对企业家群体予以重视。

摸着石头过河难免"踩地雷"

记者：刚才您提到的很多企业家落马，您认为这是保护不够，还是监管不力？

黄宏生：在市场经济情况下，你并不知道什么叫犯规，什么不叫犯规。因为这些摸着石头过河的人，事先是不知道的。他们在开拓的过程中，就会"踩地雷"，但很多时候"踩地雷"不是他故意要去踩，而是我们制度有待完善所致。制度有待完善，在监管方面就会存在不足。

记者：那您认为哪一类的"出事"企业家是应该予以保护的？

黄宏生：如果企业资产增值、经营健康，应该说这个企业是有竞争力的。对这样的企业家可能出现的争议，应该要有一个保护的机制，否则一件极小的事就可能把这个企业毁了。因为我们在制度上本身不健全，结果企业家在出现争议时就成了牺牲品。如果对这类企业家不予以保护，对企业和国家都是一个损失。

像培训将领一样培养、保护企业家

记者：在您的提案中，您提出"要像战争年代重视将领一样培养中国企业家"，为什么呢？

黄宏生：面对如今这个没有刀枪的战争，如果能把在战争年代培训将领的体系，运用到现在对企业家的培养上，运用到经济建设上，中国经济发展将不得了。过去军队打仗，地方都是为军队服务的。现在不是了，现在打"经济仗"，各级党政领导在第一线，企业却在后方，只起辅助作用。创了税收的企业家，要把农民工组织起来是不容易的，要进行流程的制订、组织的培训等。如果企业家不能自主地发挥作用，并且得不到重视和保护，最后企业家会一批批离开，退出企业界，去读书、教学或移民，这样，企业家没有得到提高和巩固，会流失得很厉害。

记者：温家宝总理刚作的政府工作报告中，明确提出鼓励、支持非公有制经济的发展。您是如何看待国家对非公有制经济的政策变化？

黄宏生：从这里可以看到国家已经越来越肯定非公有制经济是今后中国生产力的未来。按照我的理解，国有企业的未来领域主要是一些战略物资，如石油等。非公有制经济的发展在很大程度上影响着中国经济的成长和未来。民间资本不需要国家投一分钱就可以创造税收，那么国家应该给他们放宽一些市场准入条件，提供在资金方面的公平对待等待遇。这是国家经过大量调研得出的结果，是继十六大以后，对民营企业、非公有制经济的肯定和支持。改革是不断深入的。结合国家主流思想，要落实到"以人为本"，这个"人"就是敢吃苦、敢冒险的企业家，那些肯奋斗的人。

记者：在您的提案中，列出了多种"出事"企业家的类型，其中第四种是因海外上市的"陷阱"而"出事"的。对这一类的"出事"企业家，您建议如何保护？

黄宏生：我认为，要建立一个协调的机制。跟海外的机构，通过协调机制来解决问题。当然如果能够立法的话，就能够更深入解决这一问题。

提案：能否设"邓小平勋章"奖励企业家？

在这份名为《关于营造中国企业家成长环境，打造民族企业家团队》的提案中，黄宏生提出：中国企业总体水平与发达国家相比，差距仍很大，其主要原因在于企业家之间的差距，中国缺乏在国际舞台上占有一席之地的企业家。他认为，中国企业家正在扮演经济改革"马前卒"的角色，由于是"走前人没有走过的路"，也就出现了"做得多、错得多"的现象，如果不加以保护，将关系到中国未来20年能否实现富民强国的目标。

"企业家在尝试和实践的过程中，摸着石头过河，有时摸对了，有时又摸错了，有的地方水深了，摸不着了，因而也出现'做得越多，错得越多'的现象。"黄宏生把"出事"企业家按原因进行分类：一是经营失败。与跨国企业相比，中国企业存在技术、管理、人才方面的弱势，导致中国企业家失败率很高。二是部分企业家因自身文化素质的缺乏，掉进"黄、赌、毒"的漩涡。三是因经济问题而"落马"。四是遇到海外上市的"陷阱"。越来越多的中国内地企业到香港和海外上市。由于"一国两制"的基本国策，香港与内地的文化和法律差异很大，不少企业家遭到严重起诉，严重影响了企业经营，导致失败企业日益增多。五是非正常死亡。一些企业家因劳累或因意外身亡。

黄宏生提出，对"出事"企业家，国家应根据结果导向的原则具体对待。"如果企业家掏空了公司资产，令公司面临倒闭，对银行、供应商、员工造成很大损失，应严格执法，绝不手软。"黄宏生认为，如果对社会任何单元都没有造成损失，而是因为企业内部的矛盾、纠纷造成"出事"，应予以保护。

黄宏生建议，可以考虑设立"邓小平勋章"，发给具有国家级荣誉的企业家，各级政府也可以设立本地的一些荣誉，激励当地的企业家。①

---

① 中国近年来开始日益重视企业家精神的培育。2017年9月8日，中共中央、国务院颁发了《关于营造企业家健康成长环境弘扬优秀企业家精神更好发挥企业家作用的意见》，指出："营造企业家健康成长环境，弘扬优秀企业家精神，更好发挥企业家作用，对深化供给侧结构性改革、激发市场活力、实现经济社会持续健康发展具有重要意义"，强调要"加强优秀企业家培育"。从这个角度讲，这份2005年的提案至今仍然具有非常强的现实意义。

"创维要成为千亿企业航母"[①]

2010 年 12 月 3 日

帮助别人能给我带来更大的快乐。"滴水之恩当涌泉相报"不仅指对母校,也对所有帮助过我的人。

——黄宏生

李阳春:黄总,很高兴在今天这个场合见到你,并见证了你们夫妇的盛举!你们回到母校心情格外不同吧?

黄宏生:当然!我在这里度过了人生中一段最美好的青春岁月,我们的人生在这里起步,梦想在这里放飞。不过我要感谢你刚才说的那番话,没想到你对我的经历如此熟悉,对我们创维的文化和危机管理有这么深的研究。

为他人创造价值,为社会创造价值

李阳春:我这几年对企业危机管理和企业家修炼问题确实有所研究,我认为创维是一个非常难得的成功化解企业生存危机的典范。我发现作为创维的灵魂人物,你在逆境中的坚强信念成为支撑企业管理层和员工克服困难往前走的动力,你总是用写信的方式给创维人带来信心和希望。我记得你 2006 年在给创维员工的一封信中写道:"你问我会不会万念俱灰、生不如死?我的回答是:肯定不会!相反,当我们有机会再见面时,一定会看到红光满面、笑容熠熠的老板。"现在

[①] 本文是黄宏生在母校华南理工大学作了《滴水之恩当涌泉相报》的演讲后,全国工商联执行委员、广东省工商业联合会副主席李阳春和黄宏生的对话。标题为本书编写时所加。原文见:李阳春. 问鼎财富巅峰——当代商业领袖高端访谈录 [M]. 广州:广东人民出版社,2011.

看来，这一点你确实做到了。

黄宏生：你演讲时提到中国需要打造伟大的企业家，还提到一个富豪的品位和价值问题，学生们给了你不少掌声。不过你对我的溢美之词我不敢当——我们哪能与美国的顶尖企业相比呢？我们在世界企业的丛林里，充其量是一棵小树。

李阳春：一个企业家的伟大不在于他创造了多少财富，而在于他的财富是如何创造的，以及是如何使用和分享的。中国改革开放以来富豪数量增长的速度非常快，亿万富豪总数超过了日本，但是受人尊敬的世界级的伟大企业和伟大企业家却少之又少。我希望中国能够出现一大批世界级的企业家，既有开创未来的责任感和成就，也有关爱弱势群体的仁爱精神，你现在带着这种精神和情怀已经朝着这个方向前行了。你和太太这次为迎接华南理工大学建校60周年捐资3000万元，具体用途是什么？

黄宏生：主要用于学校机电大楼的建设，其中1000万元用于设立"宏平长青基金"，资助华工学生的科技创新活动。

李阳春："宏平长青基金"，这是以你们夫妇名字命名的，又有事业长青之意，非常贴切和有意义。据我所知，2009年11月14日你已经向母校捐赠了一个电视博物馆，那是国内第一个以电视机产品为主要内容的电视机博物馆。时隔一年，你又再次感恩回馈——真是滴水之恩涌泉相报啊！从学生们刚才对你们的掌声中可以看出，你们的行为给予了他们巨大的精神力量，对他们一生的成长都将产生影响。

黄宏生：这是我们最感到宽慰的。我觉得我所做的这些远远不足以报答母校对我们的培养和教育。不过我能够尽些力量回报母校、帮助校友，我感到很快乐——比赚钱更加快乐和满足。我刚才讲，五十而知天命，什么是快乐？现在才发现，解决温饱后，真正的快乐是能够帮助越来越多的人走向成功、得到快乐，自己在这么多人的快乐里，也能得到更多的快乐。称得上企业家的人，一定要为他人创造价值，为社会创造价值，最后才能救赎自己，取得真正的成功。或者从技术的角度来说，为他人创造福祉是企业家运筹帷幄、决胜千里之外的秘诀。

李阳春：你已经进入了一个新的境界，人生的格局完全不一样了。美国常青藤联盟那些知名私立大学，多是靠校友的捐赠来发展的。所以知名大学不仅要有知名教授，还要有一大批知名学生。你觉得现在的你与过去的你，最大的区别是什么？

黄宏生：你应该记得我在演讲中反复强调与他人合作的重要性：第一个十年我们关心赚了多少钱，第二个十年我们关注为员工提供了什么机会，这种转变让创维团结和凝聚了大批有理想、有才华的人才，这个阶段也让创维迎来最好的发展时期，取得出乎意料的成绩。

李阳春：我相信你这话是发自内心的。在你和创维处于危机之中时，起支撑作用的是你培养的企业家团队。

黄宏生：还有一个变化就是——以前更多地想自己冲上山顶，争当第一，证明自己是赢家；现在希望和努力的是让我的团队成员先冲上山顶，而我站在山脚下，为他们加油、鼓劲、祝福，分享他们的快乐。

李阳春：看来是你的心态变化了，心智成熟了，内心强大了！以前你是一座高山，现在你更愿意让追随你的人登上山顶。

利他主义最后也利自己

李阳春：据我的观察，这么多年来，但凡一家民营企业的企业家或者说灵魂人物倒下，这家企业鲜有活得好的，不是企业随之倒闭，就是核心管理层另谋出路，树倒猢狲散。可是，这几年创维并未重复这样的悲剧，而是逆势发展。我在很多场合都说创维是危机处理的成功典范。那么，作为亲历者，你认为企业家面对危机和艰难时应该怎么办？你自己当时是怎么做的？

黄宏生：我认为首先要有危机意识。1970年前后，日本迅速崛起，超越西欧列强成为仅次于美国的第二大经济强国，此时日本并未沾沾自喜，相反是忧患意识的唤起：日本作家小松左京出版了小说《日本沉没》，轰动东瀛列岛。但到1980年，当日本在制造业方面引领世界时，有人便喊出："日本人也可以说不。"没过几年，日本就陷于十多年的衰落。真是应了那句千古名言："生于忧患，死于安乐。"即成功的发展本身就孕育着失败的危机，昨天的成功并不能保证明天的成功。

李阳春：是什么触动了你的危机感？

黄宏生：真正使我感到企业生存危机的是企业管理层流失的危机。早在2000年，创维集团原中国区销售总经理陆强华携150多号人马（其中有11位原创维片区经理，20多位管理层的核心干部）集体跳槽，创维业绩大受影响。陆强华事件使我突然强烈地感受到了这一点，任何时候都必须做到未雨绸缪，特别是在发展非常顺利的时候，就要考虑到企业如果面临危机应该怎么办。陆强华事件给我上了一课，我意识到必须培养对企业忠诚的核心团队，用利益纽带将他们连接起来。在上市的时候，我就无偿赠送了25%的股份给早期的创维员工，一下子送出15亿元，上市之后又拿出20%的股份送给不同层面的骨干，自己最后还不到40%，其他的都送出去了。这实质上就是一种利他主义。我们也是常人，钱对我们来说，也很重要，钱多了我们可以做很多事。但是，这种利他主义、双赢主义思想，最后也挽救了我们自己。

李阳春：利他反能利己！这与西方经济学之父亚当·斯密在《国富论》中说的"人们主观的利己行为最终达到了利他的结果"异曲同工啊。事实上，正是因为你在企业内部建立了一个利益共同体，创维的危机就不仅仅是老板个人的事，而是整个利益共同体的事了。

黄宏生：所以，企业自身化解危机的解决方案非常重要。危机救赎的关键还是在于企业家。几年前遇到危机时，我第一时间写了封授权书给长期培养的团队，由张学斌（当时的彩电事业部总裁）亲自接收。他临危受命，带领创维领导团队，在最短的时间内把忙碌而复杂的企业接管过来。每天我们要生产3万台电视、机顶盒等数码产品，平均每台的价格在 3000 元，1 天 1 亿元，停产的后果是非常严重的。事实证明，创维的企业家团队干得非常出色，他们在第一时间带领全体高管面对媒体，开展了一系列快速有效的公关行动，很快稳住了局面。

李阳春：据我所知，为了迅速扭转局面，当天晚上 7 点，张学斌在深圳创维大厦 13 层的会议室里接到你传真来的简短授权书：全权委托张学斌管理创维。随即，创维展开自救行动，在 8 天内成立了"独立委员会"，迅速改组了董事会，还分设集团主席及行政总裁职责，并设立了薪酬委员会及提名委员会。经过一系列调整，创维数码的管理层架构十分清晰。德高望重的家电业元老王殿甫和张学斌一起负责企业发展方向以及战略等方面的决策，且不在下属公司担任管理职务。杨东文负责创维生命线——彩电产业；而研发这个重要领域，则在危难中邀请到原熊猫集团总裁、总工程师陆荣昌来挂帅；工学博士施驰，则率领机顶盒产业，在创维的多元化中突围，成为第一个成功的开拓者；老将丁凯率领群欣安防公司越做越大；李小放率领液晶公司不断突破；还有负责创维工业园建设的邵美芳……这些优秀人才组成的企业家团队担当起了扶持创维、走过困境的重任。

黄宏生：老板出问题了，就好像飞机在天空失去方向，马上要坠地了，这个时候要有人去把它开起来，让它安全着陆，这是我们企业家必须要做的事情。

每一天都要做培养接班人的事

李阳春：2006 年 8 月 11 日，创维数码公开宣布，黄宏生已辞去公司非执行主席及非执行董事职务。张学斌临危受命，全面接手创维，担任集团董事局主席兼 CEO。这实际上是一着妙棋。当局面初步稳定下来之后，创维对股份结构也作了必要的调整，这一方面是为了保障企业创始人的利益，另一方面也是为了更好地激励员工的闯劲。经过一系列公司内部治理结构的调整，创维在 2005 年创造了 4.03 亿港元的净利润。到 2010 年，利润已上升到 13 亿港元。这一数据，几乎等于同期 TCL 集团、海信电器、长虹等 4 家国内彩电类上市公司的净利润总和。而这一成绩完全是由企业家团队主宰的。如果当初没有发生陆强华事件，也许会是另一个结果吧？

黄宏生：世界上是没有那么多如果的。作为企业家，无论是健康需要还是危机需要，每一天都要做培养接班人的事。我十年前就已经开始培养接班人。培养接班人要看两大因素：一个是道德，一个是根器。道德很简单，就是儒家的仁爱和忠孝，如果仁爱和忠孝他都做不到，其他就免谈了。你对朋友要忠诚，对家庭要有责任感，这就是我们选择接班人的重要因素，他对每个人都有发自内心的喜欢和爱，儒家讲的五德就是仁、义、礼、智、信，这是基本要素。

李阳春：什么是根器呢？

黄宏生：根器是与生俱来的，不是什么人都可以培养成企业家。天生的因素占了一半，我们选择的时候，要看到他的根器，根器由哪些因素组成呢？书上讲了很多，我归纳为三条。第一条是情绪的稳定。有的人天生情绪稳定，像毛泽东一样。领袖人物在危急的时候都从容不迫。有的人遇事就惊慌失措，怨这个，骂那个，这些人都不能成为出色的领导者。第二条是悟性，有悟性的人会有很强的学习能力。一个企业有两类人，一类是出类拔萃的领导，一类是忠诚的基石。如果你看清了自己，知道自己不一定适合做领导，反倒是专业人士的料，在编程、财务、质量管理等方面有兴趣爱好，也能获得成功。第三条是执着，有坚忍不拔的毅力。人生不如意的事十有八九，如果没有坚强的意志，很多东西都放弃了，你总等不到胜利的明天。

李阳春：有种说法认为企业家素质是一种稀缺资源，因为不是每个人都具有你说的根器的。张学斌就是有根器之人，他曾经是一个非常优秀的职业经理人，现在他已经是创维集团的掌门人了，在某种意义上是否可以说，是你成就了他？

黄宏生：是危机带来的机遇成就了他。万通地产董事长冯仑不是说伟大是熬出来的吗？创维的危机对他来讲就是一种煎熬，熬需要时间，经历也是一种历练。

无为而治才是一种自我超越

李阳春：在"香港涉案"事件以后，创维已经由老板管理的模式，完全过渡到企业家团队管理，在很短的时间内完善了内部治理结构，规范了企业治理，实现了从"黄宏生的创维"到"公众公司创维"的转变。那么，是否应该这样说——创维的成功，是企业家和职业经理人的成功，更重要的是在外力推动下企业家的自我超越？

黄宏生：我对职业经理人的认识有一个自我颠覆的过程。原先我是一个对权力高度警觉的人，绝不允许创维的经理人权力、号召力过高，更别提创维高管们一直都要求的股权。虽然陆强华事件让创维付出了很大代价，但同时也促使我思考如何建立一个健康稳妥的组织体系，让人才能够团结在创维这面大旗下，而不因某个人的变动而导致组织的动荡。

创维在香港上市成功后，我对自己的职责权力作了一番思考：企业小的时候，因为资金有限，不可能找太多的人，因而凡事亲力亲为。上市后要学会充分授权，改变以前事必躬亲的作风，要无为而治。

经过这么多事情，我终于想通了一个道理：企业小的时候百分之百的钱都是自己的；企业大了以后，一切都是社会的。对这个社会资源，我只不过有决策权；而使用权和所有权，并不完全属于我。如果我只有一个人，很可能因为决策不当，导致企业的失败。但如果引进人才，逐一授权，监督管理，培养人才，肯定能发展。不授权、搞独裁，企业肯定是死路一条。

管理企业有两个办法：一个办法就是所有资金（甚至连1万元）的使用都由老板自己批，这样，企业一定会由大变小，最后死亡。另外一个是授权。不授权注定要失败，为什么要走注定失败的路子呢？这是中国企业要做大须面对的一个世纪挑战，或者说是对人的认识极限的挑战。

李阳春：我想这不仅仅是你的矛盾，很多成功企业家也有这种困惑：一方面,他清楚地认识到了自己能力的局限,企业的安危不能系在一个人身上;另一方面,作为企业的缔造者,他不能容忍自己的存在被忽略。黄总,你并非先知先觉,以前肯定不会想到自己会有如此劫难吧?现在的结果对于创维和你有没有幸运的成分呢?

黄宏生:不能讲幸运了,幸运是不可能的,1%的幸运吧。在危机发生之前,我就开始进行组织变革,也就是再造创维工程。中国企业一直在提倡所有权和经营权分离,我本人也是这么去做的。

李阳春:你是怎样进行组织变革的?

黄宏生:首先,我们将开发中心从香港迁到了深圳,缩短开发和市场的距离,以提高组织效率。其次,建设新的领导团队,逐步放权。创维十二大产业公司每一家都有自己的CEO,通过外引内提,焕发领导层的活力。最重要的是我对自己在组织中的定位重新做了思考后,逐渐从事无巨细的事务性工作中解脱出来,关注战略问题,辞去集团总裁职务,只保留董事长职务,并且向所有员工公开自己的手机号码和电子邮箱。同时坚持所有的重要岗位绝不再搞空降部队。这方面通用电气就是我们的榜样,它的模式是任何人都要先经过公司的考察后才能委以重任,创维过去在调整发展的过程中往往比较激进,喜欢用空降部队,这些人容易与企业文化有冲突。在这样的框架下,我启用了一大批年轻有为的职业经理人,充实到创维的重要岗位上。张学斌和杨东文就是在这个阶段崭露头角的。

李阳春:这样会不会从一个极端走向另一个极端啊?这个企业可是你亲手创立的啊?

黄宏生:社会上确实出现了不少整个事业王国被人搬走的现象,但在我看来,是有办法避免这种现象发生的。首先,企业家有解决问题的能力。企业从小到大的企业历程让你积累了与众不同的解决问题的能力,这是创业者的本领。要相信人有很强的学习能力,能够不断为企业创造直接和间接的价值。其次,上市公司包括现代管理体制,保障了大股东的权利和义务。如果公司经营得一团糟,有人损公利私，你可以通过各种机制进行优胜劣汰，保持企业前进的活力。再次，我们十几年来都在不断创新激励机制，如发放公司的股票、期权等，让优秀的人才及在公司里表现出色的人不断分享公司发展的成就，使大家能够团结一致，减少内耗。

李阳春：你在创维进行的一系列管治革命也是一种自我革命，是在利益转让的状态下展开的。也正是这种独特的利益转让方式，无意间为创维的后继发展铺平了道路。第一，你稀释了自己的股权，让800余人进入老板行列；第二，你主动放弃自己的无限权力，与管理团队分权；第三，你让出企业的利益，让创维员工一起分享发展成果；第四，你把创维改造成为一个实现员工梦想的平台。

挖掘创维人心中的伟大动机

黄宏生：卡耐基的《人性的弱点》这本书很多人都看了，它有一个很好的理念——每个人的心中都有两个动机：一个是现实动机，一个是高尚动机。领军人物要不断挖掘我们员工的伟大动机。每个月我都会写一封信给创维高管，这个很有用，通过这种方式可以与埋藏在他们心里的伟大动机产生共鸣，这是钱不能代替的。

李阳春：据我的观察，企业创始人（老板）与职业经理人的关系一般经历三个阶段：第一阶段是契约型，职业经理人按照合同约定的职权范围为老板打工，老板支付报酬；第二阶段为感情型，经过一段时间磨合，双方有了一定的信任基础，配合也相对默契；第三阶段就是愿景型，职业经理人与老板目标高度一致，与企业文化高度融合，与企业同生存、共命运，大家构成一个命运共同体。你与创维管理团队已经走到了第三阶段。从你每月给创维高管写信可以看出，你身在囹圄，心在创维，虽然授权给了创维的企业家团队，但你仍然是创维的精神领袖。

黄宏生：创维就是我亲手培养的孩子啊，我肯定要以自己的方式密切关心创

下篇：访谈集

维的发展，每个月给创维董事会写一封信只是关注方式之一。

李阳春：你在一封信中写道，创维"一定要进行一场'瘦身自救'的革命。""瘦身自救"的目标是什么？

黄宏生：具体目标是，大规模裁掉效率低下的员工，人数占比可能有15%～20%。创维集团当时共有3万名员工。让2007—2008财年（2007年4月至2008年4月）成本费用下降4亿港元，并且从省出的这4亿元中拿出一半来激励有突出贡献的管理层和员工。裁员计划主要集中在销售、采购和行政部门，而研发部门员工则再强化。

李阳春：这样压力就大了。

黄宏生：是的。创维内部都在学习一本书，名字叫《砍掉成本》，这正是我在香港那段日子里勤于研读之书。我以"微利时代，戒律求生"来解释裁员的决定，举出了联想在并购IBM后的例子。联想集团公布的2007财年第二季度报告显示，其当期净利润达到1.05亿美元，比第一季度的5.23亿港元又有大幅增长。联想创造了"不可想象的奇迹"，其突破就在于年年大幅裁减人员，省出的费用就是可观的利润。因此，创维最有效的盈利措施就是大幅砍掉人员和费用，因为销售价格在摩尔效应下越来越低，创维无法改变行业现状，就只有改变自己。

李阳春：作为企业家，你最困难的决定是什么？

黄宏生：精简人员！通用电气的前CEO杰克·韦尔奇最成功之处就是在通用电气步履艰难时将员工总数从45万人减少到25万人。他说："一个组织如果不能及时清除那些效率低下的员工，就会出现劣币驱逐良币的现象，最后优秀员工大量流失，剩下的同归于尽。"但是，中国的企业要做到无私无畏、勇往直前是很难的，中国企业大多是柔性（感情）管理，刚性（制度）却不足，因此精简人员和末位淘汰很难做到。从人性的弱点来看，每个人都不想被质疑、被否定。但真正的企业家就是要学习无私无畏、勇往直前的精神，这实际上是对勤奋的鼓励、对优秀的肯定。我鼓励我们的企业家团队勇敢地做出这个决定。

李阳春：激励制度能起很大作用。

黄宏生：对。在裁员的同时，我还提出了重奖员工的建议，就是对2007—2008财年保持销售收入和毛利与前一年度持平的情况下，节省出4亿元的费用，并拿出其中50%用于奖励有功高管和员工，让大家过一个肥年。这是创维历史上最大额度的一次年度奖励。（2004年"虎山行"事件发生，创维股价跌幅当时仍在50%以上，期权激励的作用大大降低。）同时，创维对旗下子公司一直按照年度业绩考核进行年终激励，部分做得好的子公司负责人从2002年起每年都能获得超过百万元的年终激励。但是，在经营状况恶化的情况下，这种激励的作用也在减弱。2008年，创维开始在以机顶盒为主业的创维数字技术有限公司等子公司实行管理层持股的试点。9月20日，集团把创维数字技术14%的股权配送给这个公司的40多位高管，从而为数字技术公司分拆上市创造了条件，使公司长期的可持续发展得到激励。当然，集团内各产业公司也有不平衡的问题，会出现新的矛盾。到了2011年，董事会推出大规模的奖励制度，发放5000多万股期权（占公司整体股份的2%），重点激励彩电事业部早期的创业者和核心员工，包括总部各部门的领导者和骨干。我也明确表示，要安排好各个层面员工的工资和福利，宁可大幅度减员也要把各个岗位的工资定在高于行业的水平上。创维必须将奖金制度、分红制度和股权收益体制细分到各重要岗位上，并以一纸协议将真正的人才锁住。

李阳春：这是"大棒"加"胡萝卜"的"激励与戒律"新政，其结果怎样？创维走出了行业低谷吗？

黄宏生：2005年，创维的品牌价值被评估为50亿元，到了2010年飙升至223.68亿元。从2005年至2010年，创维的销售盈利每年保持超过30%的增长幅度。2010财年，创维营业额已达250亿元。

李阳春：你是中国企业家中少有的能站在哲学高度看待成功与失败的智者，

也是一个危机意识很强的企业家。正是这种如履薄冰、战战兢兢的危机意识，使你和你创办的企业安然渡过了创维历史上最大的一次危机，在企业灵魂人物身陷囹圄之后，不仅企业大厦不倒，还能逆势而上，再创辉煌。而我们看到的更多企业和企业家同时倒下的悲剧，一个深层的原因恰恰在于，企业家在成功之后过于乐观，未能为即将到来的危急时刻做好充分的准备。

黄宏生：世事无常，危机无常，关键是你怎么样去应对危机。我以为，企业家很大一部分工作和责任就是应对各种无常的危机。

李阳春：你作为中国改革开放后第一代企业家，能做到今天这个程度已经很不容易了。你当初发动再造创维工程，不断地自我超越，使得创维起死回生，有什么值得分享的经验吗？

黄宏生：在再造创维过程中，我认为有三点是弥足珍贵的：

第一，企业家遇到困难怎么办？在北大演讲的时候，有一个学生问我，企业家跟职业经理人有什么区别？我说区别很多，最根本的区别就是责任感，企业家就是要不断地跟困难作斗争。用一句古诗来形容就是："春蚕到死丝方尽，蜡炬成灰泪始干。"而一些职业经理人一看到困难就撤退，这里不行我换一个地方重新再来，此处不留爷自有留爷处！另一类的职业经理人则拿出很多靓丽的文凭做护身符。我们则坚持用人重在他的精神境界，重在解决问题的能力，不唯"文凭论"。我们特别重视企业家精神，什么是企业家的精神？就是临危不惧，不断地战胜困难和挑战。

第二，如何处理多元化和专业化的问题。我曾经跟通用电气的新总裁伊梅尔特讨论，对他说："通用电气真的是很了不起呀，无论是做飞机还是家电，样样都行！"伊梅尔特说："我们损失的钱你是不知道哇！我们也有亏得很厉害的时候！"中国企业多元化发展取得成功的还不是很多，不能样样都追求美满，也不能因为别人多元化自己就多元化。创维的目标就是让全世界的人一想到电视就想到创维，一想到创维就知道是做电视的。

第三，领导者永远都是这么孤独，孤独地上路。你有很多想法要跟大家分享，但是别人却无法体会，因为你面临的压力很大。当别人都想走的时候，你还要坚守船长的位置，迎接风暴的挑战。所以领导班子在某些时候就某些问题发生分歧、观点不一致很正常。现代管理学之父德鲁克说过，有不同的意见才能产生最佳决策。当然，建立有效的沟通机制非常必要，要有一些德高望重的资深管理人来处理领导者与团队的关系和问题。

让那些追随你的人实现价值增值

李阳春：你在香港的五年时间是一段奇特的经历，你最大的收获是什么？

黄宏生：最大的收获是有机会看了很多书刊，有3000多本，涉及法律、哲学、宗教、科技与产业，以及励志类书籍、人物传记等。我从中领悟到真正的成功不是自己有多么成功，而是要让那些追随你的人实现价值增值。实际上，一个领导者要受欢迎，首先他要帮助员工解决实际问题，从精神层面、生理层面、经济层面，帮助别人增值，这背后其实是一种儒家的仁爱，你帮助了别人，最后也救赎了自己。

李阳春：让那些追随你的人实现价值增值——这体现了一个当代企业家的胸怀。日本经营大师稻盛和夫用自己创办两家世界500强企业的经验，总结出企业的活法就是要以善治企、敬天爱人。你这种理念与稻盛和夫不谋而合，帮助同仁实现价值增值，就是最大的善，最大的爱，最大的德。

黄宏生：还有一个收获，就是对成败得失看得更清，也想得更开了。我们这一代民营企业家应该是非常幸运的，赶上了改革开放的伟大历史变革，赶上了民营企业的迅猛发展。有人说这是一场造富运动，凭自己的努力可以发财致富。深圳是中国民营企业最集中和发育土地最肥沃的地方，也是一个适合做梦造富的地方。所以这里实际上有一个企业家的群体，代表国家比较前沿的生产力。每个人其实都有动人的故事，只是我的故事比较丰富多彩而已。

下篇：访谈集

家电业原先是被日本企业垄断的，我们中国的家电企业最初是国有企业，后来慢慢有一些民营企业开始通过成套购买和逐步的国产化替代进入行业，最后推出自己的品牌，这个过程是异常艰辛的。所以，实际上失败是常态，成功是偶然的。史玉柱说，失败是成功之母，成功是失败之父。成功与失败是可以转换的。你越是敢于失败，不惧失败，成功就越容易来敲你的门。企业家哪有不经历失败的？任何时候都要有承受失败的心理准备。你为冬天做好了准备，就可能赢得天天都是春天的局面。就像任正非总是提起"华为的冬天"，其结果是华为成为世界级的企业。

李阳春：在香港那几年，是什么力量在支撑你坦然面对？

黄宏生：记得小时候看过一本书叫《钢铁是怎样炼成的》，里面有一句话说得很好，也对我们有正面影响。书中的主人公保尔·柯察金说："人最宝贵的东西是生命。生命对于我们只有一次。一个人的生命应当这样度过：当他回首往事的时候，不因虚度年华而悔恨，也不因碌碌无为而羞愧。"这句话对我们的人生是很有意义的。当你失去一切的时候，信仰、精神追求会成为你巨大的支柱。

李阳春：这使我想到了《易经》最后一卦：未济卦。意味着我们的人生是不完满的，未济的。第63卦是既济卦，好像一切都圆满了，既成了。其实不然，第64卦反而是未济卦——一切并没有结束，也许才刚刚开始。所谓花未全开月未圆，这是一种生命状态，也是一种人生境界。

黄宏生：把不可能的事情变成有可能的事情，这本身就是人生最宝贵的经历。

李阳春：但是，牢狱生活与作为一个企业家的体面生活毕竟有天壤之别啊，因为在很大程度上失去了自由，也没有幸福感，只有挫败感。是吗？

黄宏生：只要是一个正常的人，都不会愿意面对牢狱生活。关键看你怎样看待。有一本书叫《从优秀到卓越》，它里面讲到一个观点很重要，就是说，我们要面对残酷的事实，你不愿面对是不可能的。至少我们在面对不幸或不顺利的时候，要时刻在思想上做好准备。因为不如意的事情或者灾难随时都会发生。

李阳春： 2004 年你在日本时也是以"从优秀到卓越"的主题作了演讲，看来这本书对你影响很大。

黄宏生： 是的。那本书里还有一个很重要的观点，优秀是卓越的敌人，就是说你的优秀可能会妨碍你成为卓越的人。所以一个人不要以为自己有点成就或者有点钱就觉得了不起，人的强大不在于物质，而在于精神，在于内心强大。杰克·韦尔奇就是因为内心强大才成就其伟大。归根结底，精神的层面为人带来的快乐和幸福远大于物质层面。

二十年前我上大学的时候，当时的饭很难吃，在嘴里咽不下去；馒头硬得可以打狗，又发酸，还有沙子。我失去自由的那段时间吃的是粗茶淡饭，但身体一样健康，甚至比原来还健康。因为原来应酬很多，吃了以后肠胃就不太好。但现在肠胃好了，也没有以前的毛病了，一躺下不到五分钟就呼呼入睡。当然，这个前提是我们的精神层面很富足、很宁静。

我的心愿是创维成为千亿航母

李阳春： 你现在是物质富有，精神富足。给母校捐款就实现了精神上最大的满足。对于创维集团来说，你们夫妇依然是其第一大股东（以两人名义的持股比例达 33.8%），你太太也依然是上市公司创维数码的执行董事和创维集团副总裁。你准备以怎样的姿态与身份重新面对公众，并继续自己的事业？

黄宏生： 以前多数时候是想创业、赚钱，想有所作为，但现在心态变了，想自己成功首先得想如何让别人先成功。帮助别人能给我带来更大的快乐。"滴水之恩当涌泉相报"不仅指对母校，也对所有帮助过我的人。

李阳春： 我是否可以理解为你不想实际参与创维团队对创维的治理，打一个不恰当的比喻——你把他们作为你的灵魂附体？身处幕后和站在台前也许只是形式上的一种区别而已？

黄宏生：创维依赖的是非常高效的企业家团队。创维现在有一批卓越的企业家在领军，我没必要管那么细，也不会横加干涉。但我不会完全甩手不理，创维毕竟是自己的心血，在香港那几年我还写信建言呢。我会淡出一线的经营层面，以一个股东的身份提些建议。

李阳春：据创维一位前内部人士透露，去年创维签约周杰伦做代言人，这是创维集团副总裁杨东文的意见；招标的时候有四五家公司，你倾向于其中一家，但最后还是杨东文占了上风，多数人同意杨东文的方案，这说明创维的管理还是比较清晰和规范的，你现在已经非常超脱了。

黄宏生：创维为千亿梦想投资了若干潜力较大的产业公司，如创维电器、创维光电和创维照明，涉及移动电视、4G手机、平板电脑、节能冰洗、商用显示、LED照明及上游芯片等。这些子公司将是集团未来的利润增长点。从战略投资的角度考虑，我们还成立了一家合资公司，投入到OLED，即下一代显示技术的研发上。创维就是要抓住机会，及时切入新的技术，为下一代技术做准备。

李阳春：你确实拥有顽强的意志，是一只习惯奔跑的羚羊。市场调查机构DisplaySearch中国区总监张兵说过："与其他彩电巨头在平板转型上的犹豫不决相比，创维这一步迈得非常坚决，这也使其在2010年国产彩电灾难性的库存危机中受损最小。"杨东文也说："如同空调领域的格力一样，创维目前90%以上的收入来自彩电主业，当其他企业将有限的资源分散到其他行业中去时，创维却通过出手一些业务来回笼资金并全部投向彩电主业，这显然是创维成为领导品牌的主要原因。"

黄宏生：作为投资者和股东，我更关心的是，在电视产业里创维能持续增长吗？经营单一产品难免会遭遇"天花板"，因此，核心产业做强之后的创维，要想做大还需要找到新的增长点。

李阳春：我了解到，在2010年彩电业整体遇挫的情况下，创维开始了新一轮相关多元化布局，朝着千亿计划进军，是这样吗？

黄宏生： 下一步创维还是要把主业做大。我对创维"10年内成为千亿超级企业"期望颇高。创维的成绩还是不错的，我们发展的空间很大。美的已超千亿规模，我希望创维也在10年内成为"千亿企业航母"，这要作为一个坚定不移的目标。

李阳春： 这就是你和创维企业家团队一直追求的"飞轮效应"吧？2009年11月，张学斌在大会上正式宣布了1000亿元的规划"10年内实现1000亿元，5年内实现500亿元的销售目标。"他称之为"新梦起航"，"创维的第一个50亿元用了12年时间，第二个50亿元用了5年时间，第三个50亿元用了3年时间，第四个50亿元用了1年时间，它已具备飞轮效应，开始加速度增长。"

黄宏生： 我相信，他能够实现这个目标。我现在的任务是到各地旅游，一半是散心，一半是寻访旧友，乐得清闲自在。

李阳春： 我觉得你无论是身体状况还是性情都没有变，你追求卓越的梦想也没有变。有公开资料说，去年7月24日，你和一些知名企业家会见了山东日照市相关官员，你表达了希望加强沟通，在科技等领域寻求合作、共同发展的意愿。你是否准备在另一个战场一显身手？

黄宏生： 人生有很多事情可以做。其实，我最大的理想还是办教育。国内职业教育仍有很大的成长空间，我想如果能建立自己的职业教育学校，将是一个很好的选择。

李阳春： 黄总，这几年你的精神灵魂一直没有离开创维。即便当时身陷囹圄，集团高层每个月都会向你汇报工作，送去大量的报表和文件。前面提到你每个月也会给公司董事会写一封信，一方面给员工打气，指导公司发展；一方面通过读书、思考，总结经验和教训。与其说当初你遭遇滑铁卢一事成为创维公司治理上的转折点，不如说这个拐点早已在你提出"再造创维"或在更早频繁反思过去的心灵风暴时就已经开始。在哪里摔倒，从哪里爬起来，不断反思，苛刻变宽容，激进变冷静。

黄宏生：这或许就是我前面跟你讲的 1% 的运气吧！近几年出现过一些管理团队与大股东之间冲突的事件，这些教训使我进一步反思，必须按照现代公司制运作。可以家族制，但绝不能家长制。

李阳春：虽然家族企业并不一定就是落后的治理模式，职业经理制也并非灵丹妙药。然而，同样遭遇牢狱之灾，同样是上市公司创始人，你成为悟道者，放手让张学斌、杨东文、施驰等管理团队成员实现了对企业的救赎。张学斌在解析公司稳定发展的深层原因时说过这样的一句话："现在的创维，任何人离开都不会对它造成根本性的影响，包括我自己。"这说明完善的公司治理结构和制度化管理是关键所在。你现在是游离于董事局外，做创维的"影子"领袖。听说现在经销商们排队见你黄老板，有的只是为了问候一句，或者请教经商之道，公司上下对你也相当崇敬。

黄宏生：老板与管理团队之间的信任是一点一滴地建立起来的，管理团队取得老板最大信任的根本还是业绩。2001 年，创维销售收入为 40 多亿港元。而 2010 年底，创维销售收入超过 250 亿港元；创维数码的股价则从最低点的 0.2 港元多，变成了现在的 5 港元多。在创维，企业人员从老板–打工者的关系向企业家团队合作的方向转变，大家都把创维当作一个事业来做。这样，大家都是老板，有共同的出发点，为了共同的事业，朝着共同的目标努力。这就是创维的企业文化，也是创维的核心竞争力。

李阳春：请你用一种精神来形象地表现创维的企业文化。

黄宏生：那就是团队制胜的"大雁精神"。春来秋去的大雁在天上经常要排成一个"人"字形编队飞翔。生物学家经过研究后得出结论，即雁阵这种飞行方式非常符合空气动力学原理——一群编成"人"字队形飞行的大雁，要比具有同样能量而单独飞行的大雁多飞 70% 的路程。也就是说，编队飞行的大雁能够借助团队的力量飞得更远。

李阳春：你是说协同作战会增加 70% 的能量？

黄宏生：对。管理专家们将这种有趣的雁群飞翔阵势原理运用于管理学的研究，形象地称之为"雁阵效应"。

李阳春：在这个雁阵中，最重要的当属领头雁吧？

黄宏生：当然。当领头的大雁累了，会退到队伍侧翼，另一只大雁会取代它的位置，继续领飞。当一只大雁离队时，会立刻感到独自飞行艰难迟缓，所以会很快回到队伍中，利用前一只大雁造成的浮力继续飞行。

李阳春：正是凭着这种团队合作的"雁阵效应"，创维才能绝地重生，创造凤凰涅槃的商业奇迹。

黄宏生：我坚信我们的创维集团这只金凤凰会越飞越高，越飞越远！

成功的第一要素是思维模式[①]

如果你有积极的思维模式，有强烈的愿望和目标，你就会把时间和精力聚焦在你认为最有意义的事情上。你就像激光一样，可以穿山过石，发现许多你以前不曾发现的能力。

——黄宏生

黄宏生，创维集团创办人。6 年前，他卸下在创维的最后职务——非执行主席及非执行董事。6 年后的中秋前夕，他在深圳与广东高科技产业商会的企业家们吃饼饮茶话团圆，此时他的身份是创维集团顾问、商会会长。

别怕能力不够，成功的第一要素是思维模式

大粤网：您可以说是中国第一代企业家的代表人物。很多人面临创业这个话题的时候，首先担心的都是能力够不够，您如何看待这个问题？

黄宏生：大家最担心的问题是能力问题？这是错的。有这样一个方程式：人生（事业）成就 = 思维模式 × 热情 × 能力，是著名日本企业家稻盛和夫提出来的。他创办了两家世界 500 强企业，京瓷、KDDI（日本电信公司）。2010 年，在他 78 岁的时候又接管了巨额亏损的日本航空，经过两年整合，这个航空公司已经扭亏为盈，现在正在全球招股上市，所以他给我们的方程式是经过验证的。

成功的第一个要素是思维模式，现在很多企业家二代不愿意子承父业，主要

[①] 本文原载于大粤网"南方谈话"2012 年第 18 期，见：别怕能力不够 成功的第一要素是思维模式 [EB/OL]．[2020-12-31]. https：//gd.qq.com/zt2012/skyworth/index.htm.

是害怕自己不能胜任,这种思维模式是消极的。稻盛和夫告诉我们,人生要有积极的思维模式,如果你不敢于挑战那些不可能完成的任务,那你的人生也是不幸福的。我毕业于华南理工大学无线电工程系,1988年离开华南电子进出口公司自己创业,是第一个吃螃蟹的人。两三年之后创业成功了,我能够养活自己,搞了一个小的黑白电视机厂,企业也有几百人了。这个举动引起了我们班级所有人的思维模式的"大跃进",结果我们这个班的人是当企业家最多的。

大粤网:华南理工大学无线电77级,同北京电影学院78级一样,被外界评为中国的"超级班级"之一,因为它培养出了三位影响中国彩电业的企业家,创维的黄宏生、TCL的李东生、康佳的陈伟荣。

黄宏生:现在很多人在企业做着无可奈何的事情,却没有想过自己创业也可以成功,把不可能的事情变成可能。首先我们要敢想,这是稻盛和夫讲的精神胜利法,在第五系社会里面是特别起作用的。我自己就是一个实践经验,我带了一个头,这个模式成功了,所有人都觉得创业这条路子是可以挑战的。所以我们告诉年轻一代,你不用害怕你的能力不行,只要你有理想,你有强烈的欲望,有做世界级企业的强烈愿望,奇迹就会出现。

年轻人把大量时间花在微博上将会一事无成

大粤网:目前很多一代企业家都到了考虑事业传承的时间点了。但社会上,包括企业家二代自身都对接班有一种担忧或者说怀疑,即能不能承继父辈的事业,甚至把它做得更好。

黄宏生:改革开放的初期,第一代企业家,主要是50后、60后这批人,他们跟随着中国的发展和崛起,创造了社会的财富,同时个人、家族的财富也有了一定的积累。目前很多企业都面临一个接班的问题,我认为80后、90后这批年轻人肯定会超越我们50后、60后第一批企业家。他们有全球化的视野、互联网时代的思维模式、掌握新科技的能力、民主平等的法制价值观,所以我相信他们能青出于蓝而胜于蓝。

我认为无论是企业家二代还是普通年轻人，在面对接班或者创业时，成功与否的关键因素并不完全在于能力，而在于思维模式和目标。你能力不行，但你有强烈的把它做好的愿望，你就会发奋学习，不会浪费时间。现在有很多年轻人把大量的时间花在手机上，花在刷微博上，最后一无所成。如果你有积极的思维模式，有强烈的愿望和目标，你就会把时间和精力聚焦在你认为最有意义的事情上。你就像激光一样，可以穿山过石，发现许多你以前不曾发现的能力。

大粤网：对于自主创业，您认为成功与否首先是思维模式，其次是热情，最后才是能力。

黄宏生：思维模式很重要，热情也很重要。如果你没有热情，你的男朋友或者女朋友也不会选择你，热情就是要能够感动周围的人，热情就是要你付出的努力超过任何其他的人。最后才是能力，能力是可以后天培养的，比如说乌龟和兔子的赛跑，乌龟走得很慢，但是持之以恒，就不会把时间消耗在没有目标、没有效率、没有成果的事物上。我在面对一种多元的文化和生活时，能聚焦到一点，能力在一点上，那就是百分之百了。

企业家二代首选应是自主创业、自我实现

大粤网：在企业的传承和发展上，不少中国企业家依然认为"子承父业"是一种最好的模式，但很多企业家二代似乎更希望自主创业，您又怎么看？

黄宏生：我衷心地希望年轻人在自主创业和事业传承中，首先选择自主创业。李嘉诚的儿子李泽楷的模式也好，还有很多其他的模式也好，如果自己的后代能够先做一个创业的种子去冒险，对未来"子承父业"反而更有用。我觉得自主创业是我们父母这代要提倡儿女努力去尝试的方面。

自主创业首先能让儿女有自己的想法，在想法之下有自己的意愿，然后去实践，通过对理想的追求最后达到自我价值的实现。我们老是讲马斯洛的模型，最

高的快乐和成就就是自我实现，自主创业就是自我实现的最佳途径。

大粤网：所以您更赞成企业家二代自主创业，觉得自主创业更有利于未来对父辈事业的承继。

黄宏生：只有鼓励下一代去创业，从小的创业开始，让他们将大量的知识付诸行动，才有用，不然老是用书本上的东西夸夸其谈，最后也会变成无所作为的人；而且我们要鼓励我们的二代，要允许失败，没有人做什么事情都是顺利的，也不可能一步成功，只有屡败屡战，人生的阅历才能够丰富，生活才能够精彩；鼓励年轻人去创业，在创业中你才能够体会到毛泽东的名言，谁是我们的敌人，谁是我们的朋友，这是革命的首要问题。我觉得也是人生的主要问题，只有在艰苦的创业中才知道最困难的时候谁能跟你同甘共苦，谁是专门来摘果实的，所以自主创业是事业传承最好的第一篇章。

我心中的创业精神[①]

——在 2015 上海家电博览会后接受媒体采访的访谈（摘选）

2015 年 3 月 16 日

> 我认为，创业精神包括：信仰和信念的日益坚定；面临生存危机，不焦虑，更不会放弃；平和地、自信地、快乐地工作；有深深的危机感，但往最好的结果去努力；爱人如己，建立卓越团队；敢于站在"真理往往在少部分人手里"的逆风口上；坚持底线，但勇于做出改变和调整。
>
> ——黄宏生

创业，就是要把不可能变成可能

创业路上，有太多的不确定性。梦想很美好，过程很艰辛，一不小心就可能血本无归，众叛亲离。但正是有了敢于创业的人，才把太多不可能变成了可能，得以造福社会，造福人类。

我在 1988 年创业时，人们购买的电视机都是东芝、索尼等进口货，国产电视机的竞争力很差，我从来没有想过有一天我们的品牌能跟东芝、索尼齐名。但经过二十多年的奋斗，我们最终超越了索尼，稳居全球前五，把不可能变成了可能。

十年前卖 2 万元一台的 43 英寸电视，今天只卖 1999 元，降了 90%，而且 1 台等于 3 台！为什么这么说？因为我们的酷开 A43 是全球首创的同时支持儿童、

[①] 本文作者为河南省家电协会副会长、《家电商情》杂志总顾问朱江华，原文见：朱江华. 黄宏生真实又不失传奇的故事 [EB/OL]．（2015 - 07 - 29）[2020 - 12 - 31]. https://www.sohu.com/a/24667462_132528.

父母和年轻人三种专属模式的电视产品,这在十年前根本无法想象!是我们的努力创业把不可能变成了可能,给消费者带来了产品福音。

同样,我在涉足新能源汽车领域初期,并不被人看好,但创业改变了我们的命运,南京金龙从连续三年亏损到成为今天的行业第二,让同行刮目相看。

创业,离不开转型和升级

创业路上,因循守旧吃老本是行不通的,只会让企业离死亡越来越近。唯有积极拥抱变革、主动转型升级才能获得持续成功。创维和南京金龙的成功亦是如此。

在互联网时代,创维是传统家电企业中拥抱转型最积极主动的企业之一。

第一,主动顺应互联网发展潮流,推动自身变革。据今年6月17日创维大数据与用户每日快讯统计,创维累计激活用户数为7 717 145,也就是说有700多万用户在使用我们的智能系统;日均活跃用户有3 114 299,即从周一到周日,平均使用我们的智能电视上网超过2小时的用户有300多万户,当日新增激活用户数11 813。我们通过为用户提供增值服务来赚钱,实现从"吃硬饭到吃软饭"的转型。

第二,创维是中国少有的几个有自制的、独家借助Linux研发操作系统的家电企业之一。这为我们创建上下游的应用及生态,完成智能化升级,提供了很好的条件。

第三,在创维企业内部,从未停止过创新。比如创立酷开品牌,以传统"国家队"身份,迎战乐视、小米等互联网企业,推出的酷开TV销量名列前茅;又如把机顶盒业务分拆上市,从2014年9月到现在,市值由35亿元上升到今天的300亿元,有200多名员工和骨干晋升千万亿级科技富豪榜,调动了内部员工创业的积极性。同时我们分别收购了德国著名品牌Metz及南非本土企业,以创业机制大举开拓海外事业。另外,我们从"黑手"(黑电)转为"白手"(白电),

下篇：访谈集

完成了智能冰箱、洗衣机、空调、净化器等白色家电的布局，真正实现了家庭智能化的布局转型。我们还在企业内部启动了创业机制，鼓励4万多名员工内部创业。

在我的二次创业中，我们的团队秉承着家电产业的竞争意识和技术制胜、产品制胜的精神，不断研发、试制和升级改进，在连亏三年的情况下不泄气、不放弃。不仅在2014年升级到第三代纯电动客车平台，做出性能稳定、安全可靠的纯电动客车车王，而且通过强大的服务工程师队伍，跟踪上千辆客车的运行。我们建立了一个庞大的数据库，通过每天更新，把噪声、故障、电磁感应和电磁干扰等影响纯电动客车的"老虎"——降服，这也就回答了为什么南京金龙能成为全行业第二。

我认为，创业的精神包括以下几点：

第一，信仰和信念日益坚定。我们每一个人都不是生来就强大的，只是在信仰的牵引下，才在奋斗中不断强大自身。因此，如果没有坚定的信仰，创业遭遇困难时容易迷失方向、半途而废，甚至一蹶不振。

第二，面临生存危机，不焦虑，更不会放弃。如今，各行各业竞争的激烈和残酷使创业再难见蓝海市场，任何市场竞争的胜利都是"上甘岭式"的胜利。创业面临生存危机是常态，必须有撑下去的勇气，坚持到底。

第三，平和地、自信地、快乐地工作。我在华强北创业时，每天早上快乐地小跑上班，到了晚上十点还不肯走，挑灯夜战，充满激情。我把工作当成一种享受，因而觉得创业是快乐的而不是痛苦的。

第四，有深深的危机感，但往最好的结果去努力。创业路上，如果没有危机感，人容易盲目乐观，对市场趋势判断失算。有了危机感，才能未雨绸缪，提前做好预警；但在危机感之下，我们仍要往最好的结果去努力。

第五，爱人如己，建立卓越团队。创业不是一个人的历程，而是带领团队开拓事业新版图的历程。善待每一位团队成员，打造一个人心所向的卓越团队，创业之路才会顺畅。

第六，敢于站在"真理往往在少部分人手里"的逆风口上。不要在乎别人的误解和世俗的偏见，创业意味着孤独和忍耐，没人铺红地毯，更没人送鲜花，要坚持内心的声音，勇敢走下去。

第七，坚持底线，但勇于做出改变和调整。2010年，我收购了南京金龙公司，全力投入十几亿元进行新能源汽车的研发。在亏本三年后，产品成功地被市场大批量应用，发展成了一个超千亿的板块！如果我当初没有果敢和魄力，我的二次创业可能早就胎死腹中了。

"造汽车"是我人生最后一搏[①]

> 在自己擅长的范围，为社会作贡献，确实痛苦，但也有快乐，这是有意义的事情。
>
> ——黄宏生

"彩电大王"黄宏生要造汽车了！

听到这个消息，凡对汽车行业的现状稍有了解的人，都难免生出疑惑：这是什么样的一个人，如何能够这样的决绝果敢？在汽车行业低迷徘徊的时刻，仍然义无反顾地发起冲锋？

黄宏生，已经身家百亿却选择二次创业。熟悉他的人难免为他的身体状况、事业前途而担心：即使不做海边驾游艇、雪山叹人生的富家翁，也不必在花甲之年进入一个完全陌生且竞争惨烈的领域，重新开始商战一线赤膊上阵、"刺刀见红"也不退缩的生活。

黄宏生，本是彩电行业的"一哥"，却在汽车行业行至低谷的时候昂然跨界。

前方，是走过百年、见惯风雨的传统车企横刀跃马；后方，是恒大、宝能、百度、阿里等越山而来的行业寡头虎视眈眈；头顶，是中美贸易战旷日持久不见偃旗息鼓、欧美市场经济下行却无力激活；脚下，则是智能化、电动化与互联化的潮水汹涌走势变幻，一招不慎就可能踏错踩空……

从副厅级"官员"到"彩电大王"，从家电行业进入客车行业，黄宏生已经

[①] 本文摘选自：吴毓. 黄宏生："造汽车"是我人生最后一搏［EB/OL］.（2020-03-17）［2020-12-31］. http://www.cnqcr.com/e/wap/show.php?bclassid=0&cid=49&classid=268&cpage=23&id=43443&style=0.

赢得两个回合的胜利。自电动客车转入乘用车，等待黄宏生的却是连声的质疑：前期研发的巨额资金、脱颖而出的核心技术从哪里来？逆流而上的自信、面对失败的勇气又从哪里来？

"'苦'修智慧，'难'修能力"，是黄宏生经常勉励同事的格言，也是他用来激励自己的警句。缺衣少食的童年生活、迷茫无奈的上山下乡、九死一生的创业经历……不仅让他变得坚强，更让他坦然面对任何挫折与挑战，"咬定青山不放松"，一切都可以卷土重来。

能源革命、出行方式即将迎来巨大变革的前夜，63岁的他，选择了汽车行业。他所要的，不是眼前的鲜花、耳边的掌声，而是再一次向世人证明自己的眼光与实力；他所想的，不是个人账户中的数字跳跃，而是投身实业报效国家的赤子使命……

黄宏生造车，对于汽车行业而言，是增加了一名惯于驰骋疆场的老将、投入了一支有梦想更有实力的生力军；对于他自己而言，这是他人生的最后一搏，誓要画出生命中最亮丽的那道彩虹。

造车

决定"造车"，黄宏生受到的质疑与冷漠各半，真诚的鼓励却不多见。

熟悉黄宏生的人都知道，造车这件事，他是认真的。

黄宏生造车，是一步一个脚印地拿到"准生证"。2011年，通过重组南京金龙，黄宏生拿到进入汽车行业的第一张"入场证"；随后成立开沃汽车，"创维系"的车企由此诞生。2012年，开沃通过新能源汽车生产资质审查，拿到了第二张"资格证"；2017年5月，工信部发文同意"南京金龙客车制造有限公司升级为乘用车整车生产企业"——开沃从此拥有乘用车的"准生证"。

截至目前，虽然中国政府取消了新能源汽车的产业限制，但对于知识产权、设计研发、注册资本等仍有较高的要求。受时间、资本以及节奏等因素的制约，很多"初创车企"无法通过正常的渠道获得工信部与发改委的"授权",只好选择"曲线救国"。相比之下,开沃汽车获得"准生证"的路径是"最笨的方式";但从另一个角度看,这也是做实业应有的经历与态度。

黄宏生造车已经做好了产业储备。开沃汽车常务副总裁、中央研究院院长董钊志表示:"从开沃汽车成立以来,一直在积蓄乘用车的技术力量,筹划生产乘用车。"2017年3月中央研究院成立,分别从核心技术平台、通用技术平台、产品研发平台方面提供技术支持。2015年成立的南京创源天地动力科技有限公司(Skysource),专注于可充电动力电池包和电池管理系统、汽车线束、高压配电箱、电机控制器、BMS等汽车核心零部件,为今后电动乘用车的设计、研发和生产奠定了基础。

黄宏生造车也已经理顺了资金来源。资金是黄宏生造车受到质疑最多的部分:受限于股东意愿,创维不可能直接掏钱造车;新能源汽车补贴退坡,尚未结清的补贴还有不少是以应收账款的形式存在的。

黄宏生对此却是信心满满,认为开源、节流可以使开沃汽车获得独特的竞争优势。黄宏生说,开沃已经建立了现金流的良性循环。

首先,新能源汽车补贴虽然退坡,但开沃电动重卡的销量是全国第二名。未来,渣土车、环卫车甚至是矿山车全部要电动化,电驱动较燃油驱动每年可以节省40万元成本,两年时间省下的钱已经够买辆新车……产品有性价比优势,自然会为开沃带来丰厚的利润。

其次,汽车的产业链覆盖上下游,不仅可以实现1∶11的就业机会、提供高额持续的税收贡献,更为当地提供产业升级的机会——地方政府会积极支持,产业基金也是开沃可以期待的资金来源。

再次,开沃不会炫富,将节省每一分钱。那些动辄千人参加的大型发布会、投资以千万计的城市展厅,最终都会核算到产品的价格,只会增加用户的购买成本。开沃绝不会浪费,更不会让这些成本推高用户购车的门槛。

评车

黄宏生没有也不会将汽车"神秘化"。在他的心中,"汽车不过是一个高级的大家电"。虽然没有使用"创维汽车"的名字,但"创维"才是"开沃"与"天美"(开沃汽车的乘用车品牌)的核心竞争力。

此前,开沃已经与创维合作成立了一家全新公司"Skylink",针对互联化与智能化两大发展方向,专门开发车机的底层系统与应用系统。而这,将是开沃与天美在乘用车市场立足的底气所在。

今天的创维已经打造了"智慧家庭"系统,覆盖娱乐、视频、服务的大数据,对用户喜好有深刻的感知与了解。这一套系统,如果用于汽车,便是最好的差异化竞争力——既能够提升产品的品质,也能够提升服务的体验,更是未来搭建智慧城市的基础。

在黄宏生的认知中,既然创维可以在家电领域打败来自欧美的企业,在汽车行业也可以做到。

2001年11月11日,时任对外经济贸易部部长石广生在多哈会议中签下名字,中国正式加入世界贸易组织。那时,金融、汽车等领域都得到了或长或短的缓冲期,而家电却必须立刻与西门子、飞利浦等全球家电巨头同台竞争。

令人惊诧的是,中国的家电行业不仅没有萎缩、消亡,反而培育出格力、美的、海尔、创维、老板等具有竞争力的中国品牌;不仅冰箱、空调、洗衣机、电视等大家电集体走强,烟灶、烤箱、吸尘器等小家电也实现行销全球市场。

从弱小到强大、从偏居一隅到称霸全球……今天的家电行业,不仅是"城镇化"加速政策的受益者,是中国社会"消费升级"的助力者,更是全球研发集群与产业链的整合者。

自1984年克莱斯勒在中国成立首家乘用车合资企业至今,中国汽车的合资之路已经走过35个年头。2017年,中国汽车年产销量分别达到2901.54万辆和

2887.89万辆。但在以"保护"为名的竞争机制下,中国汽车始终处于"大而不强"的尴尬境地。

进入汽车行业,无论是开沃还是天美,都是"小学生"。但创维在家电业的核心技术、在商场中的奋斗文化,都是天美进入汽车行业的核心竞争力。

从某种意义上看,特斯拉的成功代表了汽车革命的潮流。黄宏生强调:"汽车的本质就是带轮子的家电。电池充放电管理、电机动力输出控制……都是家电行业已经熟悉的领域。相对的,汽车法规、汽车行驶性能也确实是家电行业的'软肋'。开沃与天美所要做的,就是用好优势、补足短板。"

黄宏生举起手又瞬间按在桌上,坚定地说:"改革开放40年了,没有受保护的家电业不仅从高高在上的奢侈品变为百姓生活中的伴侣,而且打败了那些有市场口碑、有技术积淀的欧美品牌,中国也成为全球最大的家电输出国。中国汽车行业要向家电行业学习!"

18年前,李书福曾在不同的场合说过,"汽车不过是四个轮子+一个沙发",并因此被称为"狂人"。2010年,这位昔日的"狂人"不仅从福特手中收购沃尔沃,更以超然的勇气与决心,同步实现了"提升吉利核心竞争力"与"激励沃尔沃自主复兴"。

18年后,黄宏生提出了"汽车不过是更高级的大家电"。其实,无论是"轮子+沙发",还是"高级家电",都是在不同时代背景下,对于汽车本质与趋势的另类"提炼"。

在"轿车进入家庭"的时代,用户对于汽车的认知就是代步+舒适。而在"新四化"来临、能源革命蓄势的时刻,强调使用体验、比拼迭代速度、建立数字支撑,正是未来汽车与未来出行的方向。

从某种意义上来说,黄宏生与李书福对于汽车行业有着相近的认知。他们一方面在战略上"藐视"汽车制造,另一方面始终对自身实力、竞争态势保持清醒的认知,特别是对于汽车行业的发展规律保持敬畏与尊重。

从另一个角度看,黄宏生与李书福都是孤独的"英雄"。他们有着大国工匠的精神,心怀造车的梦想;即使周围无人喝彩,甚至釜底抽薪,依然能够砥砺前行;即使遍体鳞伤,甚至跌落谷底,也不曾失去初心。

聚势

9年前进入商用车领域,开沃虽然经历风雨,但时间窗口相对宽阔、前进道路相对平坦。今天进入乘用车市场,天美是在"低潮"的时刻踏上一条艰难的道路。

进入汽车行业,"南京金龙"是开沃集团的产业基础,金龙品牌的背书力量不容小觑。那时,金龙与宇通已经完成了对合资客车品牌的"清剿",国内用户对中国客车的品质与服务逐渐认可。在这样的市场形势下,开沃陆续闯过品质关、工艺关、信任关与服务关,快速建立起市场与销售的良性循环。

虽然拥有传统燃油客车的生产资质,但开沃集团坚持纯电动车的研发与制造,凭借专注的信念与先发的优势,逐渐获得地方政府的青睐,也赶上了来自中央、地方的电动车"补贴潮"。今天,补贴虽然退坡,但全国400多个市、3000多个县都在推动商用车"改电",城市渣土车、煤矿使用的工程车全部要电动化,再一次为开沃带来发展的机遇与丰厚的回报。

然而,乘用车市场的竞争态势却完全不同。这里,不仅有汽车行业20年来最大规模、最长时间的负增长,有特斯拉等造车新势力对汽车定义的"质疑"、对未来出行的"拷问",有中美贸易摩擦对消费意愿的降温作用、对全球供应链体系的阻滞,有理性消费者对产品品质的苛求、对使用体验的挑剔,还有华泰、力帆、铃木退市以及观致、长安PSA等待重组对行业发展信心的打击……

黄宏生说:"香港回归,我们都很兴奋,但文化没有衔接,发展就没有动力。比如香港的电脑品牌,起家比联想早很多,但都没有坚持到最后。所以,我们必须链接真正的能量场。中国发展就是真正的能量场,是真正的大势。顺应国家伟

下篇：访谈集

大复兴的浪潮、借势第三次工业革命的推动，才有今天的创维。天美要做的只有一件事，顺势而为、实业报国。"谈到此处，黄宏生的眼圈变红了，声音也有些哽咽。

大学毕业后就进入电子工业部下属企业工作的黄宏生，对于国家政策的方向有着特别的感知力。他感慨道："一个人的力量是渺小的、脆弱的，只有连接上国家的大趋势，才能找到自我实现的机会。"

十九大报告提出了"建设生态文明是中华民族永续发展的千年大计。必须树立和践行绿水青山就是金山银山的理念，坚持节约资源和保护环境的基本国策"，强调要注重"推进能源生产和消费革命，构建清洁低碳、安全高效的能源体系"。

工业和信息化部在2019年12月初发布的《新能源汽车产业发展规划（2021—2035年）》（征求意见稿）中明确提出，到2025年，我国新能源汽车新车销量占比达到25%左右，智能网联汽车新车销量占比达到30%，高度自动驾驶智能网联汽车实现限定区域和特定场景商业化应用。

显然，燃油汽车与新能源汽车的协同发展是未来10年乃至20年的发展趋势。以自主创新为动力，全面提升新能源汽车的产品品质与安全可靠性能，才能真正提升新能源汽车的品牌价值与产品竞争力，才能获得中国及全球用户的青睐，才能真正推进能源生产和消费革命，才能真正构建清洁低碳、安全高效的能源体系。

黄宏生认为，新能源汽车未来的发展，重点在于技术的创新、渠道的创新。无论是政策推动还是企业主导，资金、资源、人才、政策都会因创新而改变、因创新而倾斜。在消费升级与国家政策的双重推动下，用户选择新能源车汽车的原因将不再是一块牌照、一份补贴，而是产品的科技配置、人性体验……这才是新能源汽车生存、发展的机遇。

31年前，实现彩电的中国制造，发展中国自己的家电制造实力，是中国的"大势"；31年后，助力中国推动能源生产和消费革命，打造清洁低碳的能源体系、创建安全高效的生态体系，是中国的"大势"。

两种"大势"，都以改善中国老百姓的生活为目标。但前者更注重小家、可见的幸福，后者关注的是大家、长久的幸福。

善败

对于汽车行业的新进入者，大多数人并不看好，甚至心存抵触。毕竟，这个行业拥有独特的产品节奏与发展规律，需要长期的技术积累与人才储备。但，能源形式的变化撞破了横亘路中、坚冰覆盖的幕墙。

尽管如此，新进入者或是初创车企仍会在前行的路上遇到诸如资金链断裂、人才流失，甚至技术落伍、经销商"反水"等诸多挑战……即使顺利度过危机，在智能、互联、电动的技术浪潮中，也没有谁能保证"平安上岸"。

《钢铁是怎样炼成的》《万历十五年》《致良知》是黄宏生最爱的三本书。保尔·柯察金经历艰辛生活、战争烽火以及战后建设等重重磨难，依然勇敢坚毅、相信自己的力量，以"任何情况下也不怕困难"为信念……这些与黄宏生创业初期的经历颇多重合。黄仁宇则以平淡的笔法讲述明朝万历年间，皇帝与群臣、保守派与自由派在相互制衡中彼此消耗，最终使得兴盛的王朝走向衰落；书中的人物无论人性善恶、职位高低，均没有在事业上获得发展……与黄宏生再次创业时的心境颇有相似之处。《致良知》则是记录明代王阳明的心学主旨。所谓"良知"，是指"知是知非"；"致"则是在实践中磨炼，见诸客观实际。"致良知"便是在实际行动中实现良知，知行合一。"无愧于天地，无愧于己心；遵从良知之理，达到天人合一"，既是王阳明心学的精髓，也是黄宏生心中的格局。

黄宏生说："我们可能会遇到小失败，也可能会遭遇大失败。做电视、做汽车，我都曾经失败过。只要咬住青山不放松，一切都可以卷土重来。"

正所谓"善战者不败，善败者不亡"。进入汽车行业，他就已经做好了失败的准备：不是一个困难而是一番磨难，不是一次让步而是一回退步，不是一次挫折而是一轮挫败……没有这样的准备与心态，便不是那个以奋斗为生、以逐梦为乐、以报国为荣的黄宏生。

采访对话精选

记者：这么多"新势力"造车，您和他们有什么不同？

黄宏生：首先，我在制造业有 30 年以上的经验。制造业是赚辛苦钱，但苦中有乐。我喜欢这种生活方式。其次，中国汽车行业要向家电业学习。改革开放 40 年，家电从高高在上的"奢侈品"到价廉物美的生活伴侣，中国家电已经打遍全世界，中国成为全球最大的家电输出国。再次，创维打造了"智慧家庭"，未来可以"无缝衔接"地搬到汽车上。这是很多汽车企业所没有的优势。

记者：进入汽车行业的初心是什么？

黄宏生：在制造业摔打 31 年，我认识到"长期持续发展"的重要性。

有些企业想利用"互联网＋"的热潮吸收大笔资金，想成为"超级英雄"；还有一些企业倒得很惨，他们忽视了最根本的东西——产品质量。

开发同样的车型，天美的成本是互联网企业的 1/10。同样的车，我们的研发费用低，但性能相近、品质更好。我的初心，就是要打造性价比最高的车，给中国的万千家庭带来幸福感。

记者：人才从哪里来？

黄宏生：我们的汽车团队来自五湖四海，并构建了合伙人机制。中国的汽车工业沉淀了很多人才，而且开放会越来越充分，全球人才都可以为我所用，具备了进入这个领域的条件。现在，我 70% 的时间都在关注人才的培养，发现人才也帮助人才成长，真正的"奋斗者"总会被看见。

现在开沃集团有八大基地，每个基地的掌舵者都是未来的"接班人"。我会慢慢退出，站在山脚下，鼓励大家往山顶冲。

记者：现在进入乘用车行业，困境大于逆境吗？

黄宏生：我们只能顺势而为，只能自己努力，而不可能改变世界和环境。但没有什么困难不可以战胜，只要努力就可以。

记者：为什么选择做这么困难的事情呢？

黄宏生：在追逐财富的路上拥挤不堪，曲折险峻的山顶则人烟稀少。选择做难的事情，成功率反而很高。

记者：您认为自己一定会成功吗？

黄宏生：中国的家电业已经把美国的家电打垮，汽车制造也并非高不可攀。特斯拉代表了汽车革命的潮流，汽车的本质就是"带轮子的家电"。

成龙的功夫是什么？是存活的功夫。家电的功夫是什么？是价廉物美、无微不至的服务，客户有任何疑问都能随叫随到。我是家电行业出身，要把家电的优势、奋斗的文化，作为一个差异化优势，带入汽车领域。

我从来不说赚大钱，只是以消费者为中心，消费者是我们的"上帝"。

记者：您一生中最难忘的事情是什么？

黄宏生：第一件是创业，真是九死一生。从农村市场转战城市市场的时候，我请来张明敏做广告而获得用户认可，创维电视开始供不应求。第二件是1999年我代表广东企业家参加国庆阅兵。我登上观礼台，与国家领导人相距不足10米。从阅兵开始到游行结束，我一直在流泪。这两件事，我终生难忘。

记者：您如何看待苦难？

黄宏生：从我一出生，父亲就被划为右派，后来又被说成是"反革命"，他就逃到山里去了。那时，爷爷早已经去世，外婆被定为"地主婆"，一个人带着我投亲靠友，把我带大……这样的艰苦环境里，我还能走过来，说明"办法总比困难多"。

苦难并不是遗憾，而是财富。苦大仇深是错的，苦大情深才是对的。幸福，来之不易，我们要珍惜每一个人，每一个一起奋斗的人。深深受苦的人，爱会迸发出来。爱是解脱苦难的最好的力量。

记者： 遇到困难，是什么在支撑您？

黄宏生： 小时候读《钢铁是怎样炼成的》，我就决心要无悔地过这一生。创办创维后，创维今天已有4万员工，每年交几亿税收给国家，这些都是我能为社会、家人作的贡献。

记者： 您成功的秘诀是什么？

黄宏生： 首先，找对了人，再难的行业就成功了一半。其次，再坚持一下，就成功了。最简朴的方法，也是我多年坚信的理论。如果说我有秘诀，这就是我的秘诀了。

记者： 您的价值观是怎样的？

黄宏生： 在自己擅长的范围，为社会作贡献，确实痛苦，但也有快乐，这是有意义的事情。有些人赚很多钱只是为了刷存在感，对我来说，产业持续进步，电动大巴、天美不断前进，肯定能比钱带来更多的存在感和幸福感。

记者： 您会如何评价自己的人生？

黄宏生： 我是一个幸运的人。我经历过缺衣少食，等来了改革开放，见证了伟大的时代……我这一生是多么的幸运！越努力越幸运，努力不一定成功，但总会有回报。我曾被组织调至琼海县生产队当队长，因为工作做得好，离开时全村的老百姓含着眼泪送我到村口。我的成分不好，原海南外事办主任、一位老八路亲自做我的入党介绍人。那一年，我才20岁。

记者： 您有什么爱好呢？

黄宏生： 打球和读书。现在在读王阳明的传记，重新认识王阳明思想的伟大力量。他不仅是思想家、哲学家、军事家，也有地方治理经验；年轻时因上疏论救戴铣等人而获牢狱之灾，被贬到贵阳龙场；晚年官至南京兵部尚书、都察院左都御史……对每一个中国人，特别是受过挫折的人，他都是榜样。

此外，维克多·弗兰克尔博士写的《活出生命的意义》、黄仁宇所著的《万历十五年》都是很好的书，值得放在案头时常阅读。

记者：您最喜欢的电影是哪部？

黄宏生：《英雄儿女》。

记者：最喜欢的歌呢？

黄宏生：《我的中国心》。

记者：最崇拜的人是谁？

黄宏生：华为的任正非。在超级帝国的封杀之下，他不但带领华为开拓创新，而且提出了商业思想——以客户为中心，以奋斗者为本，长期艰苦奋斗，批评和自我批判。古代的中国是有儒教、道教，有帝王将相内斗几千年，但几乎没有商业思想。

记者：您的人生格言是什么？

黄宏生："难"修能力，"苦"修智慧。

"带领开沃汽车向前冲锋是我的使命"[①]

> 只有上市了,开沃汽车才能得到社会更广泛的认可。同时,企业上市也是对员工的一种激励,尤其是骨干员工获得期权和股票后,由打工者转变为公司主人,这会增强企业的凝聚力。
>
> ——黄宏生

64岁,多数人已经开始规划退休后的老年生活,他却依然奋战在一线,"撸起袖子"欲将其人生第二份事业推向巅峰。他就是家电行业的传奇人物、原创维集团兼创维控股董事局主席,现汽车行业的"新兵"——开沃新能源汽车集团有限公司(以下简称"开沃汽车")董事长黄宏生。

"创维上市的目的是做强做大,开沃汽车也一样。"日前,黄宏生在接受《每日经济新闻》记者独家专访时说,"未来两年,我将全力助推开沃汽车上市,然后全身而退。"

黄宏生并不缺钱。创维的成功已经让他身价超百亿。但从创维隐退后,黄宏生没有赋闲人生,而是在55岁时选择二次创业,进入更为辛苦的汽车领域。很多人对黄宏生的这一选择表示不理解。

"机会转瞬即逝。一个成功的企业家,要在别人还在犹豫的时候,懂得抓住机会。"黄宏生笑着对记者说,"事实证明,我的选择并没有错,开沃汽车的市场表现还不错。"

用黄宏生的话说,自己用了"三年"时间,确定了将新能源汽车作为"人生二

[①] 原文见:李星.独家对话黄宏生:"开沃汽车的生存法宝来自创维"[EB/OL].(2020-01-22)[2020-12-31]. http://www.nbd.com.cn/articles/2020-01-06/1398529.html.

次创业"的目标。2019 年 11 月 1 日，开沃汽车旗下全资子公司江苏天美汽车有限公司（即天美汽车）成立，黄宏生把目光瞄向了纯电动乘用车市场。"从家电到移动出行的无缝连接，是天美汽车的核心优势。"黄宏生说。

从 1988 年创立创维到今天的开沃汽车，黄宏生完成了两重身份的转变。如今国内汽车市场仍在回暖之中，"逆市"造车的黄宏生能否让开沃成为汽车圈里的"创维"？

转型造车的关键三年

12 月的南京阴雨连绵，天气格外寒冷。开沃汽车南京总部董事长办公室里也阵阵寒意。"不管冬天还是夏天，董事长办公室的空调都很少打开。"开沃汽车相关负责人告诉记者，"这或许就是吃过苦的老一辈人的生活理念和坚持吧！"

64 岁的黄宏生，穿着厚厚的衣服，手有点凉，头发有打理过。除了每天早上例行走访厂房外，他接下来就是一天忙不完的工作，很少注意打理自己。

对于人生的"第二次选择"，黄宏生乐在其中。"我每天睡眠不到 6 个小时，忙得不亦乐乎，身体也明显比之前好多了。"在采访中，黄宏生说得最多的一句话就是："我非常幸运，遇上了改革开放的好时代。"

了解黄宏生奋斗历程的人，或许会同意他对"幸运"的定义。黄宏生出生于 1956 年，经历了三年困难时期、上山下乡、"文化大革命"等种种磨难。恢复高考后，黄宏生进入华南理工大学，专攻无线电工程，这为他日后进军家电行业提供了机缘。

从华南电子进出口公司到"下海"创业，黄宏生经历过多次失败，但他始终将"苦"作为鞭策自己前行的动力，将"难"作为驱动创维成长的引擎。他用近 20 年的时间，带领创维从举步维艰，到 2000 年在香港主板上市，再到最终奠定家电行业的龙头地位。

就在人生达到巅峰之际，黄宏生迎来了他人生的"至暗时刻"。2006 年，黄宏生为筹划创维的多元发展，瞄准了房地产。后因绕过正常操作程序挪用创维资金，黄宏生被香港廉政公署指控挪用公款而入狱三年。

失去自由的三年，对很多人来说或许是一个致命性的打击，但黄宏生认为这是他"幸运"的三年。"三年时间可以让一个人彻底沉淀自己，学习知识，了解世界技术变革的发展趋势。"黄宏生笑着对记者说，事情既然发生了，就得积极面对，如果只是一味地陷入痛苦之中，自己也就毁了。

在这三年时间里，黄宏生看了国内外各种期刊以及文学作品，数量高达3000本。"每天都在学习，让自己保持与时代接轨，与世界技术发展风潮同步。"黄宏生调侃道："可以说，我做了三年的研究，发现一个大机会要来了。"

黄宏生所说的"大机会"就是新能源汽车，这让他萌生了"第二次创业"的想法。"因为创维也做手机代工，手机电池经历了由核内电池到锂电池的快速发展，锂电池也有可能成为汽车的动力来源。"黄宏生认为，电池技术的快速发展，意味着一场世界能源的革命浪潮要来临，这是一次千载难逢的机会。

新能源汽车让正处于"沉淀期"的黄宏生看到了机会。"我们这一代人，就是要站在世界技术的前沿，做一些有意义的事情。"黄宏生说。

行动派的黄宏生，这么想，也这么干了。2009年7月，黄宏生被保释出狱。2010年6月，黄宏生与妻子成立了创源天地（中国）投资有限公司。同年年底，黄宏生成立了开沃汽车（曾用名为"南京创源天地汽车有限公司"）。"为了承接南京金龙，我成立了一个系统组织，有节奏、有计划地向前推进。"

转型第一步从客车开始

从2009年到2019年，黄宏生用十年完成了从家电行业到新能源汽车行业的转型。

公开资料显示，2011年1月，黄宏生开始参与南京金龙重组收购工作，次年正式出任南京金龙董事长一职。至此，南京金龙成为"创维"系汽车企业。启信宝网站显示，开沃汽车持有南京金龙88%股份，黄宏生为实际控制人。

在选择以客车还是乘用车作为其转型汽车行业的切入口前，黄宏生做了大量调研工作。他发现，新能源乘用车的进入门槛很高，如果投资成本没有100亿元根本做不了，就算投资了100亿元，也不一定能成功。相对来说，以客车起步更容易。"客车投资成本只要10个亿，开始先拿10个亿去学习，即使失败了也不会伤筋动骨。"黄宏生认为，企业家既要前进也要有危机意识。

事实证明，黄宏生的这一选择是正确的。2015—2017年，南京金龙连续四年位居国内纯电动客车销量排行榜第四位，2018年更是挤进排行榜前三。

通过运营新能源客车，十年来黄宏生打通了汽车圈的人脉，对新能源汽车行业也越来越了解，积蓄的"能量"越来越多。

截至目前，开沃汽车的发展已初具规模，旗下不仅有南京金龙的客车制造公司，还拥有新能源汽车的核心"三电"技术能力。整车产品矩阵涵盖大型客车系列、轻型客车系列、专用车系列。

2049年目标：产能达到百万辆

仅靠商用车还不足以支撑黄宏生的"新能源汽车梦"。"开沃汽车用十年的时间完成了'小学'到'中学'的课程，现在要考'大学'了。"黄宏生说。

2019年12月11日，开沃汽车宣布全面进军新能源乘用车市场，并对外发布天美汽车品牌，其首款汽车为纯电动SUV，上市时间为2021年。

乘用车，被黄宏生定义为汽车工业中的"喜马拉雅山"。进军新能源乘用车市场并不是黄宏生的临时决定，而是在其确定转战汽车圈时就已有的规划。黄宏生认为，进入汽车领域最佳途径就是选择以客车起步，然后"由浅入深"才能更好地向汽车行业转型。

2017年5月，开沃汽车获得乘用车资质，并于同年12月进行了新能源准入资质验收。2019年11月19日，天美汽车首台工程样车正式下线。

记者了解到，仅"天美汽车"的乘用车品牌名，黄宏生及开沃汽车团队就历时三年才最终确定。"开沃汽车更多凸显的是商用车品牌。"黄宏生告诉记者，"我们认为商用车不能与乘用车相比。为凸显乘用车特性，最终确定了'Skywell'天美汽车这个名字。"

黄宏生认为，差异化是产品赢得市场的关键，尤其在时下同质化严重的汽车市场中。而天美汽车的产品优势是，将创维打造的智慧家庭内容，"无缝衔接"地搬到汽车上。

据黄宏生透露，开沃汽车已经与创维联合成立了一家全新公司，针对互联化与智能化两大发展方向，专门开发车机的底层系统与应用系统。这也将成为开沃汽车在乘用车市场赢得一席之地的"法宝"。

不过，当前并不是进入汽车市场的好时机。国内乘用车市场已进入存量时期，月销量还在负增长，新能源汽车市场的产销量也开始下滑。对此，黄宏生认为："开沃汽车的乘用车品牌到了应该发布的时间节点，并不会因为车市遇寒而推后。越是困难，成功的机会越大，像我们这种有活力的企业最后才能成功。"

按照黄宏生的目标，到2049年，天美汽车年产能将达到100万辆。"我希望在中华人民共和国成立100周年时，天美汽车也能迎来属于它的荣耀时刻。"黄宏生说，"为了能见证这一历史性时刻，我也要努力健康地活着。"

开沃上市进入倒计时

随着天美汽车浮出水面，黄宏生的造车之路也逐渐明晰。

黄宏生对记者说，他退休前的主要任务是两年内让开沃汽车成功上市。"只有上市了，开沃汽车才能得到社会更广泛的认可。同时，企业上市也是对员工的一种激励，尤其是骨干员工获得期权和股票后，由打工者转变为公司主人，这会增强企业的凝聚力。"黄宏生说。

启信宝显示，开沃汽车于2018年完成A轮融资。2019年4月19日，开沃汽车获谷银基金投资，完成B轮投资。

黄宏生曾用11年时间让创维在香港主板成功上市。他也同样计划用11年的时间让开沃汽车完成上市。

值得注意的是，2021 年黄宏生 65 岁，已经到了国家法定退休的年龄。黄宏生告诉记者，他将选择在开沃汽车成功上市后全身而退。对于退休后的生活，黄宏生笑着说，他要学习美的集团创始人何享健，每天都享受高尔夫球场的阳光之乐。

黄宏生不仅向往何享健的退休生活，更认同何享健"传贤不传子"的管理理念。2012 年 8 月，70 岁的何享健宣布卸任美的集团董事长，总裁方洪波接班。

"一个企业大了，尤其是上市企业，不一定要实行家族传承，而是应找有更高使命感的人，来带领企业发展持续向前，发展成为一家社会性标杆企业。这是我们这一代人的情怀。"黄宏生说。

据了解，黄宏生的"接班人"计划已经开始。"培养接班人，一代一代带领着开沃汽车向前冲锋，是我的使命。"黄宏生说。

"我正在攀登人生的第二座高峰"①

我现在耕耘汽车行业,是在攀登我人生中的第二座山,是在登上第一座"面包山"解决了温饱和生活问题后,为追求更高的理想,立志于产业报国的"精神山峰"。国家给了我非常好的机会,让我们见证了中华民族的伟大崛起。我们有了创业经验,也不缺资金,就应该为了理想而奋斗,在更高的境界上实现抱负,就是扎扎实实地把产品、质量、服务做好,做一个世界级的新能源汽车的品牌。

——黄宏生

2020年4月21日,百人会投融资委员会举行了"创投家"第三期分享活动,主题为"跨界–新能源汽车产业投资新趋势"。这一活动已举办三期,通过在线直播专访的形式展开深入探讨,以期共同推动新能源汽车与互联网、信息通信、能源、交通、地产等领域的加速融合与生态发展。

本期访谈嘉宾是创维集团创始人、开沃新能源汽车集团股份有限公司董事长、天美汽车创始人黄宏生先生。活动由中国电动汽车百人会投融资委员会主任张真女士主持。以下是访谈的精彩回顾。

从家电领域跨界进入新能源汽车领域的发展战略

张真:为什么一开始先选择了投资商用车领域,现在又发布了乘用车,企业

---

① 本文是2020年4月21日黄宏生接受中国电动汽车百人会投融资委员会主任张真线上采访的实录。原文见:黄宏生谈"跨界—新能源汽车产业投资新趋势"专访[EB/OL]. (2020-04-24)[2020-12-31]. https://www.cnbuses.com/show-6-3859-1.html.

有着怎样的发展战略?

黄宏生: 我们在创维创业有着非常艰辛的经历,所以对创业是否能成功非常有敬畏之心。因此,我把自己定位为汽车行业的"小学生",从易到难,先做投入相对较少的商用车,从一开始的技术整合到逐步掌握核心技术,开发自己的源代码、控制系统、电机、电控系统。在吸取了大量的经验教训,对整个汽车的核心技术深入了解、对乘用车的走势心中有底后,才在三年前正式进入乘用车的阵地。我们的对手就是特斯拉。

张真: 开沃汽车的客车和物流车在 2019 年都取得了非常优异的成绩,在这样一个不确定的市场环境中取得这样的成绩,您有哪些经验可以分享?

黄宏生: 发展新能源汽车需要有一个生态圈,所以我们先做商用车里面的电动大巴或者中巴,再做解决货物最后一公里运输问题的电动物流车,还在前几年发展了电动重卡。我们通过打"组合拳"的模式,到任何一个地方谈合作时,我们的客车、物流车、电动重卡、环卫车等形成一整套生态圈,相互支持,这样中标的概率就会大幅提高。

张真: 在您看来,开沃汽车和天美汽车有着怎样的竞争优势?

黄宏生: 开沃汽车以发展商用车为主,在十年发展历程中我们发展了自己的研究院,包含了整车技术、电池管理技术、动力总成、智能网联和智能车机等平台。经过了十年的技术积累,我们将它们全部应用在新推出的天美汽车上,天美汽车实际上搭载了我们开沃整车的技术积淀。另外,我们跟创维成立了合资企业,把创维智慧家庭里所有视频、娱乐、教育等资源无缝链接到汽车中,这是大部分车厂不具备的。与此同时,我们与业内最好的战略伙伴深入合作,借鉴特斯拉的经验,用世界最好的,发挥自己最擅长的,两者相结合。

在汽车行业创业的感悟

张真: 怎样看待现在很多互联网科技巨头、地产、能源类企业纷纷入局新能

下篇：访谈集

源汽车行业？

黄宏生： 我们看到了很多跨界的案例，但是目前成功的并不多见。"长期主义"是工业的本质。产品从原创设计落地，再进行试验，再到客户体验，差不多就用去三年；然后开始市场的布局，在这个过程中用户不断反馈、我们不断更新，解决成百上千的问题，产品最终可能要在十年、二十年后才被认可。这是一个长期的过程，而我们跨界时最关键的就是要能够耐得住寂寞，跨到这个领域里面就要专心致志地耕耘到极致。

其次，我现在耕耘汽车行业，是在攀登我人生中的第二座山，是在登上第一座"面包山"解决了温饱和生活问题后，为追求更高的理想，立志于产业报国的"精神山峰"。我经历过国家极度贫穷的时代，后来改革开放考上了大学，分配到了电子工业部下属企业，随后创业。国家给了我非常好的机会，让我见证了中华民族的伟大崛起。我们有了创业经验，也不缺资金，就应该为了理想而奋斗，在更高的境界上实现抱负，就是扎扎实实地把产品、质量、服务做好，做一个世界级的新能源汽车的品牌。

张真： 我们都知道创维发展得也很成功，虽然家电跟汽车不一样，但是从工业产品的角度来看它们之间是不是也有共通性？过去在创维的这些经验和管理体系对现在是否有帮助？

黄宏生： 当然有很大的共通性和帮助。首先是坚持，我们当时做电视的时候有300多家企业，20多年后只剩下6家，其他都不存在了。只要坚持技术上不断改进、不断提升，市场就会认可，产品始终是第一位。其次是软件的积累，软件现在已经成为工业的主导，排在第一位的再也不是硬件质量。我们为什么敢做新能源汽车？就是因为它就像是带轮子的家电，与家电的研发有相似的技术脉络，研发的思维是相承接的。更重要的是，要有工程师文化，给予在一线从事研发、埋头苦干的工程师们足够的重视，充分提拔和奖励，跟他们并肩战斗，深度参与他们的研发工作，欣赏他们的作品革新，让工程师们觉得这个创新有许多人在期待。工程师文化是创新的文化,是我们一直追求的,正因如此我们才能打造一部好车,在新的领域里受到大量消费者的认同。

2020年的挑战和期待

张真:能否谈谈2020年新冠肺炎疫情对新能源汽车行业的影响,以及您企业的应对措施?

黄宏生:新冠肺炎疫情是我创业40年来最严重的一次危机,这个危机不止发生在国内,更发生在海外市场。我们接到的海外订单接连出现取消、暂缓的情况,使我们的物料压在仓库,大量现金无法回收。至于应对措施,首先,我们临时改造了几条口罩生产线,将大量的口罩赠送给我们的用户,成为疫情期间最有情怀的活动。然后,通过提供更好的服务,争取一些政府各个环节诸如公交、泥头车、环卫车的订单,要咬紧牙关、勒紧裤腰带去度过这个困难时期。

张真:您期待国家出台什么样的政策、行业进行怎样的合作,来让我国的新能源汽车行业更健康和更好地发展?

黄宏生:中国的新能源汽车的发展走在了世界的前列,但是2019年美国的新能源汽车大幅增长,2020年又将是欧洲新能源汽车行业迅速发展的一年。目前中国相对的劣势体现在我们的充电桩及电力相关基础设施的薄弱,普通消费者充电还不是很方便。当然,最近中央提出了新基建,要发展充电桩的业务去解决这个问题。我建议国家能够每个月公布省市充电桩的人均数量,这样不需要其他政策就能激发地方政府响应中央的号召进行充电桩的建设,相互追赶。

我们很感激在疫情期间,国家宣布新能源汽车的补贴延期到2022年,但现在欧美对乘用车的补贴已经远比中国高。我建议,可以允许一些产业状况不错的地方政府对乘用车进行地方补贴,如果能同时调动中央和地方的积极性,将更有利于我们新能源汽车的发展。

"做创维汽车是为了满足创维客户的升级需要"①

> 创维集团智能家电是强项,累计的直接用户超过3亿,做创维汽车是为了满足创维客户的升级需要。因为电动车从根本上看,就是另外一种形式的家电。
>
> ——黄宏生

作为乘用车造车新势力中年纪最大的创业者,黄宏生的观点很劲爆!

2021年4月27日,创维汽车在北京举行了一场既正式又低调的新车上市发布会。开沃集团旗下的"天美汽车"更名为"创维汽车",定位为中型电动SUV的创维ET5共有5个配置版本,售价区间为15.28万～19.88万元。和小米等电子消费领域的造车新势力先吆喝再造车不太一样,创维汽车吆喝的时候,车子已经摆在面前了。

想约访开沃集团董事长兼创维集团创始人黄宏生,是一件很不容易的事情。一开始黄总还回微信说自己刚从北京赶到上海,现在正在上海车展,晚点回电话。结果接到黄宏生电话的时候,他说他在呼和浩特了。

照理说,65岁应该是儿孙绕膝尽享天伦之乐的年龄,在乘用车造车新势力当中,黄宏生绝对是年纪最大的那一个。那么,他对造车新势力的新格局以及创维汽车的发展,会有什么不一样的看法?为此,黄宏生先生接受了AutoLab的独

---

① 本文是2021年4月27日黄宏生在创维汽车品牌发布会后,接受媒体"每日汽车观察"(AutoLab)的独家专访的记录,原文见:韦波. 独家专访创维汽车创始人黄宏生:电动车的未来由中美两国把持[EB/OL]. (2021-05-02)[2021-05-31]. https://www.360kuai.com/pc/93507ee6856987f8d? cota = 3&kuai_so = 1&tj_url = so_vip&sign = 360_57c3bbd1&refer_scene = so_1.

家专访。果然，这位以低调著称的"彩电大王"，有很多观点堪称是颠覆性的。

AutoLab：之前的天美汽车有点不温不火，现在更名为"创维汽车"并在前几天正式亮相，您觉得改名亮相之后有没有达到您的预期效果？

黄宏生：效果相当明显，经销商的信心倍增。原来观望的经销商立马就和我们签订合约，加盟的经销商数量立即增长。甚至原先创维家电的O2O的合作门店对此也显示出极大的兴趣，更名的效果可以用"翻天覆地"来形容。

AutoLab：最开始的时候，您对使用"创维"这个品牌还是有顾虑的，因为创维集团属于香港上市公司，那么为什么现在这个顾虑就消失了？

黄宏生：这是个好问题。因为电动乘用车在安全性、品质和可靠性上的要求要比电视机更为苛刻。最开始没敢用"创维"这个品牌，就是担心把30年的创维老店给砸了，这对于投资者来说很不负责任。现在大家看到的创维汽车，其实是屡战屡败、两次试错的产物。

最开始我造车走的是轻混技术路线，这个路线其实还是局限在传统的燃油车思维里面，而且研发内燃机对于我们这类电子消费品出身的团队来说，门槛还是偏高的，我们的机电还有软件优势根本发挥不出来。

这让我想起了20世纪90年代创维做电视机的时候，也是挖了一个国企的团队过来，做出来的东西可能外观会好一点点，但依旧是落后的单制式。所以后来我找了国际化的团队，研发国际线路，英文名叫Mitisystem，因为只有国际线路可以兼容全球不同的制式信号，而且能对不同制式的录像带进行统一解码。

其实最开始进入汽车行业的时候，我再一次犯了同样错误，这是我造车经历中的第一次挫败。

第二个挫败，就是在本土团队失败之后，我转而迷信海外团队。经过上百年全球洗牌之后，全球真正的跨国车企也就那么十几家，日本三家，德国四家，美国也有三家，法国两家，意大利一家，韩国一家。从这些企业挖过来的技术团队，脑子里还是秉承6年一个开发周期的固有思维，而且有点高高在上的自我优越感，但是对于新能源汽车的技术趋势变化反应过慢，进度很缓慢。

再到后面，我们又回归本土团队，但是和第一批从国企挖来的团队不是一回事，这个团队中的本土构成是来自于民营车企和合资车企中的技术人员，他们懂技术，也懂中国市场，所以我们很快造出了 500 台工程车做三高试验，还有里程路试。接着我们又以"天美"这个品牌推出了 1000 台商品车试销，而且针对消费者单独建立了微信反馈群，结果跑了 1 年多，这 1000 台车实现了零故障。

现在，我们的电动车在技术上达到了世界一线电动车品牌的要求，所以，创维集团才放心地授权开沃集团使用创维品牌。这是一个脚踏实地、循序渐进的过程。

AutoLab：在现在这种大环境下，很多人说有钱就能造电动车，花钱从供应商那里买技术就可以了，这被叫作"供应商技术代工"，对此您怎么看？

黄宏生：必须承认，把内燃机变成电动机之后，造车的门槛变低了很多，但是走供应商技术代工模式一定造不好车，对于这一点创维有记忆的。早年智能手机风潮的时候，创维也跟过风，走的也是供应商技术代工路线，结果失败了。

毕竟，供应商在开发技术的时候，他没办法知道你想达到什么样的要求，只能在标定上做一些区隔。例如，现在创维汽车的线控底盘技术就是我们自己研发的。市面上有很多电动车甚至汽油车都采用了博世的 iBooster 线控刹车，最开始我们也找了博世，不算软硬件采购，单单是标定费用就要一亿美金，每年还需要四、五百万美金的服务费。后来我们花了四年时间，研发出了自己的线控底盘系统，目前国内电动车企业当中能自己做线控底盘的不多。一味地掏钱采购让供应商做技术代工，会很快出产品，但产生的恶果就是产品趋于同质化。

AutoLab：在国内所有的已经造车或即将造车的势力当中，您是年纪最大的一位创始人，您觉得这个会成为这次创业的障碍吗？

黄宏生：还有董明珠比我大吧？（**AutoLab**：她还没有涉足电动乘用车领域。）

我最崇拜的创业者叫稻盛和夫，他是王阳明心学派的现代企业家，他已经不是"商业奇才"的概念了，而是"商业伟才"。他亲手创立了两家世界 500 强企业，这在全球是很难想象的。2010 年的时候日航濒临倒闭，日本首相出面邀请

78 岁的稻盛和夫救火，稻盛和夫说他不懂航空业，但是也没拒绝，只提了两个要求，第一是以零薪水出任日航 CEO；第二是他将不带任何团队去日航，这种行为简直就是王阳明在世。结果在他领导下，日航只用了一年时间就做到了三个世界第一：利润世界第一，准点率世界第一，服务水平世界第一。后来稻盛和夫功成名就离开日航，日航也能持续健康发展了。

从陶瓷工业，再到电信行业，再到航空业，能够在三个毫不相干的领域将创业者和职业经理人两个角色做到极致高度的，这个世界上只有稻盛和夫。稻盛和夫创业管理哲学的核心是"利他"而不是"盈利"，他认为企业领导者必须德高于能，即人格第一，勇气第二，能力第三。这些理念完全有别于现在的多数派。

在我这个年纪再来创业其实是有优势的。我看过一个统计，说 60 岁以上创业成功率是 70%，30 岁以下创业成功率不到 10%。现在的我不是金钱的奴隶，我能静得下心来做好一件事，不会有来自投资者和市场的压力，不会乱方寸。

当然了，年纪大了之后，在体力和精力上都有不足，所以我现在做的更多的事情就是栽培年轻的企业家，这些被栽培者不仅是我身边的人，甚至还有其他领域的精英。

AutoLab：现在小米、OPPO、华为都要造车，您怎么评价消费电子企业一哄而上的造车趋势？

黄宏生：我的第一个评价就是电动车产业竞争更加惨烈了。这么大的市场，每个人都想进来分杯羹，这是可以理解的。以目前的趋势来看，电动车的未来一定是中美两国把持，已经没有日本和欧洲什么事了。在电动车这一块，日本整体软件基础很差，欧洲汽车产业在衰退。今天中国电子消费市场的格局，就是未来全球电动车市场的格局。中国电动车应该有覆盖全球市场的雄心。

有个最典型的例子，就是深圳的传音（TECNO）手机，在国内一台都没卖出去，却统治了整个非洲。如果没有记错的话，去年传音的盈利有三四十亿。

有人说造车新势力未来只能有三四家活下来，对于这种说法我不同意，以创维为例，当年电视机行业竞争这么激烈，刺刀见红，说死就死，现在还剩十几个品牌活下来呢。所以未来国内电动车行业一定会有十家左右的头部企业。

总而言之一句话,前途是光明的,竞争是惨烈的,中国电动车要走向全世界,就必须要承受这样的内部竞争牺牲。

AutoLab: 创维汽车有什么竞争优势?为什么市场会需要一台创维汽车?

黄宏生: 创维集团智能家电是强项,累计的直接用户超过3亿,做创维汽车是为了满足创维客户的升级需要。因为电动车从根本上看,就是另外一种形式的家电。现在大部分中国城市家庭都是创维的用户,只是很多人不知道,例如家里的机顶盒还有光猫等,几乎都是创维的技术。

有人也说过,一台创维的电视机才几千块钱,创维家电的消费者不见得会掏钱买十几万元的创维汽车。我就反问一件事,现在一个苹果手机一万元左右,但是如果苹果出一款几十万元的电动车,你觉得会不会有人买?当然会有。消费者的需求是多样化的。这就好比现在创维推出了一款8K的88英寸OLED高端电视,卖20万元还供不应求,而在欧洲市场我们还有一种音响一体化的高端产品卖得很好,换算成人民币要卖35万元。

也就是说,在创维汽车之前,市场上就已经有几十万元的创维产品,创维不缺这个级别的消费群。

AutoLab: 现在品牌焕新以后,原先天美汽车的产品和门店会有怎样的调整?

黄宏生: 原来的天美汽车的门店都换成了"创维汽车",在渠道数量方面,我们要拓展到1000家终端网点。

黄宏生年谱

1956年11月10日，黄宏生出生于海南临高县，取名"王红生"，意为"为红色时代而生"，此后一直由其外祖母陈吉兰抚养。其母罗玉英毕业于海南医学专科学校；生父王盛德毕业于海南师范专科学校（现并入华南师范大学），1957年在反右运动中被划为右派，后失踪。母亲改嫁，黄宏生随继父姓，改名"黄宏生"。他是家中长子，有两个弟弟、两个妹妹。

1966年，黄宏生离开临高农村，随母亲到海口市第九小学读书。

1969年，黄宏生入读海口市第一中学。

1973年11月28日，黄宏生作为知青，来到海南五指山区的黎母山林场，成为一名伐木工人，后兼任农场团委副书记。

1975年，黄宏生被抽调到海南工作队，到琼海县泮水公社黄泥岭生产队当队长，并加入中国共产党。

1977年冬，黄宏生参加高考恢复后的首届高考。

1978年2月，黄宏生入读华南工学院（现华南理工大学），专业是无线电技术，分在50177（2）班，并担任班长。夫人林卫平当时与其为同班同学。

大学期间，黄宏生所在班级被评为77级高考标兵班，黄宏生荣获广东省"优秀三好学生"称号。

1982年1月，黄宏生大学毕业，毕业论文是《黑白电视机的设计》。

1982年2月，黄宏生被分配到直属原电子工业部的中国电子技术总公司华南分公司，历任助理工程师、电脑事业部经理（正处级）、公司副总经理。

1983年1月，黄宏生和林卫平登记结婚。

1984年，黄宏生被破格提拔为常务副总经理（副厅级）。

1988年4月，国家外贸体制进行重大改革，黄宏生辞职下海，在香港注册成立遥控器厂，取名"创维实业有限公司"（"创维"意为"创造性思维"），开启从遥控器到电视机再到智慧家庭的创业历程。

1989年，黄宏生将公司搬迁到深圳，成立深圳创维电子有限公司。

1991年，香港讯科集团被收购，黄宏生招收该集团的研发人才于麾下，研发出国际领先的第三代彩电，并获得了第一笔2万台大订单，使创维走上快速发展的轨道。同年，黄宏生在深圳成立创维集团。

1997年，黄宏生当选深圳市政协委员。

1998年，黄宏生当选广东省政协委员，并被授予"深圳市荣誉市民"称号。

1999年10月1日，黄宏生作为优秀企业家代表，应邀到北京天安门，参加中华人民共和国成立50周年庆典观礼。

1999年，黄宏生当选中华海外联谊会理事。

2000年4月7日，创维集团成功在香港联合交易所主板上市。

2000年，黄宏生当选深圳市政协常委，并荣获香港"青年工业家奖"。

2002年，黄宏生同时荣获香港"青年工业家奖"和"紫荆花杯杰出企业家奖"。

2003年初，黄宏生当选第十届全国政协委员。

2003年12月4日，黄宏生被搜狐网评选为"2003十大新民企领袖"。

2003年，黄宏生被21世纪经济论坛第二届年会评为2003年度"中国十大民营企业家"。

2004年3月31日，黄宏生被海南大学聘请为特聘教授。黄宏生向海南大学捐资100万元，设立留学奖学金，用于资助获得留学机会的学生，并鼓励他们留学后回海南创业。

2004年，在福布斯中国富豪榜上，黄宏生名列第31位。

2004年10月，黄宏生当选第四届广东高科技产业商会会长，后于第五届连任。

2004年11月30日，黄宏生被香港廉政公署调查，经保释后被限制离港。

2005年3月，黄宏生获得香港高等法院许可，赴京参加全国政协会议。

2006年7月13日，香港区域法院宣布创维数码控股有限公司董事会前主席黄宏生及其胞弟罪名成立，分别判处有期徒刑6年。

2009年7月4日，黄宏生被保释出狱。

2009年，黄宏生受聘为创维集团顾问。

2009年11月14日，黄宏生向母校华南理工大学捐赠一个电视博物馆，这是国内首个以电视机产品为主要展品的电视机博物馆。

2010年4月，黄宏生及其夫人林卫平抛售1亿股创维股份，套现9亿港元，成立创源天地投资公司。

2010年8月，成立创源天地投资公司子公司南京创源天地汽车有限公司。

2010年12月3日，黄宏生携夫人林卫平为母校华南理工大学捐赠3000万元，其中1000万元用于设立"宏平长青基金"，主要用于奖励母校学生课外科技创新活动。

2011年1月，南京创源天地与厦门金龙、南京东宇汽车集团有限公司签署《关于南京金龙三方重组协议书》，共同出资重组南京金龙，注册资本为5亿元，黄宏生出任董事长。

2011年，黄宏生正式创办开沃新能源汽车集团。

2015年、2016年、2017年，黄宏生被评为"中国新能源汽车领袖人物"。

2016年1月，黄宏生当选中国电动汽车百人会理事。

2017年5月26日，在新华报业传媒集团江苏经济报社、商务部国际商报社共同举办的"2017中国（江苏）新经济峰会"上，南京金龙客车制造有限公司荣获2017年"南京新经济十大领军企业"称号，黄宏生荣获2017年"南京新经济十大领军人物"称号。

2017年11月3日,在第7届中国(澳门)亚太汽车首脑峰会暨中国品牌国际发展高峰论坛上,开沃新能源汽车获得中国客车工业60周年"优秀客车品牌""十大新能源客车品牌"荣誉,黄宏生获"十大卓越贡献人物"称号。

2018年10月9日,在"全国大众创业万众创新活动周"上,开沃汽车成为新晋独角兽公司。

2018年12月29日,在中国经济人物网、环球时报社、民革中央企业家联谊会、中国亚洲经济发展协会、世界中国工商总会共同主办的"2018中国经济高峰论坛暨第十六届中国经济人物年会"上,凭借在新能源汽车领域的探索创新与卓越的领导力,以及为中国经济发展做出的突出贡献,黄宏生获评"2018中国经济十大领军人物"。

2019年5月9日,在"中国高成长企业发展论坛"上,长城战略咨询发布《2018年中国独角兽企业研究报告》,开沃汽车荣登中国独角兽企业榜单。

2019年12月,在新华报业传媒集团江苏经济报社开展的"庆祝新中国成立70周年·最受尊敬的杰出苏商""庆祝新中国成立70周年·江苏高质量发展标杆企业"推选活动中,黄宏生荣膺"最受尊敬的杰出苏商"称号。

2020年,黄宏生受聘为广东省政府经济顾问。

2021年4月2日,黄宏生当选广东省行业协会联合会第二届理事会主席。

2021年4月10日,时值母校海口市第一中学建校七十周年,黄宏生捐赠100万元,助推"海口市第一中学教育基金会"成立。

2021年4月27日,开沃新能源汽车集团在北京举办创维汽车品牌见面会,正式发布"创维汽车"品牌。

探寻当代企业家的精神世界

(代后记)

孔维勇[①]

一

著名作家魏巍在《谁是最可爱的人》中说:"在朝鲜的每一天,我都被一些东西感动着;我的思想感情的潮水,在放纵奔流着;我想把一切东西都告诉给我祖国的朋友们。"

同样的,在开沃工作的每一天,我都被公司全体同事拼搏向上的精神激励着。

因为工作上的关系,我收集、整理了董事长黄宏生先生1997—2021年20多年间的演讲稿、讲话稿、书信和媒体访谈稿,一共100多篇、40多万字(本书中精选了部分)。坦率地说,这既是一个工作的过程,也是一个学习、受教育的过程,更是一个深受震撼的过程。每一次读他的讲话,就仿佛和他进行一次心灵对话,也是接受一次心灵洗礼。于是,就记下了这个过程中的点点滴滴。

大视野。兵法云,不谋全局者不足以谋一域,不谋万世者不足以谋一时。大视野中蕴藏着战略思维。正如当年,毛泽东在井冈山和延安,虽处穷乡僻壤,却眼观全国甚至全球,做出了"星星之火,可以燎原""农村包围城市"等战略判断。战略思维是一种超前思维。具备了战略思维,就可以抢占先机,赢得胜利。

[①] 本书编者,开沃新能源汽车集团人力资源部副总监兼开沃学院副院长。

战争如此，商战亦如此。黄宏生先生始终关注着国际局势发展，关心国家前途命运。早在 1999 年，他就预言，中国加入 WTO 之后，中国企业参与到世界范围内的竞争中，必会推动中国进入国际高新技术市场，带动中国跨国企业集团的兴起（见《对话〈中国经营报〉》）。中国"入世"后企业界 20 年的发展，证明了黄先生的这个战略判断是正确的。2000 年左右，中国企业界普遍面临人民币升值的压力。他时刻关注世界市场的动态，"我天天在关注汇率"。他积极向政府建言，"希望政府与企业之间的分工清楚，如果企业是战车的话，政府行为就像是为这战车提供更好的道路，好的交通管制、交通疏导，在国际贸易规则上做到各方面的平衡，建立一个好的外部环境。"（见《"我们会得富贵病"——访创维集团董事局主席黄宏生》）这条建议在今天的政府机构改革中仍具有建设性意义。早在 2002 年，他便主张，国家应当立法保护私有财产，鼓励、培育优秀企业家，支持杰出的民营企业家走向党政领导岗位（见《民营企业的十大期盼——在中山大学"民营企业核心竞争力研讨会"上的演讲（摘选）》）。十多年后，2017 年 9 月 8 日，中共中央、国务院颁发了《关于营造企业家健康成长环境　弘扬优秀企业家精神　更好发挥企业家作用的意见》，体现了这一思想的前瞻性。从家电产业跨界开始二次创业以来，他的目光紧紧锁定在世界汽车产业格局，以兴盛民族汽车产业、解决社会痛点为己任。在国家支持新能源汽车发展的重大机遇期，他发出了"一起迎接第八次改变命运的机遇"的呐喊！同时，他紧盯对手的变化，既有一种强烈的使命感和责任感，也有强烈的危机感。有了这样的宏大视野，才能登高望远、傲视群雄，保证企业发展的正确战略方向。

大情怀。毛泽东说，人是要有一点精神的。这精神，就是梦想，就是追求，就是情怀。有大情怀，就是关注民族产业的发展。有大情怀，就有干事创业的激情。读黄宏生先生的文章，你能感受到他的精力如此旺盛，每一个字符上都跳动着生命的韵律，充满了勃发的生机，仿佛他的生命一直生长在青春时代，你丝毫感觉不出岁月的痕迹。18 年前，他在创维集团一次大会上，以恺撒大帝的

后记

"I come, I see, I conquer!"为题作的演讲,18年后读起来,仍然气势如虹,鼓荡人心。他不断地挥洒着自己的热情,在北京大学、南京大学等各大高校演讲,在母校华南理工大学设立"宏平长青基金",奖励师弟师妹们的创新,激励青年学子不断攀升科学竞赛新高峰。他逢人便讲人才问题,是一位没有头衔的"师者"。即便是身陷囹圄,他的书信也是充满着诗一样的语言,澎湃着海一样的激情。几乎每一封书信,都堪称一篇优美的励志散文,一曲激昂的生命交响乐。几次在楼道里遇到他,我都看到他匆匆而过,像"一面奔跑的旗"。我理解,这是与命运赛跑的脚步。

大事业。"事业",源于《易经》,"举而措之天下之民,谓之事业"。黄宏生创立的创维集团早已是世界彩电业的翘楚。如今,他又一脚闯进了新能源汽车产业。2017年7月,在会见地方政要时,他提出了集团的战略目标和战略途径:实行商乘并举,开展"互联网+自动驾驶+产品定制式服务",构建产业链,打造开沃芯,实现销售额目标1600亿元,进入世界汽车企业前十名,成为世界一流的伟大公司。这是他率领开沃人,团结起来干大事业、一起迎接中国第三个"造富时代"的大志向。在这个宏伟蓝图实施的过程中,他广筹资金,布局全国,放眼世界,一砖一瓦地建设着汽车王国。2018年,开沃汽车荣登中国独角兽企业榜单;2019年更是登上胡润全球独角兽榜,位列第125位。

大智慧。19世纪法国历史学家托克维尔精辟地指出:"小国的目标是国民自由、富足、幸福地生活,而大国则命定要创造伟大和永恒,同时承担责任与痛苦。"国如此,人亦如此。在黄宏生看来,"生意就是生活的意义""越努力,越幸运"。没有奋斗,何来人生?一部创维系企业史,就是一部他的奋斗史,也是他的修炼史。主动吃苦、敢于吃苦、乐于吃苦,这是当年知青插队的经历给他留下的宝贵人生财富,也伴随着他的人生轨迹。他说:"做一个痛苦的人,先痛苦后快乐。痛苦更多的是一种心理准备,而人是要追求痛苦之后的快乐。这就是我快乐的痛苦哲学。"(见《宁做痛苦的人,不做快乐的猪》)他主张,创业要先痛苦，后面才能尝到甘甜；他认为，想成功，首先要为他人着想，要有为他人创造价值的主导思维和行为（见《打下"江山"才能实现梦想》）。这是经过残酷商战淬火而提炼出来的人生哲理，充满了辩证法思想，成为独具特色的黄氏"苦难哲学"。如今，在创维、开沃两大集团中，"'难'修能力，'苦'修智慧"已成为共识。

二

人是生产力的核心因素，而精神态度又是人的本质特征。因此，精神力量是生产力的一部分，甚至是关键部分。

中国改革开放40余年的历史，是一部世界上最激荡人心的恢弘史诗。其中，民营企业发展史无疑又是最具传奇色彩的篇章。黄宏生先生的个人经历，可以看作是这段历史的缩影和标本。1988年，在别人惊愕的目光中，28岁的副厅级干部黄宏生纵身一跃，扎进了第一次下海潮①。不要说在20世纪80年代，即便是在30多年后的今天，这也是惊世骇俗的！当年的"弄潮儿"如今很多都已是身价过亿的富豪了。仅黄宏生先生的校友中，就出了TCL总裁李东生、康佳总裁陈伟荣、京信通信董事局主席霍东龄、德生电器总经理梁伟等当今中国著名的企业家。

企业家精神是学术界研究的热门课题，冒险、创新等都是企业家精神的特质。毫无疑问，黄宏生是具有企业家精神的。而区别于其他年代的企业家，从他的奋斗史中，我们可以探寻出中国第二代②创业型成功企业家的精神特质。

---

① 有人研究，自改革开放以来，我国共有4次官员"下海潮"，其中第一次"下海潮"是在20世纪80年代中后期。见：黄升民，赵新利，张驰. 中国品牌四十年[M]. 北京：社会科学出版社，2019：118.

② 傅小永把改革开放以来的企业家区分为三代，第一代是"乡绅"企业家，以乡镇能人型企业家为代表，第二代是"士大夫"企业家，以主动或被动离开体制的"士大夫"型企业家为代表，第三代是"海归"企业家，以国外归来的科技精英型企业家为代表。见：陈海. 九二派——"新士大夫"企业家的商道与理想[M]. 北京：中信出版社，2012.

能吃苦。苦难是一所大学。二十世纪五六十年代的中国，太穷、太苦，所以，苦难这所大学教会了当时的中国人，要自立，要自强，即使是白手起家，也要蹚出一条路来。黄宏生下海创业后，连续跌了三个大跟头，一度怀疑自己是不是块做生意的料。诗人食指在《热爱生命》中写道："我流浪儿般地赤着双脚走来／深感到途程上顽石棱角的坚硬／更加上那一丛丛拦路的荆棘／使我每一步都留下一道血痕"，正是他们的真实写照。苦难使那个年代人才辈出，群星璀璨，形成了一个巨大的人才引力场。

爱国。黄宏生创业之初，非常喜欢香港歌唱家张明敏先生演唱的《我的中国心》。他把这首心爱的歌融入自己的事业中，邀请张明敏先生拍摄了创维电视广告，一句广告词"创维情，中国心"，打动了无数奋发图强的中国人。很多后来加入创维集团工作的大学生都说，他们就是看了创维的这个广告而来创维集团的。30年后，在一次宴会上，当黄宏生深情地演唱起这首歌的时候，仍然情不自禁地手舞足蹈，泪眼婆娑，"当时我们认为科技可以救国，技术进步可以振兴中华！"（见《滴水之恩当涌泉相报——在华南理工大学捐赠仪式上的讲话》）

勤奋。著名财经作家吴晓波在《激荡三十年》一书中，曾对那个年代成长起来的企业家有过一段中肯的描述："十多年的荒芜岁月，让一代人不再风华正茂，他们被岁月嘲弄，被苦难打磨，在底层社会的滚打历练和理想幻灭，让他们对生活有着近乎残酷的清醒，他们具备起了'狼'一样的素质，如果命运给了一次翻身的机遇，他们会把所有一切都用上，豪情一搏。"① 尽管现在的黄宏生业已功成名就，但他依然保持着多年养成的勤奋习惯，无论多忙，每天早上6点准时起床，晚上到了午夜才休息，"戒电影、戒电视、戒娱乐"。勤奋带来的一个"副产品"就是健康。自从跨界造车以来，困扰他多年的习惯性腹泻、肠胃病、睡眠不好等问题，竟然都好了。

利他。在市场经济伦理规范中，等价交换的原则自然衍生出利他主义的逻辑

---

① 转引自：成正心. 以奋斗者为本：任正非引领华为的方法和故事［M］. 北京：电子工业出版社，2018：187.

结果。在这一点上，肇始自西方的经济伦理和源自东方的人生哲学，竟是出奇地一致。黄宏生先生极为虔诚地信奉王阳明心学，认为"每个人身上都蕴藏着无穷的宝藏"，而做企业就是要帮助他们开发心灵的宝藏。本着这种利他的精神，在创维、开沃两大集团，黄宏生打造出了一个企业家群体。

节俭。这是20世纪50年代末、60年代初几近崩溃的中国经济给人们留下的挨饿记忆的必然结果。迄今为止，黄宏生的办公室还是在公司的老大楼里，而把新办公大楼让给研发、销售部门使用。无论到哪儿出差，他都是一身素装，坐经济舱、住普通宾馆。有一件小事令人印象深刻。在整理这本文稿的过程中，我需要把稿件打印出来交给他校阅。他回复时特别强调说要"双面（打印）节省纸张"。很难想象，一位亿万富翁对这样的零碎细节竟这样挂心！

在中华人民共和国的历史上，每个时代都创造了打上深刻时代烙印的民族精神。20世纪60年代，我们创造了"两弹一星"精神，助力中华民族实现从弱到强的跨越；20世纪80年代，中国女排贡献了"女排精神"，鼓舞着包括我在内的一代又一代人；进入21世纪，我们创造了一日千里的"高铁精神"，为制造大国重器树立了拼搏奋进的精神支撑……"千淘万漉虽辛苦，吹尽狂沙始到金。"如果把国家比作一座擎天大厦的话，这些民族精神就是这座大厦雄立人间的支柱。他们在历史的长河中，沉淀下来，深入每一位中国人的骨髓中；他们在中华人民共和国的天空中升起，熠熠生辉，照亮着中华民族伟大复兴的道路。

每一代企业家都有自己的奋斗故事，都书写着各自的传奇，凝结为独特的精神。把他们成功的精神因素提炼上来，把它熔入中华民族精神的大熔炉里，继而成为民族精神的一部分，传承下去，于国于民，都是一件极有价值的事情。

三

在本书编著的过程中，得到多方人士的相助，在此谨表衷心的感谢。创维学院简大永院长主持创作的《创维三十年》，以及创维品牌部刘卫国经理提供了很多资料和老照片，使黄宏生先生当年的经历从尘封的历史中苏醒过来，栩栩如生

后记

地展现在读者面前。

开沃集团品牌及对外事务部施文会副总监和江苏开沃汽车公司樊玥经理也提供了大量文字和图片资料，丰富了本书的内容，并为黄宏生先生的生平提供了佐证。

我的同事，开沃集团人力资源部企业文化和培训科李金国副经理，是山东省青年作家协会会员，他的人品、文品都令人十分敬佩，为本书提供了专业的指导意见。

开沃集团人力资源部的赵蓉蓉、赵玉颖对这数十万文字进行了细致的校对，力求使本书的质量臻于完美。

感谢《汽车人》社长兼总编辑李苗苗女士对本书的指导。

经华南理工大学李翔宇老师引荐，本书由华南理工大学出版社出版。出版社的唐燕池、陈苑雯编辑尽心尽力、严谨细致的专业素质和理论修养，使本书能如期与广大读者见面，使黄宏生先生的创业精神得到更广泛的传播。

本书中收录的部分文章，因时间久远，已难以查找原作者。如有原作者见此书，请与编者（孔维勇：kwy7569@sina.cn）联系为谢！

本书从筹划到出版，历时两年有余。对于书中的种种细节，虽经编者多方查找、考证、核实，尚有一些不能完全精确。疏漏之处，还请读者批评指正。书中收录的文章时间跨度较大，部分细节可能有出入，以附录中"黄宏生年谱"为准。

电视剧《亮剑》中说，一支部队也是有气质和性格的，这种气质和性格与首任的军事主官有关，他的性格强悍，这支部队就强悍，就嗷嗷叫，部队就有了灵魂。从此，无论这支部队换了多少茬人，它的灵魂仍在。

黄宏生先生作为创维、开沃两大集团的创始人，就是具备这样性格的人。如今，他的创业精神已经融入集团的文化基因中，启示、指引着创维人和开沃人，为实现公司的战略目标而努力奋进！

孔维勇
2021年9月